大家

沙滩上的脚迹

茅盾◎著

图书在版编目（CIP）数据

沙滩上的脚迹/茅盾著．—北京：地震出版社，2014．7
（大家/钟桂松，郭亦飞编）
ISBN 978-7-5028-4414-1

Ⅰ．①沙…　Ⅱ．①茅…　Ⅲ．①散文集—中国—现代
②散文集—中国—当代　Ⅳ．①I266

中国版本图书馆 CIP 数据核字（2014）第 057982 号

地震版　XM3182

沙滩上的脚迹

茅　盾　著

钟桂松　郭亦飞　编

责任编辑：赵月华

责任校对：孔景宽　凌　樱

出版发行：地震出版社

北京民族学院南路 9 号　　　　邮编：100081

发行部：68423031　68467993　　传真：88421706

门市部：68467991　　　　　　传真：68467991

总编室：68462709　68721982　　传真：68455221

E-mail：seis@mailbox. rol. cn. net

经销：全国各地新华书店

印刷：北京艺堂印刷有限公司

版（印）次：2014 年 7 月第一版　2014 年 7 月第一次印刷

开本：787×1092　1/16

字数：242 千字

印张：16.5

书号：ISBN 978-7-5028-4414-1/I（5104）

定价：37.00 元

编 者 语

茅盾（1896～1981）是我国20世纪著名的文学家，是我国现代进步文化的先驱者，是在国内外享有崇高声望的革命作家、文化活动家和社会活动家，也是中国共产党最早的党员之一。茅盾是以长篇小说创作闻名于世的，他的《子夜》《林家铺子》《春蚕》《虹》《蚀》等等小说，在20世纪具有广泛的影响。他的这些小说几乎包括了20世纪前半叶中国社会政治经济的全部图景，手笔宏大，内容丰富，因此茅盾可堪称为世界巨匠。茅盾除了小说创作之外，还翻译了大量外国文学作品，为中国新文学的建设、世界文学的交流，付出了大量心血，十卷本的《茅盾译文全集》已经成为茅盾文学翻译的巨大财富。

除了小说创作、翻译之外，茅盾还有数百万字的散文随笔，这些散文随笔同样是茅盾文学宝库里的重要财富。茅盾的散文创作比他的小说创作要早得多，特点也非常鲜明，如《五月三十日下午》《雷雨前》《故乡杂记》，等等，都留下明显的时代印记和历史面影，体现了作者鲜明的进步意识；同时，茅盾的散文，无论是叙事还是记人，无论是早期作品，还是中年乃至晚年的作品，都闪耀着追求进步、追求真理的光芒。即使是在茅盾人生的最后几年，这位五四老人依然不减当年，以坚持真理、掷地有声的勇气，拨乱反正，为中国文学的复兴繁荣再作贡献，其精神十分可贵。我们认为，要了解20世纪中国社会政治经济，了解茅盾的思想足迹，读茅盾散文是一种不错的选择。因此，我们将茅盾的经典散文重新编排结集出版。在这些散文中，尤其选辑了茅盾在20世纪二三十年代的散文精品以及晚年的一些重要作品，比较充分地反映了茅盾为世人留下的历史印记和思想轨迹，相信读者在感受茅盾散文历史再现及美学意味的同时，也有新的启迪和思考。

目　录

第一辑　沙滩上的脚迹

五月三十日的下午　3
“五卅”走近我们了！　6
“暴风雨”　7
街角的一幕　10
复活后的土拨鼠　12
云少爷与草帽　14
牯岭的臭虫——致武汉的朋友们（二）　17
疲倦　19
卖豆腐的哨子　21
雾　23
虹　25
红叶　27
速写一　29
速写二　31
樱花　33
邻一　35
邻二　37
秋的公园　38
在公园里　40
严霜下的梦　42
叩门　46
光明到来的时候　48

雷雨前 56
黄昏 58
沙滩上的脚迹 60

第二辑　故乡杂记

故乡杂记 65
冥屋 90
冬天 92
天窗 94
谈月亮 96
香市 101
乡村杂景 103
陌生人 107
我的中学生时代及其后 110
我所见的辛亥革命 115
回忆辛亥 117
我曾经穿过怎样的紧鞋子 122
谈迷信之类 124
大旱 127
戽水 131
桑树 136
人造丝 140
老乡绅 144
速写 146
疯子 150
再谈“疯子” 155
阿四的故事 159
我的学化学的朋友 162
旧帐簿 166
苏嘉路上 170

可爱的故乡　179

第三辑　温故以知新

温故以知新　183
六〇年短篇小说读书笔记　188
解放思想，发扬文艺民主——在中国文学艺术工作者第四次代表大会及中国作家协会第三次会员代表大会上的讲话　208
在一九七八年全国优秀短篇小说评选发奖大会上的讲话　218
在部分中、长篇小说座谈会上的讲话　221
关于培养新生力量　226
作家如何理解实践是检验真理的唯一标准　231
漫谈文艺创作　236

第一辑　沙滩上的脚迹

五月三十日的下午

这是一个闷热的下午，这是一个暴风雨的先驱的闷热的下午！我看见穿着艳冶夏装的太太们，晃着满意的红喷喷大面孔的绅士们；我看见“太太们的乐园”[①]依旧大开着门欢迎它的主顾；我只看见街角上有不多几个短衣人在那里窃窃议论。

一切都很自然，很满意，很平静，——除了那边窃窃议论的几个短衣人。

谁肯相信半小时前就在这高耸云霄的“太太们的乐园”旁曾演过空前的悲壮热烈的活剧？有万千“争自由”的旗帜飞舞，有万千“打倒帝国主义”的呼声震荡，有多少勇敢的青年洒他们的热血要把这块灰色的土地染红！谁还记得在这里竟曾向密集的群众开放排抢！谁还记得先进的文明人曾卸下了假面具露一露他们的狠毒丑恶的本相！忘了，一切都忘了；可爱的驯良的大量的市民们绅士们体面商人们早把一切都忘了！

那边路旁不知是什么商铺的门槛旁，斜躺着几块碎玻璃片带着枪伤。我看见一个纤腰长裙金黄头发的妇人踹着那碎玻璃，姗姗地走过，嘴角上还浮出一个浅笑。我又看见一个鬓戴粉红绢花的少女倚在大肚子绅士的臂膊上也踹着那些碎玻璃走过，两人交换一个了解的微笑。

呵！可怜的碎玻璃片呀！可敬的枪弹的牺牲品呀！我向你敬礼！你是今天争自由而死的战士以外唯一的被牺牲者么？争自由的战士呀！你们为了他们而牺牲的，许也只受到他们微微的一笑和这些碎玻璃片一样罢？微笑！恶意的微笑！卑怯的微笑！永不能忘却的微笑！我觉得我是站在荒凉的沙漠里，只有这放大的微笑在我眼前晃；我惘惘然拾取了一片碎玻璃，我吻它，迸出了一句话道：“既然一切医院都拒绝我去向受伤的死的战士敬礼，我就对你——和死者伤者同命运的你，致敬礼罢！”我捧着这碎片狂吻。

忽地有极漂亮的声音在我耳边响道：“他们简直疯了！他们想拼着头颅撞开地狱的铁门么？”我陡的转过身去，我看见一位翘着八字须的先生（许是什么博士罢）正斜着眼睛看我。他，好生面熟；我努力要记起他的姓名来。他又冲着我的面孔说道：“我不是说地狱门不应该打开，我是觉得犯不着撞碎头颅去打开——而况即使拼了头颅未必打得开。难道我们没有别的和平的方法么？而况这很有过激化的嫌疑么？我们是爱和平的民族，总该用文明手段呀。实在最好是祈祷上苍，转移人心于冥冥之中。再不然，我们有的是东方精神文明，区区肉体上的屈辱何必计较——哈，你想不起我是谁么？”

实在抱歉，我听了这一番话，更想不起他是谁了，我只有向他鞠躬，便离开了他。

然而他那番话，还在我耳旁作怪地嗡嗡地响；我又恍惚觉得他的身体放大了，很顽强地站在我面前，挡住我的去路；又看见他幻化为数千百，在人丛里乱钻；终于我看见街上熙熙攘攘往来的，都是他的化身了，而张牙舞爪的吃人的怪兽却高踞在他们头上狞笑！突然幻象全消，现出一片真景来：那边站满“华人”的水泥行人道上，跳上一匹马，驮了一个黄发碧眼的武装的人，提着木棍不分皂白乱打。棍子碰着皮肉的回音使我听去好像是：“难道我们没有别的和平的方法么？……我们有的是东方精神文明，区区肉体上的屈辱何必计较！”和平方法呀！这未尝不是一个好名词。可惜对于无条件被人打被人杀的人们不配！挨打挨杀的人们嘴里的和平方法有什么意义？人家不来同你和平，你有什么办法呢？和平方法是势力相等的办交涉时的漂亮话，出之于被打被杀者的嘴里是何等卑怯无耻呀！人家何尝把你当作平等的人。爱谈和平方法的先生们呀，你们脸是黄的，发是黑的，鼻梁是平的，人家看来你总是一个劣等民族，只有人家高兴给你和平，没有你开口要求的份儿哩！“以眼还眼，以牙还牙！”信奉这条教义的穆罕默德的子孙们现在终于又挺起身子了！这才有开口向人家讲和平办法的资格呵！像我们现在呢，也只有一个办法：“以眼还眼，以牙还牙！”不甘心少，也不要多！

“以眼还眼，以牙还牙！”这两句话不断地在我脑海里回旋；我在人丛里忿怒地推挤，我想找几个人来讨论我的新信仰。忽然疏疏落落地下起雨来了，暮色已经围抱着这都市，街上行人也渐渐稀少了。我转入一条小弄，雨下得更密了。路灯在雨中放着安静的冷光。这还是一个闷热的黄昏，这使我满载着郁怒的心更加烦躁。风挟着细雨吹到我脸上，稍感着些凉快；但是随风送来的一种特别声浪忽地又使我的热血在颞颥部血管里乱跳；这是一阵歌吹声、竹牌声、哗笑声！他们离流血的地点不过百步，距流血时间不过一小时，竟然歌吹作乐呵！我的心抖了，我开始诅咒这都市，这污秽无耻的都市，这虎狼在上而豕鹿在下的都市！我祈求热血来洗刷这一切的强横暴虐，同时也洗刷这卑贱无耻呀！

雨点更粗更密了，风力也似乎劲了些：这许就是闷热后必然有的暴风雨的先遣队罢？

5 月 30 夜于上海

（原载《文学周报》第 177 期，1925 年 6 月 14 日出版）

①左拉（zola）有一部以近代大规模的百货商店为描写对象的小说，名曰《太太们的乐园》。

“五卅”走近我们了！[①]

红色五月走到了它的煞尾了！

像有名的黑姑娘的大鼓一般，从始作时的清扬宛转的一那起，一声声转急，转密，转急转密到一秒的瞬间里，有千百曲折，有千百个繁音促节，使听者心上重沉沉的感着异样的不可名说的压迫，突然，煞尾来了，亢音雄壮的煞尾来了，那时你喘不过气来的胸怀突然开展，你兴奋极了，真不知手之舞之，足之蹈之了！

红色五月的煞尾——五卅，便像这个！

像两浙的三江的入海一般，宛延曲折经流了三千里，从高峻岩密林深菁里钻出来，很苦闷地钻出来，桐庐以下，江流湍急，过了鳖子门，江面突然开展，万顷的银涛，如脱缰的怒，直奔东海！

红色五月的煞尾——五卅，又像这个！

呵！雄壮的五卅！悲壮的五卅！你是“五四”是“二七”以不断的民族解放的争斗的大爆发！你在红色五月做了很光的煞尾！你在中国革命运动史上划了个新纪元！煞尾是预报第二幕的开始，是前后幕的支点，你是个伟人的支点！

呵！雄壮的五卅！你像恋人一样惹人挂念！你像金鼓之声，使人兴奋！你是许多烈士的伟大的创作，使人百读不厌！你是民族解放的丰碑！你是革命运动的圣经！我们从你得了可宝贵的教训，可宝贵的认识！

同志们！“五卅”走近我们！迎上去扑在它的怀里！拥抱！接吻！

1927年5月25日

①本篇最初发表于1927年5月25日《汉口民国日报》副刊第22号。署名雁冰。

“暴风雨”

——五月三十一日——

昨晚延留到今晨的密雨，趁着晓风，打扑人脸越发有劲。C和S一早起来，已接到“十二点钟出发，齐集N马路”的命令。昨日下午的惨剧，昨夜的噩梦，仅仅三小时许的睡眠，都不但不曾萎缩了他们的精神，反而使他们加倍的坚决勇敢。不久，G和H也来了，四人便开始了热烈的谈论。

后来，话也说完了，时候也不早了，他们预备出去。G说：“我们今天都不带伞，也不穿雨衣；还要少穿衣服，准备着枪弹下热的难受。”

“今天未必再吃枪弹了，倒须预备受自来水的注射，”S微笑着说，“湿透了的衣服是会发散血管里的热度的，所以还是穿了雨衣去的好。”

S的提议立刻被多数否决，大家还是不带伞也不穿雨衣，行无所事地出发了；各人脸上有一种好奇的踊跃的喜气，眼光里射出坚决的意志。这是勇敢的战士第一次临阵时所有的一种表情。

他们四个到了N马路时，S百货公司的大钟正指着十二点三十分。N马路两旁的行人道上已经攒聚着一堆一堆的青年学生和短衣的工人。那时雨下得好大，他们都站在雨里直淋。G、H等四人沿马路往东走了百余步，看见二三小队的女学生正散开来到各店铺内演讲；G、H他们也立刻加入这项工作。

他们刚要走进第十三家商铺去讲演的时候，忽然“吉令令……”的铃声在马路中间乱响，四五辆脚踏车从西向东驰去，一路散放小传单，成百的在湿风中飞舞。这是命令！这是聚集的命令！这是出发的命令！立刻攒聚在行人道上的青年们都活动起来；从横街里小弄里出来一队一队的学生和工人都分布在N马路；“援助工人”，“援救被捕学生”，“收回租界”，“取消印刷附律”，“打倒帝国主义”等的揭帖和小传单都开始散发并且粘贴在沿马路商铺的玻璃窗上；每一个街角，每一家大商店前，都有人在那里演讲，都有一群市民攒聚着听；口号的呼声此起彼应，压倒了隆隆的电车声。长且阔的 N 马路立刻塞满了演讲者、听众和散传单人。

有好几起的“三道头”和“印捕”拔出手枪擎起木棍来驱逐群众，撕去揭帖；但是刚赶走了面前的一群，身后的空间早又填满了群众，刚撕去了一张揭帖向前走了几步，第二张揭帖早又端端正正地贴在原处。冷酷的武力不能浇灭群众的沸腾的热血！昨日的炮火已把市民的血烧到沸滚！

自来水向密集的群众注射了！但是有什么用？“打倒帝国主义”的呼声像春雷似的从四面起来，盖过了一切的声音。W 百货公司屋顶花园的高塔上忽然撒下无数的传单来，趁风力送得很远；鼓掌声和欢呼声陡地起来欢迎。沿马路每家商店楼上的窗洞里都有人头攒动，阳台上也挤满了人，都鼓掌、高喊，和马路中的群众呼应。

这个时候，将近三点钟，沿 N 马路商店的玻璃窗上早一色贴满了各种的揭帖和传单，讲演亦已停止，满街飞舞的是传单，震荡远近的是“打倒帝国主义”的呼声！C、S 等四人此时站在 S 公司的门前跟着狂呼。在一个呼声过去之后，擎着手枪怒目视人的“三道头”、印捕、华捕，又冲到群众面前示威；马路里暂时沉寂一下子，但是即有一个尖音破空而起，大家忽然看见一位女学生站在马路中间——离刚刚过去的示威队不及一丈——高喊那些口号，两旁的群众立刻齐声应和，那一种慷慨热烈的气概即使是铁汉见了也要心抖。C 推着 S 道：“这是密司蒋，密司蒋!”

脚踏车队又传布命令：“包围总商会!”于是 N 马路上的学生工人群众都向北而去，让负有“维持治安”责任的巡捕执行他们的“职务”，布起防线来。热烈的空气移到总商会去了！那里有总商会的先生们正在一个小阁内静静地开会。

“持重老成”的先生们全不知道是怎么一回事。只是可恼的探报一道一道地传来：大队的学生像潮水似的涌进来了，总商会被他们占领了！他们在戏台前[①]开会演说了！女学生们把守一重一重的门户，只准进不准出去！他们誓言“不宣布罢市，死也不出去”了！

“老成持重”的先生们侧耳听：好威武的呼噪声呵！好热烈的鼓掌声呵！忽然又寂静无声。这是个可怖的神秘的寂静！这是暗示将有大鼓噪的寂静！果然砰声、夹掌声轰然而起，似乎那小阁子也震动得岌岌颤抖。呼声的怒涛里跳出浮出“请总商会会长出来答复！派代表去请!”的白沫来，在小阁子里也隐约可以辨得清。

热烈的空气终于冲进了冷静的高高的小阁子里。F先生像受了“城下之盟”似的对众宣布了“同意罢市”。在万众欢呼“明天罢市!”的呼声里，女学生的防线撤了，群众也渐渐散去了，那已是又一个黄昏。多么可纪念的一个黄昏！

（原载《文学周报》第180期，1925年7月5日出版）

①S埠总商会在天后宫内，里面有一个戏台，历来的市民大会多数是在这里开的。

街角的一幕

地点：S埠N马路的街角。

时间：一九二五年六月里的一日。

A　你的话是不错的，只是我总相信——也可说是疑惑，这中间不免有点儿受人利用。国是要爱的，但利用也要防呵！

B　防人利用的方法，莫妙于自己出来干；所以我们还是加进去和他们一块儿干。

A　哈哈，老弟，这又见得你是经验不足；我们也进去干么？这岂非我们也变成了“赤化”！你没看这几天的外国报？外国报上说：工人是老早赤化了，学生也是暴徒，也是赤化。我们也出头加入呵，外国报上一定也说我们是赤化。你要明白：赤化就是一个极大的罪名。我们先要站在“无罪”的地位，交涉然后有几分希望。不然……

B　不然，他们放枪是应该的，死者是该死，是么？这真是太岂有——

A　哎，我不过比方说，你何必动这么大的火？

B　——岂有此理！

A　你别动火啊，听我说。

B　你说，你说！

A　我是不喜欢感情用事的，我们须得平心静气来研究。但也要请你了解，我丝毫没有嫌恶你太动感情的意思。本来要保持冷静的头脑是极难的。欧洲大战的时候，全欧洲的智识阶级都失却了冷静的头脑，只有一个罗曼·罗兰是例外。所以我不怪你。我们要保持一种镇静优雅的大国民态度。像现在那样“举国若狂”，到处嚷着“五卅”，就不是大国民的态度。罢市是多事，商人应该镇静地照常做生意。罢课无意识。罢工更其是赤化。有人说，我们的艺术家应该仍旧低头创造他的理想的乐园，科学家应该仍旧埋头在实验室里，大家抛弃了一切来爱国是不对的：这话中肯之至！现在全国的人都感情用事，实在吃人家暗笑呢！所以——

B　照你说，只要叫苦主到公堂上去告便是了？

A　可不是！

B　你以为告到公堂就还给你公理么？

A　不给也不要紧。我们有句古训，叫作“逆来顺受”，我们自己做好起来，人家就不敢来欺侮。自己不争气，就怪不得人家来欺侮啊。

B　你以为我们的政治黑暗全是为的自己不争气么？你竟不看见人家是逼住我们内乱，人家是遮住我们的向光明之路么？你不看见曼彻斯特导报的社论和美国参议员鲍拉的演说还都说我们的内乱是“列强”应负些责任？

A　你快住嘴，留心招祸啊！那些都是过激党的话语！街上说话要留心　　留心，我是一片好意。我还有些事，再会了，再会。

A撇开了B，急急地往前面人多处钻。忽然前面的人倒退的涌来，一个息克，一个“三道头”，劈开人众出来，看见A冒冒失失地走上来，迎面就是一棍，只打得A立刻跪在地下。息克扬起棍子还要打，A仰起两手，哭丧着脸说道：I am a civilian……a tamed Chinese（我是一个安分市民……一个善良华人），但是这两句“洋泾浜”并不能架住息克的棍子，棍子还是下来，A先生只好半受半避地爬走，从人丛中的胯下钻了出去。B在二三丈外看见A如此受辱，气忿忿的想赶上来，但又立住，自言自语道——

B　棍子不打到他身上时，他始终要说“抛弃了一切来爱国是不对的”，他始终不肯抛弃他那“大国民态度”的；让他上一课罢，他才知道非暴徒而又非赤化的，也要挨棍子！

旁边一个声音　即使打死了他，他是死而无悔的；因为他的哲学是“逆来顺受”！

（原载《文学周报》第182期，1925年7月19日出版）

复活后的土拨鼠

某太太的小妹子曾经讲过下面的一个故事：

“《桃色的云》的主人公，小土拨鼠——那扁肥身体，有着淡红色的尖嘴和脚爪的小土拨鼠，原来并不曾死；这个小东西，闷在地下黑森森的怪耐不住，不听祖父祖母的话语，一定要到地面上来见见太阳光——嘻！这个小东西有的倒是志气，可惜才见了太阳，就被晒死了！这小东西就是这么脆弱，受不住太多的光明！原先的故事——盲诗人胡诌的故事，可不是这等说的么？那，我现在要说这个故事是错的——至少也是不完全的！小土拨鼠终究没死，他是被那过分强烈的阳光晒昏了去——可不是您在大日头下会发昏么？——那小东西也是发了一次晕。后来他就醒过来了，他并没真死。

“你不信么！他还亲口对我说了话来。

“他先问我道：‘你的小伴们对于我的死，有什么意见？他们有什么批评？’

“‘大家都有点看不起你。’我回答。

“那小东西怪叫起来——淡红的尖嘴张得怪圆的，好像一朵小喇叭花——说道：‘你们年青的也不满意我的行动——看不起我?!’

“我做出怪老练的神气，冷然地回答道：‘对不起！委实是看不起。为的是你吵闹闹的要看看太阳光，却竟经不起晒。你是只配躲在地下暗洞里过活的，地面上的光明与自由对于你是太多了。’

“您大概不肯相信罢？那小东西竟还是理直气壮地回驳着我道：‘你瞧，我不是复活了？我还是我！’

“‘你说你怎样又活了。’

“‘春子姑娘道是我真死了，抱我进房，——盲诗人说我的故事是如此，你总该记得罢？——我，我在她房里不多时就醒过来了——原

来只是一阵晕眩，不算真死。’

“‘这么说来，你还是受不住那太多的光明；你不到遮阴的房里，你决不会醒——老不能醒，便是死。’

“那小东西实在再不能白赖了，他只好气愤愤地说道：‘那也不算什么！“求仁得仁”！怨什么？’

“‘求仁得仁，怨什么！’你说土拨鼠这句话没有些意思？求仁得仁，怨什么！倔强的小土拨鼠是死而无怨的，只可惜人家还是笑他，自然有那等死不肯去冒土拨鼠的险的人们，一辈子不让人家笑。只有他们坐在那里笑人家。”

我听到这里，眼前忽然起了一片幻象：一间暗房打开了，一群和我那说故事者年貌相仿的女子很得意地冲出来了；她们在黑房间住得怪不耐烦，要求呼吸点自由空气，——恋爱的空气；但是外面的空气是白热的，这一群住惯了冷冰冰地方的年青人，竟受不住。有的晕了过去，有的热得疯狂了，也有想缩退回原处去的。

我的眼皮一跳，幻象消灭，只听得我的说书者还在那里说：“也应该有人碰到那小土拨鼠所遭的事罢？那，我们怎样批评呀？……但是，喂，您听出神么？土拨鼠的故事还多着！”

（原载《文学周报》第 192 期，1925 年 9 月 27 日出版）

云少爷与草帽[①]

留在汉口的亲爱朋友们：

写这封信的人，离开你们已经两天了，襄阳丸统舱里的臭汗气，九江市上不平的马路，麻烦的钞票问题、铜子问题，统统被遗忘了，他现在正和两个同伴住在牯岭的一家旅馆里，在三千六百尺的高地，在峰峦怀抱的中间，当然把过去的统统忘了，他只享乐他的现在，然而总还忘不了三天前在宴月楼中喝酒时你们谈起的冰莹[②]——这个未曾一面的冰莹，这个轰动一时的"冰莹的世界"里的主人冰莹。

但是可爱的朋友们！请不要误会我的意思。我之不忘冰莹，唯一的原因，就是没有见过这个人；在读过了她的许多文章，听你们讲过了她的种种以后，思想一见其人，自是人情之常，正像没有见过伏园[③]时想见见伏园，没有见过"萨天师"时想见见"萨天师"。一切的对人的留恋，总该多是如此呵！孔三姑[④]说我是理性的人，是的，过去的事，即使是欢乐的纪念，也被我忘记得干干净净，我是最不懂"怀旧"的。但是一个人当闲却的时候，在"幻灭"的时候，在孤身寂寞的时候，不由然而然地总想记他的好友，他的爱妻，他的儿女，还有他所想见而未见的人——不过冰莹凑巧是个女子！

这三天内，我们这里也有"我们的冰莹"的世界。"我们的冰莹"并不曾做过文章，也不曾做过女兵，不是上江人，而是下江人，二者之间，一无似处，仅仅是因为我们中间的提鸟笼的云少爷[⑤]是时时刻刻心念口说目视这个人——自然这个人也有摄引人家注意的魔力——正像"冰莹的世界"的口号在武汉揭出来时的冰莹，所以我就称之曰我们的冰莹。不愿披露其名，君子为贤者讳也。

这个"我们的冰莹"，你们大概都不认识，或且未闻其名，便是提鸟笼的云少爷也是初次闻名初次识荆。我们同在襄阳丸上的统舱里，

“我们的冰莹”发见了我在着，招呼我吃西瓜冰，后来到九江同住一旅馆，同打过牌，同逛过九江市街，并且几乎同游牯岭，如果不是“我们的冰莹”的同伴——另一位女同志——因有故障不能成行，这小小的一日的盘桓，使得提鸟笼的云少爷在往庐山的路上一步一念着这个人，甚至有时微喟低吟“恨不相逢未嫁时”！

云少爷是这一篇通信里的故事的主人，所以不能不详细讲讲他的二件趣事。在我们动身的那日下午五时——船是九时开，可是七时非上船不可——我们仍在宴月楼，云少爷正喝着大杯浊酒，忽然来了蒋介石的贵东家，报告有条货船直放上海，既快且稳，船里有的是熟人，趁船无问题。云少爷听说完，连酒也不要喝了，居然紧张起来，拔步便走，赶那货船去了。剩下我同另一S君，吃完了饭，取了行李，到襄阳丸，时已七时，我们正忙着给车子，忽然我耳边有个笑声道：“我又在此！”哈！云少爷！原来赶不上货船，仍到襄阳丸来了！他算是做了二点钟的好梦！

云少爷有顶草帽，颇有点儿旧了，现在他有了一顶新的。云少爷自诩他这草帽很有历史。去年他在广东时正没有草帽，忽然大胖子C君要出发北伐，新买的草帽无用，送了几个朋友，都嫌太大，后来发见云少爷的头却配这顶大草帽，就送给了他。现在戴旧了，昨日到九江来，又遇见了小胖子C君，也因要随军出发须换便服另有任务，新买了顶草帽，自嫌其太新，看见云少爷的旧草帽倒很中意，大小又适合，于是新的换了旧的。这是云少爷的草帽故事，他自以为是幸遇，常常自诩——自然他现今还梦想着比草帽更可自诩的奇遇。

可爱的朋友们，现在你们就想象得出这位“我又在此”的云少爷，摆着“奇遇”的草帽的云少爷，当他一步一步挨上牯岭时念念不忘“我们的冰莹”时的神气了！从庐山麓到牯岭，有十八里山路，我们本是要坐轿的，后来因为中央票折扣问题使我们负气，就走上山去；你们看我那样单弱，然而十八里山路竟不觉得费力，反是云少爷一步一步一喘气；若非是“我们的冰莹”在他精神上起作用，他准会在半路躺下来，像一条癞狗呢！他自己说：想起了她，就有气力上山了！他看见一路的岩石，就后悔为什么不带了粉条儿来，不然，可以一路写着“我们的冰莹”的石字在每块岩石上。

最后，我有几句报告：九江物价较汉口高一倍，冰淇淋要半块钱一杯，而且不好，汽水要六毛一瓶，普通小酌，至少得费十五六元，像我们在宴月楼的吃法，大概要三十元呢！牯岭住，每日得费三元，上山等费约七元（汽车及轿费），不过都用上海票，中央票以七折计算。我们算过，在牯岭住，每月每人得花五十元上海票，游玩费在外。

山中几与世上隔绝，除了“我们的冰莹”的世界外，不知尚有世界，这也算愉快，但又何尝不是沉闷呢？

再谭！

玄珠　牯岭，七月二十五日

①本篇最初发表于1927年7月29日汉口《中央日报》副刊第22号。署名玄珠。

②冰莹：谢冰莹，湖南新化人，女作家。著有《从军日记》《一个女兵的自传》等。

③伏园：孙伏园（1894～1966），原名福源，浙江绍兴人，曾任《晨报副刊》《京报副刊》编辑，当时任汉口《中央日报》副刊编辑。

④孔三姑：指作者的夫人孔德沚。因排行第三，故称。

⑤云少爷：指宋云彬（1897～1979），浙江海宁人，编辑、文学史家。著有《玄武门之变》《中国文学史简编》等。

牯岭的臭虫[①]

——致武汉的朋友们（二）

昨夜刮了一夜大风，山中温度骤低，几乎要用棉被了。虽然昨日上山来很费了点腿力，照理昨夜该有一个甜睡，然而竟不然——昨夜是半夜未曾合眼。

这原因：一半是大风的声音使我忆起上海每年夏季的风暴，一半是臭虫的骚扰。牯岭的旅馆里会藏着那么多的臭虫，本来是奇事中之奇事，而这些臭虫却又特别巧妙；它们很是“沉着”，先前毫不声张，直到我上床二十分钟后，正待朦胧睡去，它们却下总攻击令了。可爱的朋友们，你们不是说我的“香”是有名的么？那么，一个臭虫之不能使安枕，正是理之当然了。何况又不止一只。我实在是找着三匹大臭虫，又四五匹小的，但是半夜的时间过去了，至晨四时许，我实在太倦，也就屈服似的在臭虫的不绝的围攻中间睡着了片刻。

然而此片刻中，也只是半睡状况，最后的解决只好对臭虫让步，我逃到云少爷的帆布行军床上，不问如何就挤下去了。行军床上睡了两个人，你们自然可以想见其窘状了！

在旅馆中被臭虫所苦，这是我所能记得的第二次。第一次是在杭州。那次和妻在一处，那次我大概是太疲倦了，竟还睡得着，妻却捉了半夜臭虫。

最奇怪的，杭州旅馆和这一处，都是很清洁的房间和被褥，一点“臭虫气”也没有，然而竟藏着那许多臭虫；反不如那些次等的房间，一进就嗅着“臭虫气”的，倒没有那么多！

今日云少爷又讲了一个臭虫的故事。

他的家乡有一位滑稽家，有一天到上海某大旅社开了一间顶讲究的房间，预备舒舒服服睡一夜，哪知半夜里臭老爷来了。这位朋友就起来捉，直到天明，总捉得了十五六匹，都放在一个信封内。第二天叫茶房来算账，看了账单，便把那装满臭虫的信封丢给茶房。茶房以为中间一定是钞票了，打开来一看，见是活泼泼的臭虫，莫名其妙。那位朋友就请旅馆的账房先生来，要和他算“臭虫账”，结果，账房先生赔了许多好话，并且把房金打了个对折，方才了事。

我们听完这个故事，都觉得很可笑。我打算今晚依法炮制，但是此地旅馆主人面皮太厚，云少爷朋友的方法或许未必有效罢！

虽然昨晚失眠，今日下午到底出去了一次。我们找了个向导，到御碑亭、仙人洞、天地寺、黄龙寺、黄龙洞、黄龙瀑等处，归途经过牯岭之所谓租界，在游泳池旁看了半晌，有许多洋鬼子在内游泳，土鬼子只有一个女的。我们很是艳羡地站着看。我相信游泳不是一件难事，如果我在此一个月，天天去学习，总能学会了罢？

今天所经过的诸处，黄龙洞和黄龙瀑最好。我们在洞里泉前大石上躺了好一刻，我们又想在黄龙瀑前水潭中洗浴，可惜未带衣巾，不曾实行。明天我们决定专诚来洗澡。

再谭罢，我要睡了，希望今夜能够安睡一宵。

玄珠　七月二十六日

①本篇最初发表于 1927 年 8 月 1 日汉口《中央日报》副刊。署名玄珠。系《云少爷与草帽》的续篇。

疲　倦

大家都已经疲倦了。想得到，要说的，都已说过了，办得到，要做的，都已做过了；剩下来还有什么呢？只觉得前途渺茫而已。热情的高潮，已成为过去，在喘息的刹那间，便露出了疲容。

“我们想得到，要说的，都已尽量地说过了；办得到，要办的，都已尽量地办过了；而事情还不过如此！”他们说。

不错！在他们既已说完一切想得到的要说的，做过一切办得到的要做的，以后，而事情还不过如此，他们觉得没有路了，没有事做了，并且明明另有路另有事又不愿意去走去办，那么除了“疲倦”，他们还有什么？

最近爱多亚路的枪声便把这普遍的疲倦状态揭开了幕。

科学的先进者是知道怎样试验的。他们故意打了个金枪针，看有什么反应。果然我们大好的华胄被他们试验出来了，金枪针打过后的反应是疲倦——低暗的呻吟与衰弱的抽搐。

打针者于是相视而笑，莫逆于心道：“如何？”

这当然是新的耻辱，然而奈此人心疲倦何！

什么新的耻辱！可不是已经成了“债多不嫌”么？

我们皇皇华胄确是老大民族，但是近来返老还童，显出格外幼稚。人家在旁边窃窃私语道：“看呀！看他高喊过狂跳过以后，就会疲倦；那时就静下来了。再一会儿，又沉沉睡着了。”不幸我们竟不出人家所料。

我确信我们这老大民族里的新生细胞在喊过跳过后并不疲倦，并不觉得无路可走，而新理想正在他们中间流布，新势力正在蓄，可是老民族的背脊骨——那就是现在社会的中坚——却确已十二分的疲乏，要躺下去了。背脊骨不能再立若干时，一定要躺下去，新生细胞纵然勇气虎虎亦不中用。这便是目前普遍的疲倦状态的内幕。

这是脊柱衰弱症，最厉害的病症！

医生有法子治疗这凶症么？医生摇头道："除非换一根少壮的脊柱。"个人的脊柱当然没法换一根，然而要换民族的脊柱总该有法子。

新生细胞踊跃道："让我们来试试支撑这个弱大的躯壳。"然而他们不是脊柱骨，不在其位，不让谋其事，简直是白告了奋勇。

一个更聪明的医生来了，他提出新意见："脊柱的灵魂是脊髓，脊柱只不过是一所房子，骨髓方是其中的主人。根本的治疗法在于换过房子里的主人，并不在于拆造房子。我们要从脊柱里取去干枯的脊髓，换进红润多血的新脊髓！"

新生细胞闻言欣然而去，努力作"换脊髓运动"。

但是这个工作决非旦夕所可告成，所以这个大躯壳一定还有多少时候是疲容满面的躺着，不死不活不动。

一群年幼的细胞也昏沉沉地感觉着疲倦，但他们名之曰烦闷。他们曾有过太美满的幻想、过分的希望；他们曾经仗藉那太美满的幻想和过分的希望作兴奋剂，而热烈地活动过。譬如饮酒过度，当时果然借力，酒醒时却分外的困顿。他们实在是被自己的浪漫思想弄得疲倦了，却自谓为烦闷；烦闷到极处，可以反动，可以自杀。

这是疲倦的又一方式了。这种自造的疲倦有一个简便的治疗法，就是少饮些自醉的酒。

（原载《文学周报》第 191 期，1925 年 9 月 20 日出版）

卖豆腐的哨子

早上醒来的时候，听得卖豆腐的哨子在窗外呜呜地吹。

每次这哨子声引起了我不少的怅惘。

并不是它那低叹暗泣似的声调在诱发我的漂泊者的乡愁；不是呢，像我这样的 outcast[1]，没有了故乡，也没有了祖国，所谓“乡愁”之类的优雅的情绪，轻易不会兜上我的心头。

也不是它那类乎军笳然而已颇小规模的悲壮的颤音，使我联想到另一方面的烟云似的过去；也不是呢，过去的，只留下淡淡的一道痕，早已为现实的严肃和未来的闪光所掩杀所销毁。

所以我这怅惘是难言的。然而每次我听到这呜呜的声音，我总抑不住胸间那股回荡起伏的怅惘的滋味。

昨夜我在夜市上，也感到了同样酸辣的滋味。

每次我到夜市，看见那些用一张席片挡住了潮湿的泥土，就这么着货物和人一同挤在上面，冒着寒风在嚷嚷然叫卖的衣衫褴褛的小贩子，我总是感得了说不出的怅惘的心情。说是在怜悯他们么？我知道怜悯是亵渎的。那么，说是在同情于他们罢？我又觉得太轻。我心底里钦佩他们那种求生存的忠实的手段和态度，然而，亦未始不以为那是太拙笨。我从他们那雄辩似的“夸卖”声中感得了他们的心的哀诉。我仿佛看见他们吁出的热气在天空中凝集为一片灰色的云。

可是他们没有呜呜的哨子。没有这像是闷在瓮中，像是透过了重压而挣扎出来的地下的声音，作为他们的生活的象征。

呜呜的声音震破了冻凝的空气在我窗前过去了。我倾耳静听，我似乎已经从这单调的呜呜中读出了无数文字。

我猛然推开帐子，遥望屋后的天空。我看见了些什么呢？我只看见满天白茫茫的愁雾。

（原载《小说月报》第20卷第2号，1929年2月10日出版）

①outcast：英语，意指无家可归的人或四处流浪、漂流的人。

雾

雾遮没了正对着后窗的一带山峰。

我还不知道这些山峰叫什么名儿。我来此的第一夜就看见那最高的一座山的顶巅像钻石装成的宝冕似的灯火。那时我的房里还没有电灯，每晚上在暗中默坐，凝望这半空的一片光明，使我记起了儿时所读的童话。实在的呢，这排列得很整齐的依稀分为三层的火球，衬着黑魆魆的山峰的背景，无论如何，是会引起非人间的缥缈的思想的。

但在白天看来，却就平凡得很。并排的五六个山峰，差不多高低，就只最西的一峰戴着一簇房子，其余的仅只有树；中间最大的一峰竟还有濯濯地一大块，像是癞子头上的疮疤。

现在那照例的晨雾把什么都遮没了，就是稍远的电线杆也躲得毫无影踪。

渐渐地太阳光从浓雾中钻出来了。那也是可怜的太阳呢！光是那样的淡弱。随后它也躲开，让白茫茫的浓雾吞噬了一切，包围了大地。

我诅咒这抹煞一切的雾！

我自然也讨厌寒风和冰雪。但和雾比较起来，我是宁愿后者呵！寒风和冰雪的天气能够杀人，但也刺激人们活动起来奋斗。雾，雾呀，只使你苦闷；使你颓唐阑珊，像陷在烂泥淖中，满心想挣扎，可是无从着力呢！

傍午的时候，雾变成了牛毛雨，像帘子似的老是挂在窗前。两三丈以外，便只见一片烟云——依然遮抹一切，只不是雾样的罢了。没有风。门前池中的残荷梗时时忽然急剧地动摇起来，接着便有红鲤鱼的活泼泼的跳跃划破了死一样平静的水面。

我不知道红鲤鱼的轨外行动是不是为了不堪沉闷的压迫？在我呢，既然没有杲杲的太阳，便宁愿有疾风大雨，很不耐这愁雾的后身的牛毛雨老是像帘子一样挂在窗前。

1928 年 12 月 14 日

（原载《小说月报》第 20 卷第 2 号，1929 年 2 月 10 日出版）

虹

不知在什么时候金红色的太阳光已经铺满了北面的一带山峰。但我的窗前依然洒着绵绵的细雨。

早先已经听人说过这里的天气不很好。敢就是指这样的一边耀着阳光，一边却落着泥人的细雨？光景是多少像故乡的黄梅时节呀！出太阳，又下雨。

但前晚是有过浓霜的了。气温是华氏表四十度。

无论如何，太阳光是欢迎的。我坐在南窗下看 N. Evréinoff 的剧本。看这本书，已经是第三次了！可是对于那个象征了顾问和援助者，并且另有五个人物代表他的多方面的人格的剧中主人公 Paraclete，我还是不知道应该憎呢或是爱？

这不是也很像今天这出太阳又下雨的天气么？

我放下书，凝眸遥瞩东面的披着斜阳的金衣的山峰，我的思想跑得远远的。我觉得这山顶的几簇白房屋就仿佛是中古时代的堡垒，那里面的主人应该是全身裹着铁片的骑士和轻盈婀娜的美人。

欧洲的骑士样的武士，岂不是曾在这里横行过一世？百余年前，这群山环抱的故都，岂不是一定曾有些挥着十八贯的铁棒的壮士？岂不是余风流沫尚像地下泉似的激荡着这个近代化的散文的都市？

低下头去，我浸入于缥缈的沉思中了。

当我再抬头时，咄！分明的一道彩虹划破了蔚蓝的晚空。什么时候它出来，我不知道；但现在它像一座长桥，宛宛地从东面山顶的白房屋后面，跨到北面的一个较高的青翠的山峰。呵，你虹！古代希腊人说你是渡了麦丘立到冥国内索回春之女神，你是美丽的希望的象征！

但虹一样的希望也太使人伤心。

于是我又恍惚看见穿了锁子铠，戴着铁面具的骑士涌现在这半空的彩桥上，他是要找他曾经发过誓矢忠不二的“贵夫人”呢？还是要扫除人间的不平？抑或他就是狐假虎威的“鹰骑士”？

天色渐渐黑下来了，书桌上的电灯突然放光，我从幻想中抽身。

像中世纪骑士那样站在虹的桥上，高揭着什么怪好听的旗号，而实在只是出风头，或竟是待价而沽，这样的新式骑士，在“新黑暗时代”的今日，大概是不会少有的罢？

（原载《小说月报》第20卷第3号，1929年3月10日出版）

红　叶

朋友们说起看红叶，都很高兴。

红叶只是红了的枫叶，原来极平凡，但此间人当作珍奇，所以秋天看红叶竟成为时髦的胜事。如果说春季是樱花的，那么，秋季便该是红叶的了。你不到郊外，只在热闹的马路上走，也随处可以见到这“幸运儿”的红叶：十月中，咖啡馆里早已装饰着人工的枫树，女侍者的粉颊正和蜡纸的透明的假红叶掩映成趣；点心店的大玻璃窗橱中也总有一枝两枝的人造红叶横卧在鹅黄色或是翠绿色的糕饼上；那边如果有一家“秋季大卖出”的商铺，那么，耀眼的红光更会使你的眼睛发花。“幸运儿”的红叶呵，你简直是秋季的时令神。

在微雨的一天，我们十分高兴地到郊外的一处名胜去看红叶。

并不是怎样出奇的山，也不见得有多少高。青翠中点缀着一簇一簇的红光，便是吸引游人的全部风景。山径颇陡峻，幸而有石级；一边是谷，缓缓地流过一道浅涧；到了山顶俯视，这浅涧便像银带子一般晶明。

山顶是一片平场。出奇的是并没有一棵枫树，却只有个卖假红叶的小摊子。一排芦席棚分隔成二十多小间，便是某酒馆的“雅座”，这时差不多快满座了。我们也占据了一间，并没有红叶看，光瞧着对面的绿丛丛的高山峰。

两个喝得满脸通红的游客，挽着臂在泥地上婆娑跳舞，另一个吹口琴，呜呜地响着，听去是“悲哀”的调子。忽而他们都哈哈笑起来；是这样的响，在我们这边也觉得震耳。

芦席棚边有人摆着小摊子卖白泥烧的小圆片，形状很像二寸径的碟子；游客们买来用力掷向天空，这白色的小圆片在青翠色的背景前飞了起来，到不能再高时，便如白燕子似的斜掠下来（这是因为受了风），有时成为波纹，成为弧形，似乎还是簌簌地颤动着，约莫有半分钟，然后失落在谷内的丰草中；也有坠在浅涧里的，那就见银光一闪——你不妨说这便是水的欢迎。

早就下着的雨，现在是渐渐大了。游客们不知在什么时候已经减少了许多。山顶的广场（那就是游览的中心）便显得很寂静，芦棚下的“雅座”里只有猩红的毡子很整齐地躺着，时间大概是午后三时左右。

我们下山时雨已经很大；路旁成堆的落叶此时经了雨濯，便洗出绛红的颜色来，似乎要与那些尚留在枝头的同伴们比一比谁是更“赤”。

“到山顶吃饭喝酒，掷白泥的小圆片，然后回去：这便叫做看红叶。谁曾在都市的大街上看见人造红叶的盛况的，总不会料到看红叶原来只是如此这般一回事!”

我在路旁拾起几片红叶的时候，忍不住这样想。

（原载《小说月报》第 20 卷第 3 号，1929 年 3 月 10 日出版）

速写一

沿浴池的水面，伸出五个人头。

因为浴池是圆的，所以差不多是等距离地排列着的五个人头便构成了半规形的“步哨线”，正对着浴池的白石池壁一旁的冷水龙头。这是个擦得耀眼的紫铜质的大家伙，虽然关着嘴，可是那转柄的节缝中却哧哧地飞迸出两道银线一样的细水，斜射上去约有半尺高，然后乱纷纷地落下来，像是些极细的珠子。

五岁光景的一对女孩子就坐在这个冷水龙头旁边的白石池壁上，正对着我们五个人头。水蒸气把她们俩的脸儿熏得红喷喷的，头上的水打湿了的短发是墨黑黑的，肥胖的小身体又是白生生的。她们俩像是孪生的姊妹。坐在左边的一个的肥白的小手里拿着个橙黄色透明体的肥皂盒子，她就用这小小的东西舀水来浇自己的胸脯。右边的一个呢，捧了一条和她的身体差不多长短的毛巾，在她的两股中间揉摩。

虽是这么幼小的两个，却已有大人的风度，然而多么妩媚。

这样想着，我侧过脸去看我左边的一个人头。这是满腮长着黑森森的胡子根的中年汉子的强壮的头。他挺起了眼睛往上瞧，似乎颇有心事。

我再向右边看。最近的一个正把滴水的毛巾盖在脸上，很艰辛地喘气。再过去是三角脸的青年，将后颈枕在浴池的石壁上，似乎已经入睡。更过去是一张肥胖的圆脸，毫无表情地浮在水面，很像个足球。

忽然那边的矿泉水池里豁刺刺一片水响，冒出个黄脸大汉来，胸前有一丛黑毛。他晃着头，似乎想出来却又蹲了下去。

大概是惊异着那边还有人，两个小女孩子都转过头去了。拿肥皂盒的一个的小脸儿正受着冷水龙头逃出来的水珠。她似乎觉得有些痒罢，她慢慢地举起手来搔了几下，便又很正经地舀起水来浇胸脯。

1929 年 2 月 6 日

（原载《小说月报》第 20 卷第 4 号，1929 年 4 月 10 日出版）

速写二

水声很单调地响着，琅琅的似乎有回音。浓雾一般的水蒸气挂在白垩的穹窿形屋顶下，又是入睡似的静定。

不知从什么时候起，浴场中只剩下我一个人。

坐在池子边的木板上，我慢慢地用浸透了肥皂沫的毛巾摩擦身体。离开我的眼睛约莫有两尺远近，便是恹靠着墙壁的长方形的温水槽，现在也明晃晃的像一面大镜子。

可是我不能看见我自己的影。我的三十度角投射的眼光却看见了那水槽的通到隔壁浴场的同样大小的镜平的水面。

这样在隔断了的两个浴场中间却依然有这地下泉似的贯通彼此的温水槽呢！而现在，却又是映见两方的镜子。我想起故乡民间传说里的跨立在阴阳界上的那面神秘的镜子来了。岂不是一半映出阴间的事而又一半映出阳间的事，正仿佛等于这个温水槽的临时的明镜？

我赞美这个民间传说的奇瑰的想象，我悠悠然推索这个民间传说的现实的张本。我下意识地更将头放低些，却翻起眼珠注视这沟通两世界的新的阴阳镜。

蓦地一个人形印在我的眼里了。只是个后身。然而腰部的曲线却多么分明地映写在这个水的明镜！如果我是有一个失去了的此世间的恋人的呀，我怕要一定无疑地以为阳间的我此时正站在阴阳镜前面看见了在冥国的她的倩影！

一种热烈的异样的情绪抓住了我。那是痴妄的，然而同时也是圣洁的、虔诚的。

然后，正和传说中神秘的镜子同样地一闪，美丽的腰肢蓦地消失了；泼剌一声，挽着个小木盆的美丽的白手臂在镜平的水面一沉，又缩了上去。温水槽里起了晕状的波动。传说的梦幻的世界破灭了，依然是现实的浴场，依然是浓雾一般的蒸气弥漫在四壁间入睡似的静定。

1929 年 2 月 17 日

（原载《小说月报》第 20 卷第 4 号，1929 年 4 月 10 日出版）

樱　花

往常只听人艳说樱花。但要从那些“艳说”中抽绎出樱花的面目，却始终是失败。

我们这一伙中间，只有一位Y君见过而且见惯樱花，但可惜他又不是善于绘声影的李大嫂子，所以几次从他的嘴里也没听出樱花的色相。

门前池畔有一排树。在寒风冻雨中只剩着一身赤裸裸的枝条。它没有梧桐那样的癞皮，也不是桃树的骨相，自然不是枫——因为枫叶照眼红的时候，它已经零落了。它的一身皮，在风雪的严威下也还是光滑而且滋润，有一圈一圈淡灰色的箍纹发亮。

因为记得从没见过这样的树，便假想它莫就是樱花树罢！

终于暖的春又来了。报纸上已有“岚山观花”的广告，马路上电车站旁每见有市外电车的彩绘广告牌，也是以观花为号召。自然这花便是所谓樱花了。天皇定于某日在某宫开“赏樱会”，赐宴多少外宾，多少贵族，多少实业界巨子，多少国会议员，这样的新闻，也接连着登载了几天了。然而我始终还没见到一朵的樱花。据说时间还没有到，报上消息，谓全日本只有东京上野公园内一枝樱花树初初在那里“笑”。

在烟雾样的春雨里，忽然有一天抬头望窗外，蓦地看见池西畔的一枝树开放着一些淡红的丛花了。我要说是“丛花”，因为是这样的密集，而且又没有半张叶子。无疑地这就是樱花。

过了一二天，池畔的一排樱花树都蓓蕾了，首先开花的那一株已经浓艳得像一片云霞。到此时我方才构成了我的樱花概念是：比梅花要大，没有桃花那样红，伞形地密集地一层一层缀满了枝条，并没有绿叶子在旁边衬映。

我似乎有些失望：原来不是怎样出奇的东西，只不过闹哄哄地惹眼罢了。然而又想到如果在青山绿水间夹着一大片樱花林，那该有异样的景象罢！于是又觉得岚山是不能不一去了。

李大嫂子在国内时听过她的朋友周先生夸说岚山如何如何的好。我们也常听得几位说："岚山是可以去去的。"于是在一个上好的晴天，我们都到岚山去了。新京阪急行车里的拥挤增加了我们几分幻想。有许多游客都背着大瓶的酒，摇摇晃晃地在车子里就唱着很像是梦呓又像是悲呻的日本歌。

一片樱花林展开在眼前的时候，似乎也有些兴奋罢？游客是那么多！他们是一堆堆地坐在花下喝酒、唱歌、笑。什么果子皮、空酒瓶、"便当"的木片盒，杂乱地丢在他们身旁。太阳光颇有些威力了，黄尘又使人窒息，摩肩撞腿似的走路也不舒服，刚下车来远远地眺望时那一股兴奋就冷却下去了。如果是借花来吸点野外新鲜空气呀，那么，这样满是尘土的空气，未必有什么好处罢？——我忍不住这样想。

山边有宽阔的湖泊一样的水。大大小小的游船也不少。我们雇了一条大的，在指定的水路中来回走了两趟。回程是挨着山脚走，看见有一条小船蜗牛似的贴在山壁的一块突出的岩石下，船里人很悠闲地吹着口琴。烦渴中喝了水那样的快感立刻凝成一句话，在我心头掠过：岚山毕竟还不差，只是何必樱花节呵！

归途中，我的结论是：这浓艳的云霞一片的樱花只宜远观，不堪谛视，很特性地表示着不过是一种东洋货罢了。

1929 年 5 月 15 日

（原载《新文艺》月刊第 1 卷第 2 期，1929 年 10 月 15 日出版）

邻 一

樱花谢后绿叶成荫的时候，有一份人家搬进了我们左边的空屋。

主人是警察，有两个小孩子；大的男孩子总有八九岁了罢，已经会骑小脚踏车。小的是女孩子，也很能走了，但有时还像周岁左右的婴儿似的背在操作的母亲的背上，所以我最初以为他们有三个孩子。

但是右边的房屋却还是空着。常常有人来看，总没人来住。

忽然一天有一个中国学生带着日本老婆搬来了。却不料仅仅三天，便又搬走。

“那边的席子太坏，房东又不肯换……”

我们常常这样议论。

然而到底有人搬来了；扛进了几只原来是装酒瓶的木箱，又梆梆地敲了半夜。第二天，我们就看见一个女人在门前扫地。是个十足的东方式美人呢，多么娴雅幽静！很想看看她的丈夫。在第三天也看到了，却是瘦瘠苍老有一张狭长脸的和尚式的中年男子。

我们觉得这一对儿不配。偶然到我们这里来玩玩的 Y 君更是很义愤地猜测他们是父女。为的那男人实在可以估计到五十多岁，很能够做女子的父亲。

然而这父亲样的丈夫也是不常在家里住。每天早上，我们这位芳邻扫好了自己门前的一段地——有时也带使替我们扫，就坐在窗前的木板上，惘然望着池里的绿水。也曾经和我们招呼过，可是言语不通，彼此只能笑笑而已。这僻静的门前路便连过路人也几乎没有。在十时左右，卖豆腐的哨子又远远地吹来的时候，我们偶然探头到窗外去望，总见她还是悄悄地坐在那里。

从她的幽媚的眼波，她的常像是微笑的嘴唇，她的娴静的举止，她的多愁善感的表情，我们仿佛了解她的生平，无端替她起了感伤。

啊，寂寞！幽闺自怜的寂寞！旧时诗词里所咏东方式的女子的寂寞，这不是一个实例么？

偶尔那父亲样的丈夫回来了。那也大都是在晚上，不声不响和影子一样。虽然只隔着一层比纸窗好得不多的泥墙，可是我们从没听得我们这芳邻有什么话响。却在一次听得她和警察的大孩子说话，是多么美丽的声音呀！

在我的偏见，日本话算不得好听的语言，但是在这位芳邻口中，却居然也有法国话那样美丽的音调。

以后我们常听得那样音乐似的话响了：卖豆腐的小子，收买旧货的老头儿，每一趟买卖中，我们这位芳邻总要和他们谈上十分钟以至半小时的话。当话声寂静了时，我们偶然望望窗外，照例地看见她又是惘然坐在门前的木板上，手支着下巴，似乎在凝思什么。

寂寞！我们了解她的不可排解的寂寞了！

1929 年 5 月 15 日

（原载《新文艺》月刊第 1 卷第 2 期，1929 年 10 月 15 日出版）

邻 二

春静的明窗下，什么轻微的响声也可以听到。

市外电车隆隆然的轮机声像风暴似的逼近来，又曳远了。水井上辘轳的铁链子，时或也发出索朗朗的巧笑。房主人的一大群鸽子咕咕地叫。在窗玻璃上钻撞的苍蝇也嗡嗡地凑热闹。

忽然有比较生疏的沙沙的小声从窗前碾过，在渐渐远去消失了的时候，它又回来了。这样来回地无倦怠地响着的，便是邻家小孩子的脚踏车。

这一排住家，只有这一位小朋友，他只能整天坐在他的小脚踏车上，沙沙地碾这没有行人的池畔小道。

小朋友该有八九岁了罢！他的小脸儿时常板板的，比他做警察的父亲还要严肃。母亲是太忙碌，小妹子又是太小，不懂得玩耍。所以他——这位小朋友，每天只能坐在他的小脚踏车上碾门前的泥土了。

偶然沙沙的声音在半路上戛然而止，于是便有轻倩美丽的女子的话响点缀这春的寂寞。我们知道这是又一孤寂的邻人——那可爱的忧悒的日本少妇在和这寂寞的孩子谈话了。我们的好事的心便像突然感到了轻松。

但是没有听到回答。音乐样的语言也中断了。沙沙的声音又渐渐远去，然后又回来了。我们失望地向窗外张望，依然是那样的春光，依然是娴雅的身体静静地坐在门前木板上，美妙的眼睛惘然望着辽远的不知所在的地方，小脚踏车的寂寞的孩子又沙沙地跑过又回来了。

这寂寞的孩子！这寂寞的少妇！然而他们又无法互相安慰这难堪的春的寂寞。

在春静的明窗下看到了这诗一样的小小的人生的翦片，我们的心不禁沉重起来了。

（原载《新文艺》月刊第 1 卷第 2 期，1929 年 10 月 15 日出版）

秋的公园

上海的秋的公园有它特殊的意义，它是都市式高速度恋爱的旧战场！

淡青色的天空。几抹白云，瓷砖似的发亮。洋梧桐雕叶了，草茵泛黄。夏季里恋爱速成科的都市摩登男女双双来此凭吊他们那恋爱的旧战场。秋光快老了，情人们的心田也染着这苍凉的秋光！他们仍然携手双双，然而已不过是凭吊旧战场罢了！

春是萌芽，夏是蓬勃，秋是结实；然而也就是衰落！感情意识上颓废没落的都市摩登男女逃不出这甜酸苦辣的天罗地网。

常试欲找出上海的公园在恋爱课堂以外的意义或价值来。不幸是屡次失败。公园是卖门票的，而衣衫不整齐的人们且被拒绝“买”票。短衫朋友即使持有长期游园券，也被拒绝进去，因为照章不能冒用。所以除了外国妇孺（他们是需要呼吸新鲜的空气的），中国人的游园长客便是摩登男女，公园是他们恋爱课堂之一（或者可以说是他们的户外恋爱课堂，他们还有许多户内恋爱课堂，例如电影院），正像“大世界”之类的游戏场是上海另一班男女的恋爱课堂。

一般的上海小市民似乎并不感到新鲜空气、绿草、树荫、鸟啼等等的自然界景物的需要。他们也有偶然去游公园的；这才是真正的“游园”，匆匆地到处兜一个圈子，动物园去看一下，呀！连老虎狮子都没有，扫兴！他们就匆匆地走了。每天午后可以看到的在草茵上款款散步，在树荫椅上绵绵絮语的长客，我敢说十九是恋爱中的俊侣，几乎没有例外。

春是萌芽，夏是蓬勃，秋是结实，也就是衰落的前奏曲；过了秋，公园中将少见那些俊侣的游踪了，渐渐地渐渐地没有了。

然则明年春草再发的时候，夏绿再浓的时候呢？

自然摩登男女双双的倩影又将平添公园的热闹，可已经不是（而且在某一意义上几乎完全不是）去年的人儿了。去年的人儿或者已经情变，或者已经生了孩子，公园对于他们失了意义了。经过了情变的男或女自然仍得来，可已不是“旧”的继续而是“新”的开始；他们的心情又已不同。很美满而生了孩子的，也许仍得来，可已不是去年那个味儿了。

只有一年之秋的公园是上海摩登男女值得徘徊依恋的地方。他们中间的恋情也许有的已在低落，也许有的已到浓极而将老，可是他们携手双双这时间，确是他们生活之波的唯一的激荡。他们是百分之百的凭吊恋爱的旧战场！

这是都市式高速度恋爱必然的过程，为恋爱而恋爱者必然的过程；感伤主义诗人们的绝妙诗材！上海的摩登男女呀，祝福你们，珍重，珍重，珍重这刹那千金的秋光！感伤主义的诗人们呀！努力，努力，努力歌咏这感情之波动罢！

因为这样的诗材，将来就要没有；这样的风光不会久长！

1932 年 11 月 8 日

（原载《东方杂志》第 29 卷第 9 号，1932 年 12 月 16 日出版）

在公园里

华氏表七十五度了！今春第一天这么热，却又是星期例假。公园进口处满是人，长蛇阵似的。

因为有胃病，某先生告诉我“要多跑路”，趁今天暖和，我也到公园里去赶热闹；那就实行“多跑路”罢，我在公园里尽兜圈子，尽在那些漂亮的游客阵中挤进挤出。

说是“挤”，一点也不夸张。今天这公园变成“大世界”去了！

各式各样的人们，不同的年龄，不同的阶级层，不同的国籍，布满了这公园的最僻静的角落。真真实实的一个人种展览会呀！

我不知道游客中间有没有人也像我那样抱了疗病的目的而来这公园。他们不能从我的脸上看出我有胃病，而且神经衰弱。但是我兜了一个圈子，又一个圈子，我却从他们游客的身上看出一点来了；我从他们那不同的“游公园的方式”可以推想出他们的不同的教养和思想趣味来。

带了小孩子，也像我那样尽在那里跑（可不兜圈子），望着那些还没开花的花果树或花坛皱一下眉头，到池边去张一眼，“呀，没有鱼的！”终于踏遍了园里的每一条路，就望望然走了的，是我们的真正老牌国货的小市民；他们是来逛“外国花园”！他们也许是逛腻了“大世界”，所以今天把两角钱花到这“外国花园”来了。他们没有看见什么花，动物园里连老虎狮子都没有，他们带回去的，大概是一个失望。

我敢断言，这一类的游客是少数。

另一班游客可就“欧化”些了。他们一样的带了老婆和孩子，甚至还带着老妈子、小大姐，他们一进公园就抢椅子坐：于是小孩拍皮球，太太拿出绒线生活来，老爷踱了几步，便又坐到椅子里，头靠在椅背上打呵欠，甚至于瞌睡。老爷光景是什么机关什么公司的办事员，他是受过教育的，太太从前光景是女学生，也是开通的；他们知道“公园”的可宝贵，他们也知道孩子们星期放假老在家里客堂内桌子底下捉迷藏太不成话，因此他们到公园来了。他们是“带孩子们逛公园”。公园本身和他们本身之间实在没有多大吸引的热力。他们对于公园的好感是通过了理智的。像他们一类的游客可也不很多。

最多的是摩登男女、大学生。他们既不像第一种人那样老是跑，跑，也不像第二种人那样坐定了不动，打呵欠，打瞌睡；他们是慢慢地走一会儿，坐一会儿，再走，再坐，再走。他们是一队一队的，简直可说没有单个儿。公园对于他们起的作用是感情的。

这三类游客之例外的例外，我自以为我算是一个。然而我还发现了另外四个。那是在一丛扁柏旁边，是过路口，并不幽静，可是他们四位坐在草地上很自在地玩着纸牌。确是玩，不是赌，看他们那只装了热水瓶和食物的藤篮，就知道他们上午就来了这里，而且不到太阳落山是不会走的。

去年夏天酷热的时候，常见有些白俄在大树下铺下席子，摆满瓜果饼点，“逛”这么一个整天。但在这初春，那四位就不能不算是例外。

（原载《申报月刊》第2卷第4期，1933年4月15日出版）

严霜下的梦

七八岁以至十一二，大概是最会做梦最多梦的时代罢？梦中得了久慕而不得的玩具；梦中居然离开了大人们的注意的眼光，畅畅快快地弄水弄火；梦中到了民间传说里的神仙之居，满攫了好玩的好吃的。当母亲铺好了温暖的被窝，我们孩子勇敢地钻进了以后，嗅着那股奇特的旧绸的气味，刚合上了眼皮，一些红的、绿的、紫的、橙黄的、金碧的、银灰的、圆体和三角体，各自不歇地在颤动，在扩大，在收小，在漂浮的，便争先恐后地挤进我们孩子的闭合的眼睑；这大概就是梦的接引使者罢？从这些活动的虹桥，我们孩子便进了梦境；于是便真实地享受了梦国的自由的乐趣。

大人们可就不能这么常有便宜的梦了。在大人们，夜是白天勤劳后的休息；当四肢发酸，神经麻木，软倒在枕头上以后，总是无端地便失了知觉，直到七八小时以后，苏生的精力再机械地唤醒他，方才揉了揉睡眼，再奔赴生活的前程。大人们是没有梦的！即使有了梦，那也不过是白天忧劳苦闷的利息，徒增醒后的惊悸，像一篇好的悲剧，夸大地描出了悲哀的组织，使你更能意识到而已。即使有了可乐意的好梦，那又还不是睡谷的恶意的孩子们来嘲笑你的现实生活里的失意？来给你一个强烈的对比，使你更能意识到生活的愁苦？

能够真心地如实地享乐梦中的快活的，恐怕只有七八岁以至十一二的孩子罢？在大人们，谁也没有这等廉价的享乐罢？说是尹氏的役夫曾经真心地如实地享受过梦的快乐来，大概只不过是伪《列子》杂收的一段古人的寓言罢哩。在我尖锐的理性，总不肯让我跌进了玄之又玄的国境，让幻想的抚摸来安慰了现实的伤痕。我总觉得，梦，不是来挖深我的创痛，就是来嘲笑我的失意；所以我是梦的仇人，我不愿意晚上再由梦来打搅我的可怜的休息。

但是惯会揶揄人们的顽固的梦，终于光顾了；我连得了几个梦。

——步哨放得多么远！可爱的步哨呵：我们似曾相识。你们和风雨操场周围的荷枪守卫者，许就是亲兄弟？是的，你们是。再看呀！那穿了整齐的制服，紧捏着长木棍子的小英雄，够多么可爱！我看见许多认识的和不认识的面孔．男的和女的，穿便衣的和穿军装的，短衣的和长褂的：脸上都耀着十分的喜气，像许多小太阳。我听见许多方言的急口的说话，我不尽懂得，可是我明白——真的，我从心底里明白他们的意义。

——可不是？我又听得悲壮的歌声，激昂的军乐，狂欢的呼喊，春雷似的鼓掌，沉痛的演说。

——我看见了庄严，看见了美妙，看见了热烈；而且，该是一切好梦里应有的事吧，我看见未来的憧憬凝结而成为现实。

——我的陶醉的心，猛击着我的胸膈。呀！这不客气的小东西，竟跳出了咽喉关，即使我的两排白灿灿的牙齿是那么壁垒森严，也阻不住这猩红的一团！它飞出去了，挂在空间。而且，这分明是荒唐的梦了，我看见许多心都从各人的嘴唇边飞出来，都挂在空间，连结成为红的热的动的一片；而且，我又见这一片上显出字迹来。

——我空着腔子，努力想看明白这些字迹；头是最先看见："中国民族革命的发展"。尾巴也映进了我的眼帘："世界革命的三大柱石"。可是中段，却很模糊了，我继续努力辨识，忽然，轰！屋梁凭空掉下来。好像我也大叫了一声，可是，以后，什么都不知道，什么都已消灭！

我的脸，像受人批了一掌；意识回到我身上；我听得了扑扑的翅膀声，我知道又是那不名誉的蝙蝠把它的灰色的似是而非的翼子扇了我的脸。

"呔!"我不自觉地喊出来。然后，静寂又回复了统治；我只听得那小东西的翅膀在凝冻的空气中无目的地乱扑。窗缝中透进了寒光，我知道这是肃杀的严霜的光，我翻了个身，又沉沉地负气似的睡着了。

——好血腥呀，天在雨血！这不是宋王皮囊里的牛羊狗血，是真正老牌的人血。是男子颈间的血，女人的割破的乳房的血，小孩子心肝的血。血，血！天开了窟窿似的在下血！青绿的原野，染成了绛赤。我撩起了衣裾急走，我想逃避这还是温热的血。

——然后，我又看见了火。这不是 Nero 烧罗马引起他的诗兴的火，这是地狱的火；这是 Surtr 烧毁了空陆冥三界的火！轰轰的火柱卷上天空，太阳骇成了淡黄脸，苍穹涨红着无可奈何似的在那里挺捱。高高的山岩，熔成了半固定质，像饧糖似的软摊开来，填平了地面上的一切坎坷。而我，我也被胶结在这坦荡荡的硬壳下。

“呔!”

冷空气中震颤着我这一声喊。寒光从窗缝中透进来，我知道这还是别人家瓦上的严霜的光亮，这不是天明的曙光；我不管事似的又翻了个身，又沉沉的负气似的睡着了。

——玫瑰色的灯光，射在雪白的臂膊上；轻纱下面，颤动着温软的乳房，嫩红的乳头像两粒诱人馋吻的樱桃。细白米一样的齿缝间淌 Sirens 的迷魂的音乐。可爱的 valkyrs，刚从血泊里回来的 Valkyrs，依旧是那样美妙！三四辈少年，围坐着谈论些什么；他们的眼睛闪出坚决的牺牲的光。像一个旁观者，我完全迷乱了。我猜不透他们是准备赴结婚的礼堂呢，抑是赴坟墓？可是他们都高兴地谈着我所不大明白的话。

——“到明天……”

——“到明天，我们不是死，就是跳舞了!”

——我突然明白了；同时，我的心房也突然缩紧了；死不是我的事，跳舞有我的份儿么？像小孩子牵住了母亲的衣裙要求带赴一个宴会似的，我攀住了一只臂膊。我祈求，我自讼。我哭泣了！但是，没有了热的活的臂膊，却是焦黑的发散着烂肉臭味的什么了——我该说是一条从烈火里掣出来的断腿罢？我觉得有一股铅浪，从我的心里滚到脑壳。我听见女子的歇斯底里的喊叫，我仿佛看见许多狼，张开了利锯样的尖嘴，在撕碎美丽的身体。我听得愤怒的呻吟。我听得饱足了兽欲的灰色东西的狂笑。

我惊悸地抱着被窝一跳；又是什么都没有了。

呵，还是梦！恶意的揶揄人的梦呵！寒光更强烈地从窗缝里探进头来，嘲笑似的落在我脸上；霜华一定是更浓重了，但是什么时候天才亮呀？什么时候，Aurcora 的可爱的手指来赶走凶残的噩梦的统治呀？

1928 年 1 月 12 日于荷叶地

（原载《文学周报》第 6 卷第 2 期，1928 年 2 月 5 日出版）

叩　门

答，答，答！

我从梦中跳醒来。

——有谁在叩我的门？我迷惘地这么想。我侧耳静听。声音没有了。头上的电灯洒一些淡黄的光在我的惺忪的脸上。纸窗和帐子依然是那么沉静。

我翻了个身，朦胧地又将入梦，突然那声音又将我唤醒。在答，答的小响外，这次我又听得了呼——呼——的巨声。是北风的怒吼罢？抑是“人”的觉醒？我不能决定。但是我的血沸腾。我似乎已经飞出了房间，跨在北风的颈上，砉然驱驰于长空！

然而巨声却又模糊了，低微了，消失了；蜕化下来的只是一段寂寞的虚空。

——只因为是虚空，所以才有那样的巨声呢！我哑然失笑，明白我是受了哄。

我睁大了眼，紧裹在沉思中。许多面孔，错落地在我眼前跳舞；许多人声，嘈杂地在我耳边争讼。蓦地一切都寂灭了，依然是那答，答，答的小声从窗边传来，像有人在叩门。

“是谁呀？有什么事？”

我不耐烦地呼喊了。但是没有回音。

我捻灭了电灯。窗外是青色的天空闪耀着几点寒星。这样的夜半，该不会有什么人来叩门，我想；而且果真是有什么人呀，那也一定是妄人：这样唤醒了人，却没有回音。

但是打断了我的感想，现在门外是殷殷然有些像雷鸣。然不是蚊雷。蚊子的确还有，可是躲在暗角里，早失却了成雷的气势。我也明知道不是真雷，那在目前也还是太早。我在被窝内翻了个身，把左耳朵贴在枕头上，心里疑惑这殷殷然的声音是我的耳朵的自鸣。然而忽地，又是——

答，答，答！

这第三次的叩声，在冷空气中扩散开来，格外的响，颇带些凄厉的气氛。我无论如何再耐不住了，我跳起身来，拉开了门往外望。

什么也没有。镰刀形的月亮在门前池中送出冷冷的微光，池畔的一排樱树，裸露在凝冻了的空气中，轻轻地颤着。

什么也没有，只一条黑狗爬在门口，侧着头，像是在那里听什么，现在是很害羞似的垂了头，慢慢地挨到檐前的地板下把嘴巴藏在毛茸茸的颈间，缩做了一堆。

我暂时可怜这灰色的畜生，虽然一个忿忿的怒斥掠过我脑膜：

是你这工于吠声吠影的东西，丑人作怪似的惊醒了人，却给人们一个空虚！

（原载《小说月报》第20卷第1号，1929年1月10日出版）

光明到来的时候

一

“朋友！这，这是什么哟！我好像看见一点什么了！红的，绿的，黄的，小小的，圆圆的，尖角的，在那里跳！跳！”

“可是我并没有看见。你在那里做梦！”

“不是梦！你说，怎么会是梦呢？我咬我的指头，我觉得痛！朋友，这又来了：红的，绿的，小小的，在那里飘浮，在那里跳跃！”

“那么，一定是你的眼花！我们小时候一闭了眼睛就会看见一些眼花；五彩的光圈，五彩的线条，旋转，舞蹈！我们做了大人以后就没有这些眼花了。你比我年青些，也许你还有——”

“年青些？哈哈！”

“笑什么！你还能够笑？”

“呵呵，我笑了么？因为我又看见那些小小的活跃的东西了！红的，绿的！这回比刚才更加多了！一点也不含糊，更加多了！更加活跃！”

“全是梦话，全是幻想！你还有心情说梦话，唉！”

“当真你一点也不见么？这是可怜的！朋友，你到我这边来，就看见了！朋友，这是我的手。你扶着我的手过来罢！朋友，当心跌跤！脚底下有坑！朋友！这是我的手，我的臂膊！你的呢？你的呢？”

“你的手多么热呀！”

“我全身的血都沸滚了哟！你想想，一向是无穷无尽的黑暗，坟墓一样，而现在我看见了有一些活跃的东西，彩色的东西了！……喔唷唷！你踩了我的脚！哎！这毛茸茸的就是你的头么？哈哈，你抱住了我么？我们紧紧地抱着罢！……现在，你看这不是么？红的，绿的！

呵呵!"

"可是我眼前仍旧一片黑暗，黑暗!"

"这就怪了! ——哦，不要动! 是我的手哟，你不要怕! 这是你的脸么? 这么着，不要动! 你朝前看呀! 朝前看呀!"

"哈哈，我也看见了! 当真!"

"可不是红的，绿的，蚊子一样的，在那里飞舞么?"

"是呀! 像一支军队，它们跳跃着拥上前来呀! 呵呵，它们像从天上来! 它们排成一直线来，没有一点弯曲! 多么美丽多么活跃! 多么勇敢呀!"

"而且它们不退缩! 往前冲，往前冲! 哈哈! 二个碰在一处了! 变成大一些的一个了! 又分开了! 仍然往前冲，往前冲喂，朋友，你猜来这是什么? ……怎么你不说话? 你睡着了么嘿! 你会在这些美丽的活跃的现象面前睡觉!"

"胡说! 我在这里想，我在这里想呀!"

"又是想了! 空想家!"

"不要吵! 我在这里研究呀!"

"又是研究了；研究系!"

"不要吵，行么? 这是一个现象，总得研究! 我要研究它是不是我们那视官的幻觉! 是不是就像我们小时候那眼花，我要研究它! 我们不能随便轻信，随便盲动，随便上当!"

"你这怀疑派! 难道你觉得那黑暗还不够久长么?"

"不要吵! 研究出来了：这是一道光!"

"一道光! 嗳?"

"不错，一道光! 穿破了这黑暗的一道光! 外边天亮了，而我们这黑暗的古老的建筑也有了裂缝了!"

"有了裂缝么?"

"是呀! 这古老的坚牢的坟墓早已应该崩坍，早已有了裂缝，而现在，外边的光明钻进这裂缝来了!"

"哈哈!"

"哈哈! 你还讥笑研究的态度么?"

“可是光知道了有什么用?”

“知道了就会发生行动！智慧产生信仰，信仰产生力量!”

“呵呵，那么我们来罢！我们打破这牢狱！打破这黑暗的笼！这是我的手，我的拳头！你的呢，你的呢？哦——在这里了！我们打呀！我们冲呀！好呀！蓬蓬！朋友，再用力！蓬蓬！呀！你怎么?”

“我的手痛了！喔唷唷！腻忒忒的东西！我相信那就是血！我已经受伤!”

“咄！你一说，当真我也觉得有点儿痛！我这也是血罢！然而朋友，不要畏缩，不要灰心！你想想，外边已经天亮，而且光明像一支枪，像一支尖头的橛，已经打进了我们这黑暗的笼!”

“对呀！那么一条细光就已经很美丽，外边的全是光明的世界不知道美丽到怎样了！呀呀！我想着了就快活到全身发抖!”

“可是我痛得全身发抖！一点力都没有了！这黑暗的笼还是很坚固！呀！红的绿的更加多了！它们跳跃，跳跃!”

“我也是一点力都没有了！可是我们的力量本不在拳头而在头脑!”

“现在却需要拳头!”

“可是我要休息一下。那裂缝总是愈裂愈大，我们且等待一下，到时机成熟再动手罢！呀呀！多么美丽，这一道光！然而还只得指头粗细那么一道!”

“哎！我手脚都软了！不知道是为的疲倦呢，还是为的快乐！我也只好歇一下。朋友，你不想大声叫一下么？我们大声叫呀！多么美丽！光明在前面不远了！朋友，我们拥抱罢！我们要唱一支歌，欢迎光明的来到!”

二

“不知道又经过多少时候了。怎么还没听得外边有响动！我闷得慌!”

“可不是！我的心头就像有许多蚂蚁历历落落地在那里爬！想到外边的世界已经放光明，我就觉得这里的黑暗更加不可耐了！先前怎么会忍耐得下去，想来真奇怪！”

“然而你不要性急，馒头已经吃到豆沙边了！你看！一道道的光，更加多了！一条，两条，三条，四条了！哈哈，这光线的网！多么美丽，是奇观呀！你看！这些光线都比刚才又粗了些了！喂喂，你把你的脸放到那条顶粗的光线里让我看一看罢！我们好久没有看见你我的脸了！也许我们彼此要不认得了！现在，再移近些！喔呵！我看见了，看清楚了！你的脸多么苍白！就同死人一样！哎，你试笑一笑！多久我没有看见人们的笑容了！呸！你这笑不自然，不美丽！可怜的孩子，你连怎样笑都忘记了罢？你这怪丑恶的笑脸怎么好到外边那光明的世界！你用这样的笑脸去欢迎光明，那是天大的罪过呀！”

“可是你呢？你也把脸放到这顶粗的光线里让我看一看罢！你会比我好些么！来，来，来！这里！这里！这里……”

“我相信我还不至于十分走样！”

“咄！别吹牛！哈哈，你还像个人么！满脸的胡子了！还有，——你别动！你不要逃，你有一对红镶边的眼睛！你简直像个猴子！”

“胡说！”

“可惜没有一面镜子给你自己照一照！”

“这也用得到大惊小怪么？经过了那么多的苦难．人总不免有点走样！我比你年纪大些，经过的苦难比你多，可是我的经验也就比你丰富了！哎！先前我们那一伙，最早的寻求光明的同志，现在只剩了我一个，怎么我能够不老呀！”

“就是我的一辈，也只剩了个我！前些时还听得他们在那边坑里呻吟，现在好久没听到，想来都死了！咄，这杀人的黑暗！可是也快完结了！”

“对了！那个坑！那个杀人的坑！我比你早出世，那时候，这里还没有现在那么黑暗，我看见过那坑的险恶！坑边是刀山，坑底是成万的毒蛇！——呵！你看呀！这一条光恰就射到那坑边上了！那白森森的就是枯骨，那一闪一闪发着红光的就是毒蛇的眼睛罢！呵！你再跟着那一道光看过去哟！那是什么？哦哦，那是吊人的木架子，那是砍头的大刀罢！呀呀，我现在又看见了这一切，再要我多住一刻当真不行！”

“可不是！看见的危险比不看见的更加可怕！我的心突突地跳！我怕它会一下里爆裂了！朋友，不要再朝下边看了。我们朝上面看罢！不要回忆那些过去的，我们想想那未来的罢！朋友，你总该知道外边的光明世界是怎么一个景象？”

“咳，可怜的孩子，你真是太幼稚了！”

“可是也不能怪我！刚刚我懂一点事！黑暗就包围了我！况且书本子早就被他们烧光了，严密的文化封锁！”

“哦哦，不错！那么，让我来想一想。哦，书本子上说——”

“怎么！你也只是书本子上看来的么？”

“咦！不晓得天有多高，地有多厚的孩子！除了书本子，我们还有什么可以做根据呀！嗳！我记得书本子上说过——总而言之，是一个全善全美的世界，乐园，天堂！”

“说下去呀！我等着你再说下去呀！你说得具体一点儿，不要太抽象！”

“真是麻烦的孩子！那么，你听着！嗳，从哪儿说起呢？一部二十四史！呵，有了，你用心听着！大概是什么神话上说过，从前世界上有一个黄金时代，那时候，人类不分你我，共同生活，没有贪鄙奸诈；面包生在树上，河里就是牛奶；没有主人，也没有奴隶，平等，自由，幸福！处处是琼楼贝阙，鸟语花香！这样的黄金时代，古已有之，而现在回来了，就是那外边的光明世界。”

“啧啧！那才是人的生活！就在外边么？我不耐烦了。”

“呵！你要耐烦点！不是已经试过了么，我们的拳头不中用！”

“可是我现在全都知道了，我就耐不住；我想我一定得闷出病来罢。”

“唷唷，快了！你不看见这里纵横四射全是一道一道的光么？哈！又多了几条了，五条，六条，七条！哈，这黑暗的老屋子全是些裂罅了！快了！”

“哈！不要响！那是什么声音？听得么？听得么！”

“呵，当真！那好像是风罢，呼——呼——的！”

“而且那轰隆隆的，一定是雷！呵，风！雷！”

“而且还有雨呢！你听！那一片擂鼓似的声音！”

“这是少有的大风雷雨！我的耳朵也震聋了！”

“我们说话也听不清了！呵，这是翻天覆地的大风雷雨！等我想一想：历史上说的洪水时期也许就是这么一个样子。”

“喂！喂！你说的什么红，红？我一点也听不清楚！”

“不好了！地在我们脚底下震动！我想这是火山爆发！呵！这一声！”

“呵！地震！雷吼！我还看见了电火！”

“呵——喔——……”

“怎么！你发疯？你扑在地下干什么？呀呀！看那边，那边！一派亮光！一派火！我们右边没有那牢墙了！哈哈！自由！光明！可是，咦，怎么的，我的眼睛——”

“让我来看！火，火，火！啊哟！哪里来的针刺了我的眼睛！”

“天哪！怎么我睁不开眼睛！我要去欢迎光明呀，怎么我的眼睛——”

“而且我也是一样的病！”

“你说，快说！什么病？啊哟！风吹得我全身发抖！有什么东西烫着我的皮肤！而且我的眼睛还是痛，很痛！”

“呃……”

“怎么！这是你么？你抱住了我干什么？你拖我走？你拉我到哪里去呀？天哪！我的眼睛！我怕是盲了不成！……你拖我到哪里去呀？你，你，你！……”

三

“现在没有声音了。”

“那蓬蓬地响着的又是什么？”

“那光景就是大火！烧毁了一切的大火！”

“也要烧到我们这里来罢？”

“光景是要来的！”

“那么我要去看一看，我要离开这半黑暗的该诅咒的墙角！”

“但是你不怕那边太强烈的光线刺痛了你的眼睛么？”

“我不怕！就是瞎了眼睛，我也要去！为了寻求光明，即使瞎了眼睛也值得！”

“但是那边并不是真的光明！那边的是地狱里喷发出来的孽火！那边一点也不像我从前所读的书本子上那些话！”

“你难道能够断定你的书本子一定不错！书本子是死的，书本子不能预言了一切变化！我一定要走了！你也一块儿去罢！”

“你的眼睛就能够睁开来么？我的是不行！在这里，我还觉得眼皮上麻辣辣地有点刺痛！”

“我也有一点儿。但是我想来那是一定不可免的过程。你想想我们在黑暗中多久了，骤然跑到强烈的光明下，眼睛总要睁不开！总要觉得痛！忍过这一会儿就好了！”

“可是我不愿意。并且我读过的书本子只许给我自由、快乐，没有说过先得受痛苦！先要给人痛苦的，那就不是理想的极乐世界！”

“那么我一个人走了！”

“不行！你不能一个人走！你一定要年长的人给你引路！”

“我不要谁来引路！我会走自己的路！”

“但是你丢我一个人在这里未免太残酷！”

“那我没有别的办法。”

“你竟说没有别的办法？”

“那有什么办法呢？”

“但是你最好再等一下。那边的大火会把你烧做灰！”

“我就想到大火里去锻炼一下。”

“你这是不知高低的话！”

“哈，哈，哈！……呵，雷又响了！这风！呀，呀，朋友，快走，快走！这墙也要倒下来了！我扶着你罢！呀——”

“哼，哼，可是我当真不行了！……我的心好像已经爆破了，我的眼睛也盲了！……这变动！天翻地覆的变动！我相信这一定不是好的正气的变动！……书本上从没说过……我当真不行了！我不能动了！我快就要死了！”

“但是朋友，你得努力，你得振作！我抱你起来罢？”

“不成！……”

“呀呀！你的脸，你的嘴唇，全都冷下去了，冷下去了！让我来试一试看，还有没有气息？呀——可是，这墙当真就要倒了！火，火也就要烧过来了！哈！来罢！烧毁了旧世界的一切渣滓！来罢！我要在火里洗一个澡！”

1932 年 11 月 26 日

（原载《中学生》第 31 号，1933 年 1 月 1 日出版）

雷雨前

清早起来，就走到那座小石桥上。摸一摸桥石，竟像还带点热。昨天整天里没有一丝儿风。晚快边响了一阵子干雷，也没有风，这一夜就闷得比白天还厉害。天快亮的时候，这桥上还有两三个人躺着，也许就是他们把这些石头又困得热烘烘。

满天里张着个灰色的幔。看不见太阳。然而太阳的威力好像透过了那灰色的幔，直逼着你头顶。

河里连一滴水也没有了，河中心的泥土也裂成乌龟壳似的。田里呢，早就像开了无数的小沟，——有两尺多阔的，你能说不像沟么？那些苍白色的泥土，干硬得就跟水门汀差不多。好像它们过了一夜功夫还不曾把白天吸下去的热气吐完，这时它们那些扁长的嘴巴里似乎有白烟一样的东西往上冒。

站在桥上的人就同浑身的毛孔全都闭住，心口泛淘淘，像要呕出什么来。

这一天上午，天空老张着那灰色的幔，没有一点点漏洞，也没有动一动。也许幔外边有的是风，但我们罩在这幔里的，把鸡毛从桥头抛下去，也没见它飘飘扬扬踱方步。就跟住在抽出了空气的大筒里似的，人张开两臂用力行一次深呼吸，可是吸进来只是热辣辣的一股闷。

汗呢，只管钻出来，钻出来，可是胶水一样，胶得你浑身不爽快，像结了一层壳。

午后三点钟光景，人像快要干死的鱼，张开了一张嘴。忽然天空那灰色的幔裂了一条缝！不折不扣一条缝！像明晃晃的刀口在这幔上划过。然而划过了，幔又合拢，跟没有划过的时候一样，透不进一丝儿风。一会儿，长空一闪，又是那灰色的幔裂了一次缝。然而中什么用？

像有一只巨人的手拿着明晃晃的大刀在外边想挑破那灰色的幔，像是这巨人已在咆哮发怒越来越紧了，一闪一闪满天空瞥过那大刀的光亮，隆隆隆，幔外边来了巨人的愤怒的吼声！

猛可地闪光和吼声都没有了，还是一张密不通风的灰色的幔！

空气比以前加倍闷！那幔比以前加倍厚！天加倍黑！

你会猜想这时那幔外边的巨人在揩着汗，歇一口气；你断得定他还要进攻。你焦躁地等着，等着那挑破灰色幔的大刀的一闪电光，那隆隆隆的怒吼声。

可是你等着，等着，却等来了苍蝇。它们从龌龊的地方飞出来，嗡嗡嗡的，绕住你，叮你的涂一层胶似的皮肤。戴红项子像个大员模样的金苍蝇刚从粪坑里吃饱了来，专拣你的鼻子尖上蹲。

也等来了蚊子。哼哼哼地，像老和尚念经，或者老秀才读古文。苍蝇给你传染病，蚊子却老实要喝你的血呢！

你跳起来拿着蒲扇乱扑，可是赶走了这一边的，那一边又是一大群乘隙进攻。你大声叫喊，它们只回答你个哼哼哼，嗡嗡嗡！

外边树梢头的蝉儿却在那里唱高调："要死哟！要死哟！"你汗也流尽了，嘴里干得像烧，你手里也软了，你会觉得世界末日也不会比这再坏！

然而猛可地电光一闪，照得屋角里都雪亮。幔外边的巨人一下子把那灰色的幔扯得粉碎了！轰隆隆，轰隆隆，他胜利地叫着。胡——胡——挡在幔外边整整两天的风开足了超高速度扑来了！蝉儿噤声，苍蝇逃走，蚊子躲起来，人身上像剥落了一层壳那么一爽。

霍！霍！霍！巨人的刀光在长空飞舞。

轰隆隆，轰隆隆，再急些！再响些吧！

让大雷雨冲洗出个干净清凉的世界！

（原载《漫画生活》月刊第1号，1934年9月20日出版）

黄　昏

海是深绿色的，说不上光滑；排了队的小浪开正步走，数不清有多少，喊着口令“一，二——一”似的，朝喇叭口的海塘来了。挤到沙滩边，啵澌！——队伍解散，喷着忿怒的白沫。然而后一排又赶着扑上来了。

三只五只的白鸥轻轻地掠过，翅膀扑着波浪，——一点一点怒起来的波浪。

风在掌号。冲锋号！小波浪跳跃着，每一个像个大眼睛，闪射着金光。满海全是金眼睛，全在跳跃。海塘下空隆空隆腾地起了喊杀。

而这些海的跳跃着的金眼睛重重叠叠一排接一排，一排怒似一排，一排比一排浓溢着血色的赤，连到天边，成为绀金色的一抹。这上头，半轮火红的夕阳！

半边天烧红了，重甸甸地压在夕阳的光头上。

愤怒地挣扎的夕阳似乎在说：

——哦，哦！我已经尽了今天的历史的使命，我已经走完了今天的路程了！现在，现在，是我的休息时间到了，是我的死期到了！哦，哦！却也是我的新生期快开始了！明天，从海的那一头，我将威武地升起来，给你们光明，给你们温暖，给你们快乐！

呼……呼……

风带着永远不会死的太阳的宣言到全世界。高的喜马拉雅山的最高峰，汪洋的太平洋，阴郁的古老的小村落，银的白光冻凝了的都市，——一切，一切，夕阳都喷上了一口血焰！

两点三点白鸥划破了渐变为赭色的天空。

风带着夕阳的宣言走了。

像忽然熔化了似的，海的无数跳跃着的金眼睛摊平为暗绿的大面孔。

远处有悲壮的笳声。

夜的黑幕沉重地将落未落。

不知到什么地方去过一次的风，忽然又回来了；这回是打着鼓似的：勃仑仑，勃仑仑！不，不单是风，有雷！风挟着雷声！

海又动荡，波浪跳起来，轰！轰！

在夜的海上，大风雨来了！

（原载《太白》半月刊第1卷第5期，1934年11月20日出版）

沙滩上的脚迹

他，独自一个，在这黄昏的沙滩上彳亍。

什么都看不分明了，仅可辨认，那白茫茫的知道是沙滩，黑魆魆的是酝酿着暴风雨的海。

远处有一点光明，知道是灯塔。

他，用心火来照亮了路，可也不能远，只这么三二尺地面，小心地走着，走着。

猛可地，天空瞥过了锯齿形的闪电。他看见不远的前面黑茫茫的一团，呵呵，这是“夜的国”么，还是妖魔的堡寨？

他又看见离身丈把路的沙上，是满满的纵横重叠的脚迹。

哈哈，有了！赶快！他狂喜地跳着，想踏上那些该是过去人的脚迹。

他浑身一使劲，迸出个更大些的心火来。

他伛着腰，辨认那纵横重叠的脚迹，用他的微弱的心火的光焰。

咄！但是他吃惊地叫了起来。

这纵横重叠的，分明是禽兽的脚迹。大的，小的，新的，旧的，延展着，延展着，不知有几多远。而他孤零零站在这兽迹的大海中间。

他惘然站着，失却了本来的勇气；心头的火光更加微弱，黄苍苍的像一个毛月亮，更不能照他一步两步远。

于是抱着头，他坐在沙上。

他坐着，他想等到天亮；他相信：这纵横重叠的鸟兽的脚迹中。一定也有一些是人的脚迹，可以引上康庄大道，达到有光明温暖的人的处所的脚迹，只要耐守到天明，就可以辨认出来。

他耐心地等着，抱着头，连远处的灯塔也不望它一眼。他相信，在恐怖的黑夜中，耐心等候是不错的。然而，然而——

隆隆隆地，他听到了叫他汗毛直竖的怪响了。这不是雷鸣，也不是海啸，他猛一抬头，他看见无数青面獠牙的夜叉从海边的黑浪里涌出来，夜叉们一手是钢刀，一手是人的黑心炼成的金元宝，慌慌张张在找觅牺牲品。

他又看见跟在夜叉背后的，是妖娆的人鱼披散了长发，高耸着一对浑圆的乳峰，坐在海滩的鹅卵石上，唱迷人的歌曲。

他闭了眼，心里这才想到等候也不是办法；他跳了起来，用最后的一分力，把心火再旺起来，打算找路走。可是——那边黑茫茫的一团这时闪闪烁烁飞出几点光来。飞出的更多了！光点儿结成球了，结成线条了，终于青闪闪地排成了四个大字：光明之路！

呵！哦！他得救地喊了一声。

这当儿，天空又撒下了锯齿形的闪电。是锯齿形！直要把这昏黑的天锯成了两半。在电光下，他看得明明白白，那边是一些七分像人的鬼怪，手里都有一根长家伙，怕就是人身上的什么骨头，尖端吐出青绿的鬼火，是这鬼火排成了好看的字。

在电光下，他又分明看到地下重重叠叠的脚迹中确也有些人样的脚迹，有的已经被踏乱，有的却还清楚，像是新的。

他的心一跳，心好像放大了一倍，从心里射出来的光也明亮得多了；他看见地下的脚迹中间还有些虽则外形颇像人类但确是什么只穿着人的靴子的妖魔的足印，而且他又看见旁边有小小的孩子们的脚印。有些天真的孩子上过当！

然而他也在重重叠叠的兽迹和冒充人类的什么妖怪的足印下，发现了被埋藏的真的人的足迹。而这些脚迹向着同一的方向，愈去愈密。

他觉得愈加有把握了，等天亮再走的念头打消得精光，靠着心火的照明，在纵横杂乱的脚迹中他小心地辨认着真的人的足印，坚定地前进！

（原载《太白》半月刊第1卷第5期，1934年11月20日出版）

第二辑　故乡杂记

故乡杂记

一封信

年轻的朋友：

这算是我第一次写信给你。写几千字的长信，在我是例外之例外；我从来没有写过一千字以上的长信，但此刻提起了笔，我就觉得手下这封信大概要很长，要打破了向来的记录。原因是我今天忽然有了写一封长信的兴趣和时间。

朋友！你大概能够猜想到这封信是在怎样的环境下写起来的罢？是在我的故乡的老屋，更深人静以后，一灯如豆之下！故乡！这是五六万人口的镇，繁华不下于一个中等的县城；这又是一个“历史”的镇，据《镇志》，则宋朝时“汉奸”秦桧的妻王氏是这镇的土著，镇中有某寺乃梁昭明太子萧统偶居读书的地点，镇东某处是清朝那位校刊《知不足斋丛书》的鲍延博的故居。现在，这老镇颇形衰落了，农村经济破产的黑影沉重地压在这个镇的市廛。

可是现在我不想对你说到老镇的一切，我先写此次旅途的所见。

朋友，我劝你千万莫要死钉住在上海那样的大都市，成天价只把几条理论几张统计表或是一套“政治江湖十八诀”在脑子里倒去颠来。到各处跑跑，看看经济中心或政治中心的大都市以外的人生，也颇有益，而且对于你那样的年轻人，或者竟是必要的。我向来喜欢旅行，但近年来因为耳疾胃病轮流不断地作怪，离不开几位熟习了的医生，也使我不得不钉住在上海了。所以此次虽然是一些不相干的事，我倒很愿意回故乡走一遭。

朋友，你猜想来我是带了一本什么书在火车中消遣？“金圣叹手批《中国预言七种》”！

这是十九路军退出上海区域前后数日内，上海各马路转角的小报摊所陈列，或是小瘪三们钉在人背后发狂地叫卖的流行品之一！我曾经在小报摊上买了好几种版式的《推背图》和《烧饼歌》，但此部《中国预言七种》却是离开上海的前夕到棋盘街某书局买来，实花大洋八角。朋友，也许你觉得诧异罢？我带了这惟一的书作为整整一天的由火车而小轮船而民船的旅途中的消遣！

我们见过西洋某大预言家对于一九三二年的预言。路透社曾使这个预言传遍了全世界。这个“预言”宣称一九三二年将有大战争爆发，地球上一个强国将要覆灭，一种制度（使得全世界感到不安，有若芒刺在背的一种制度），将在战争的炮火下被扫除。路透社郑重声明这位预言家曾经“预言”了一九一四年的世界大战，所以是“权威的”预言家。不妨说就是西洋的刘伯温或袁天罡、李淳风罢？然而资本主义国家的“预言家”毕竟和封建中国的刘伯温等等有点不同。资本主义国家预言家的“使命”是神秘地暗示了帝国主义者将有的动作，而且预先给这将有的动作准备意识，——换言之，就是宣传，就是鼓动。因此，它的作用是积极的。封建中国的“传统的”预言家如刘伯温等等及其《烧饼歌》《推背图》，却完全是消极作用。取倒不远，即在此次上海的战事。二月二十左右，日本援军大至，中国却是“后援不继”，正所谓“胜负之数，无待蓍龟”的当儿，大批的《烧饼歌》和《推背图》就出现于上海各马路上了。《烧饼歌》和《推背图》原是老东西，可是有“新”的注解，为悲愤的民众心理找一个“定命论”的发泄和慰安。闸北的毁于炮火既是“天意”，那就不必归咎于谁何，而且一切既系“天意”，那就更不必深痛于目前的失败，大可安心睡觉，——或者是安心等死了：这是消极的解除了民众的革命精神，和缓了反帝国主义的高潮。这是一种麻醉的艺术品，特种的封建式的麻醉艺术品！

朋友！我发了太多的议论，也许你不耐烦罢？好，我回到我的正文：我在三等客车中翻阅那本《中国预言七种》。突然有一个声音在我耳边叫道：

“喂，看见么？‘将军头上一棵草’！真不含糊！”

我转过头去看了一眼。原来是坐在我旁边的一位商人；单看他那两手捏成拳头，端端正正放在大腿上，挺直了腰板正襟危坐的那种姿势，就可以断定他是北方人。朋友，你知道，我对于“官话”，虽说程度太差，可是还能听得懂，但眼前这位北方人的一句话，我简直没有全懂；“将军——什么?”我心里这样猜度，眼珠翻了一翻，就微微一笑。朋友，我有时很能够——并且很喜欢微笑，我又常常赞美人家的“适逢其会”的微笑。但是那时我的微微一笑大概时机不对，因为那位北方人忽然生气了；他的眉毛一挺，大声说：

“他妈的！将军头上一棵草！真怪！”

我听明白了。我虽不是金圣叹，也立刻悟到所谓“将军头上一棵草”是指的什么，我又忍不住微笑了。我立刻断定这是《推背图》或《烧饼歌》上的一句。我再看手里的《预言》。

“不错。万事难逃一个‘数’。东洋兵杀到上海，火烧闸北——蔡廷楷、蒋光鼐，《烧饼歌》里都有呢！——上年的水灾，也应着《烧饼歌》里一句话……”

在我左边，又一个人很热心地说。这是一位南方人了，看去是介于绅而商中间的场面上人；他一面说，一面使劲地摇肩膀。我的眼睛再回到手里的书页上。

忽然一只焦黄而枯瘦的手伸到我面前来了；五个手指上的爪甲足有半寸长，都填满了垢污，乌黑黑地发光；同时，有一条痰喉咙发出的枯燥的声音：

“对勿住。借来看一看。”

我正要抬头来看是什么人，猛又听得一声长咳，扑的一口黄痰落在地板上，随即又看见一只穿了“国货”橡皮套鞋的脚踏在那堆痰上抹了一下。不知道为什么，我最怕这种随地吐痰而又用脚抹掉。我赶快抬起头来，恰好我手里的那本《预言七种》也被那只乌黑爪甲的枯黄手“抢”——（容我说是抢罢）——了去，此时我才看明白原来是坐在我对面的一位老先生，玳瑁边其眼镜而瓜皮其帽。他架起了腿，咿咿唔唔念着书中的词句；曾经抹过那堆黄痰的一只橡皮套鞋微微摆动，鞋底下粘着的黄痰挂长为面条似的东西，很有弹性地跳着。

朋友，我把这些琐屑的情形描写出来，你不觉得讨厌么？也许你是。然而朋友，请你试从这些小事上去理解“高等华人”用怎样特殊的他们自己的方式接受了西洋的“文化”。他们用鞋底的随便一抹就接受了“请勿随地吐痰”的西洋“文化”。这种“中国化”的方法，你在上海电车里也许偶尔看到，但在内地则随时随地可以看到。他们觉得这样“调和”中西的方法很妥当。至于为什么不要随地吐痰的本意，他们无心去过问，也永远不打算花心力去了解。

可是我再回到这位老先生罢。他把那本《预言》翻来翻去看了一会儿，就从那玳瑁边的眼镜框下泛起了眼珠对我说：

“人定不能胜天。你看十九路军到底退了！然而，同人先笑而后号咷，东洋人倒灶也快了呀！”

“哦——”我又微笑，只能用这一个声音来回答。

“不过，中原人大难当头，今年这一年能过得去就好！今年有五个‘初一’是‘火日’呀！今年八月里——咳，《烧饼歌》上有一句，——咳，记不明白了，你去查考罢。总而言之，人心思乱。民国以来，年年打仗。前两年就有一只童谣：‘宣统三年，民国二十年，共产五年，皇帝万万岁！’要有皇帝，才能太平！”

“可不是宣统皇帝已经坐了龙廷！”

我右边坐的那位北方人插进来说。

但是那老先生从玳瑁眼镜的框边望了那北方人一眼，很不以为然地哼了一声。又过一会儿，他方才轻声说：

“宣统！大清气数已尽，宣统将来要有杀身之祸。另是一个真命天子，还在田里找羊草！”

于是前后左右的旅客都热心地加进来谈论了。他们转述了许许多多某地有“真命天子”出世的传说。他们所述的“未来真命天子”足有一打，都是些七八岁以至十三四岁的孩子，很穷苦的孩子。

朋友，在这里就有了中国的封建小市民的政治哲学：一治一乱，循环反复，乱极乃有治；然而拨乱反正，却又不是现在的当局，而是草野崛起的真命天子。《推背图》和《烧饼歌》就根据了此种封建小市民的政治哲学而造作。中国每一次的改朝换代，小市民都不是主角，所以此种“政治哲学”就带了极浓厚的定命论色彩。在现今，他们虽然已经感到了巨大的变动就在目前，然而不了解这变动的经济的原因，他们只知道这变动是无可避免，他们在畏惧，他们又在盼望；为什么盼望？因为乱极了乃有太平可享！

十一点三十分，到了K站，我就下车了。

内河小火轮

从火车上就看见“欢迎国联调查团”的白布标语，横挂在月台的檐下。这是中英文合璧的标语，今天清晨离开上海时，曾见到处张贴着此类标语，不料行了四小时，而此类标语，早已先我而在！中国统治阶级办事的手腕，有时原也很敏捷的。据各报消息，国联调查团将于明晨到达上海，而且将来经行沪杭路与否，尚不可知；然而这里车站上却已先期欢迎。于此又见中国统治阶级办事的手段有时异常精细而周到了。

车站大门上又有一条白纸黑字的招纸：“税警团后方伤兵医院招待处”。

于是我忽然由“税警团”联想到鼎鼎大名的王赓，又联想到了陆小曼女士和故诗人徐志摩。更想到志摩在《猛虎集》序文中所反复自悼的“诗情枯窘”了。记得前年秋天在上海遇见他时，他也有同样的悲感——虽然他说话的态度永远是兴高采烈而且诙谐。那时我曾经这么发问；“你推求过你这近年来诗思枯窘的原因么?”他耸耸肩膀微笑。过了一会儿，他吐露这样的意思：诗题尽有，但不知怎的，猛烈的诗情不能在他胸中燃烧。现在，经过了火与血的上海“一·二八”，假使徐志摩尚在，不知他还依旧感到诗情枯窘不?

这么胡乱想着，想着，我已经离开了车站，杂在一群各色人等皆有的杂牌旅客军中，冲开了人力车和脚夫的包围——还有连声唤问“南湖去喂?”的船娘，走到内河小火轮的埠头上了。这是个混杂的埠头。所有往来苏湖一带“内地”各市镇的轮船全都麇集在这里，卸下了旅客，又装上了旅客。我挤上了一条“无锡快”，问明白是经过我的故乡的，我就从叫卖着“花生酥”“荸荠”等等小贩的圆阵内跑进船舱里去了。

已经是满舱的人，都是故乡的土白。这条船虽则要经过不少“码头”，但照例十之八九是我的故乡的旅客；十年前如此，现在仍然如此，就不知道再过十年将怎样。

船，已经不是十年前那条船，但船中的布置，形形色色的旅客，挤来挤去的小贩，都和十年前没有什么两样。只多了一两位剪发时装的女郎算是一九三二年的记号。

船头上依旧挂着一块“水板”，淡墨的字是沿途所到各市镇的名儿，并肩排作一列；另一行大书“准一点半开船”，却是照例不“准”，照例要延迟。

我看自己的表，还只有十二点钟；我只好耐心坐在那里等候了。

渐渐儿从嘈杂的人声中辨出两三个人的对话来。一望而知都是小商人，很热心地在谈论上海战事的将来。他们以为中日间的“不宣而战”，还要继续与扩大，而结果一定是日本军的败北。他们中间一位剃了和尚头的四十多岁的人，很肯定地说：

“定规还要打！不打，太呒交代。东洋小鬼就是几只飞机兵船利害，东洋兵是怕死的！东洋兵笨手笨脚，不及中国兵灵便，引他们到里厢[①]，东洋的兵船开勿进来，飞机不认识路，东洋兵一定要吃败仗！”

“蛮对！要引他们进来。松江造好一个飞机场了。火车来时，你看见铁路旁边掘战壕么？松江落来[②]，一连有四道战壕已经掘好了！”

另一个三十多岁的瘦长子接着说；并且意外地对我看了一眼，似乎要我出来证实他的“军事发现”。我又微笑了。松江左近新筑飞机场，当车过松江时，已经听得人们在那里说。至于“一连四道的战壕”呢，我是目击的；但我就有点怀疑于那样短短而简陋的壕沟能有多大的防御能力。从前我看见军官学校学生打野操时掘的战壕，就还要长、还要复杂。可是我并没把这疑问提出来叫那两位“主战的”小商人扫兴，我只是微笑。

坐在我旁边的第三位“老乡”，五十多岁的小商人（后来我知道他就是故乡某绸缎铺的经理)，觉得我的微笑里有骨头，就很注意地望了我一眼，同时他摸着下巴很苦闷地自言自语着：

“定规是还要打。不过，一路来总不见兵，奇怪！——”

立刻那位三十多岁的瘦长子跳起来纠正了，险一些碰翻了站在旁边仰脸呆看的江北小孩子的荸荠篮。瘦长子虽然清瘦，声音却很大：

“啊，老先生，你弄错了。中国兵不是沿铁路驻扎的，都藏在乡下。——为啥？避避国联调查员的眼睛呀！你不相信，去看！嘉兴城里也不扎兵。不过，落去到陶家泾，就驻扎了两万多兵，全是驻扎在茧厂里——”

他的话在此一顿，伸手抓一下头皮，然后转身把嘴巴凑近了那位剃光和尚头的同伴的耳边，又用左手掌掩在嘴边，显然有几句更重要更“机密”的话将要说出来；却不料他身旁那位仰脸呆看的卖荸荠的江北小孩子猛然觉醒过来似的本能地喊卖起来：

“荸荠呀！拴白荸荠呀!”

这一声叫卖虽然是职业的响亮而且震耳，但在此嘈杂的“无锡快”中却也并不见得出众的讨厌；然而我那位三十多岁的瘦长子老乡蓦地生气了。他不说话了，反手将卖荸荠的江北小孩子一推，就喊道：

“讨厌！卖荸荠的出去！江北人顶惹厌！上海要捉江北人。江北汉奸!”

同船的人都哄然大笑，也一叠声喊着：“江北人出去，出去!”那边房舱里的客人也被惊动了。有一位剪发的女郎探出头来看望。她穿一件灰色法兰绒的春大衣，毛葛长旗袍，旗袍的跨缝也开得很高，露出那长而且大的裤管，粗看就仿佛像一条裙子似的晃着晃着。小江北人提起荸荠篮怔了片刻，就慌慌张张跑到后艄去了。另一个卖花生酥的黄脸男子，门牙都落在嘴唇皮外，又怪样地留着一抹黄须的，就填补了那个小江北人遗下来的地盘。

不知道是何因缘，那卖花生酥的黄脸汉子认定了我是一个好主顾，用了苍蝇叮血那样的韧精神来向我兜售他的货品了。他翘起他那乌黑的长爪甲的手指，从他的托盘内取出一盒花生酥打开来，拈了一块直送到我的鼻子尖，一面夸奖他的货色：

“闻闻看，喷香，鲜甜，时新货！你先生是吃惯用惯！上一趟你交易了十盒去，送送朋友，大家称赞！今回还是十盒罢？另外买一盒，船里消消闲！”

我真有点窘了，碰见这样生意经烂熟的小贩，居然硬派我是他的老主顾，并且上一趟还交易过十盒，已有十年之久。我不曾坐过这条船！何来“上一趟”的交易呀！但是这位黄脸汉子，当真有些儿面熟。哦，想起来了，前年五月我送母亲回家，曾到这轮埠来过，许就是那时见过这卖花生酥的黄脸汉。至于时新货的花生酥，我在上海棋盘街商务印书馆发行所门前，时常碰到，我实在很不喜欢此类甜点。可是被他这一纠缠，我不能再静听老乡们议论军国大事了；我只好逃开，也是往船艄上一钻。

经过了那房舱时，我看见里面塞满了人，三个男的两个女的，另外一个将近三岁的小孩子。刚才探头出来张望的时装剪发女郎坐在那里吃甘蔗。另一位女郎（看后影也是很时髦的），则在船窗口买进了大批的水浸去皮的荸荠来。那浸荸荠的水就是从河里汲的，太阳照着微微闪着金绿色；不远的地方就有人在河滩洗衣、淘米，甚至于倾弃垃圾。

我们故乡一带的河道，负的任务可真不少呀！它是交通的脉络，它又是人民饮水之库，它又兼任了垃圾桶的美差！

当下我爬上后艄，立刻又被另一批小贩所包围了。我应付不开，便取了不理的态度，一面在口袋里掏出卷烟来。哪知道当即有人划着火柴送到我眼前。我一怔，就站起来了；还没有看清是什么人送火来，却已经听得那人带笑说：

“客人，请坐罢！——便的，便的！交易几包瓜子大王罢？船里消消闲！”

我这才明白又是一位小贩。我忍不住微笑了，但心里却是一阵酸。艰难的生活斗争把他们磨炼成这种习惯了！虽然我素来不喜欢咬瓜子“消闲”，此时却觉得不交易几包似乎太对不起人了。我便买了几包所谓“瓜子大王”，塞在衣袋里，转身去找船上的茶房攀谈：

“客人已经塞满了，还等什么呢？”

“等邮政包封呀!”

是异常不客气的回答。

我又微笑了。我以为船上茶房之类大概是不大会客气的。但是我这决定立即被推翻。又来了一个中年灰气色脸的男子，那位不客气的茶房立即就变成异常“君子之风”，——简直可以说是过分的巴结。他撩起身上的“作裙”，在一张凳上抹了又抹，陪笑地请那位灰气色脸的男子坐下，又赶快找出话来报告道：

“四先生，你看！前面两只装米的杭州船被兵营里扣住了，装了子弹！四先生，你看船脚多少重呀!”

灰气色脸的男子微微一颔首，从牙缝里哼出几个字来：

“还要打呢！造伊拉娘个东洋乌龟!”

我向河里望，果然有两条木船并肩泊着，船里有一些木箱子，有两三个丘八坐在箱子上吸烟。我想：沿铁路有些玩意儿的“战壕”，离铁路沿线乡下有兵，而这里又扣船运弹药，这一切，在嘉湖一带的小商人看来，当然是很浓厚的战时空气了。然而他们又有一个古怪的思想：一星期内尚不至于开火，因为国联调查团在上海。这一个不知何所见而云然的理解，立即又由那所谓四先生者表示出来：

“喂，阿虎，今天上来时看见斗门有兵么？造伊拉格娘，外国调查员一走开，就要开火呢！火车勿通，轮船行不得，造伊拉格娘，东洋乌龟勿入调!”

我忍不住又微笑了。他们把“东洋人”和大中华民国看成为两条咬打的狗似的，有棒子（国联调查团）隔在中间时，是不会打起来的，只要棒子一抽开，立刻就会再打。而国联调查团也就被他们这么封建式的理解作三家村的和事佬阿爹。他们的见解是这样：和事佬阿爹永远不能真正制止纷争，但永远要夹在两造中间作和事佬，让打得疲倦了的两边都得机会透回一口气来。

小贩们的兜卖不绝地向我下总攻击。好像他们预先有过密约，专找我一人来“倾销”。并且他们又一致称我为“老主顾”。可是我实在并没“异相”可以引起他们的注意，而且自从上船以来除买了瓜子而外，也没撒手花过半个钱。而何以我成了他们“理想中”的买主呢?

后来我想得了一个比较妥当的解释：因为其余的旅客大都常乘这班船，小贩们已经认得，已经稔知他们不肯买时就硬是不买；而我呢，则是生客，又且像是一个少爷，——所谓吃惯用惯，因而就认为是有缝可钻的蛋，拼命地来向我掗卖了。而也因为是生客，所以虽得小贩们的热烈包围，却不能得到船上茶房的较为客气的接待。

不用说，在等候船开的一个半钟头内，我这位生客很叫那些拥上前来又拥向后去的小贩们失望了；和不客气的船上茶房却成立了一笔生意，我泡了一壶茶。

一点半又过二十分，拖带我们这“无锡快”的柴油引擎小轮方才装足了燃料，发出了第一次的马达声和第一声的汽笛。

我松了一口气。为的终于要开船，而且为的小贩们都纷纷上岸了。

拖了我们那“无锡快”的柴油引擎小轮船气喘喘地发怒似的全身震动着，从各式各样的大小船只的乱阵中钻过，约莫有半小时之久，方始绕到了北门。在这里，又有“片刻”的停泊，又涌来了最后一批的搭客。实在我们那“无锡快”早已“满座”，并且超过了船里所挂的煌煌“船照”上规定的乘客人数了；但最后下来的十多人也居然如数收纳，似乎人们所占的面积是弹性的，愈压紧就愈缩小。而“船照”上所规定的限制人数三十位却是弹性最大限度的标准罢了。我这理论，立刻又被证实。因为一注“意外的收入”又光降我们这条“无锡快”了。有一条“差船”和十来个武装同志要求拖在我们后面。他们要到陶家泾，正是我们那轮船所必经的“码头”。那“差船”是乡下人用的“赤膊船”，光景是征发来的；船里仿佛就只有十来个兵。

我不能不说这些武装同志委实是十二分客气。因为他们仅仅要求“附拖”，并没把施之于乡下赤膊船的手段加在我们那轮船上。虽然这一来附拖，轮船局里将多费了毫无代价的几加仑柴油，然而随轮的账房先生也知道“爱国”，毫没难色地就允许了。实在也是不由他不答应，因为“差船”早已靠上来，十几个武装同志早已跳在柴油小轮和“无锡快”上，沿着船舷，像觅食的蚂蚁似的不断地来来往往。

“那边好！那边好！”

他们叫唤着，招呼着。立即有五六位跳到船头上，把身子一挫，就打算往舱里钻。舱里实在挤得太满了，探头在舱门口的两三位也显得踌躇了。于是他们将就在船头上蹲着。他们都是徒手，湖南口音。

这时候，另外有五六位实行了“包抄”的战略，从船艄侵入到舱里来了。他们在那狭得只容人侧身而过的孔道中（实在就是人缝中）拥来拥去，嘈嘈杂杂叫喊些不知什么。

忽然船窗外的舷板上有一个人气急地高声吆喝：

“出来！出来！里边不准去，不准去！”

一面这么说，一面这人就也跑到船头上了。这是一位挂武装带的官长（我猜他是一个排长），灰布的军衣和马裤，却没有绑腿，腰间是一枝盒子炮，并没那木盒，很随便地倒插在武装带里，另用一根南货店里扎货包的细麻绳一端拴住了那盒子炮口的准头，又一端就吊在斜皮带近肩头的孔内。所以虽则是一枝盒子炮，却不是取了“佩”的方式，而是像长枪那样“背”起来了。这位官长到了船头上，就用手里的一根细竹梢敲着自己的皮鞋，带几分口吃的样子对他的弟兄们说：

“里边不准，不准去！这里，这里，也不能蹲！老百姓要做生意！”

他接连说了几遍，弟兄们方才懒洋洋地起来，分做两支，又沿着船舷，橐橐地往后艄那方面跑，因为他们那“差船”就泊在“无锡快”的后面。那官长探头向舱里一望，刚好看见先已在舱中的五六位像痴人似的在那里乱钻乱拱，于是他也钻进舱里，在人堆里扬起他的细竹梢，满口嚷着湖南白，也要赶那五六位出去。好容易把这五六位赶到船头上，又也沿着船舷，橐橐地往后艄跑，这位官长已经累得满脸汗珠了。他自己倒并不想坐这“无锡快”，他重复跑到船头上，也沿着船舷往后走，不料刚才被他从舱里赶出来的五六位又早盘踞在船艄上，而最初蹲在船头的几位则已经由船艄而中舱，又蹲在船头上了。

这一个新式的捉迷藏，引得满船的旅客都哄然笑起来了。站在后艄舷板上的那位官长却笑不出来，只是把脸涨红。大概他觉得在许多老百姓前暴露了自己的没有威严是太丢脸罢？他下了决心了。他发急地用细竹梢敲着船板，对后艄上的弟兄们说：

“对你们说，这里不得蹲，不得蹲！何该？——这里是老百姓要做生意的！到差船上去！那边是一个空船，投得人，蹲在这里不——”

他的呼吸急促了，脸更涨得红，手里的细青竹梢不住地呼呼地挥着。

弟兄们垂着头装瞌睡，完全不理这位官长的命令。

而小轮上的老大恰又拉起回声来，是催促这些武装同志赶快安排好，船是不能再多延挨时光了。

后来幸而老百姓也来“说话”，这才总算把后艄上的五六位弄到了那只“差船”上，那时蹲在船头上的几位却在那里吃花生，唱“打倒列强”的老调子。那位官长也就“善刀而藏”，他自己也挤到船头上蹲在那里。

陶家泾是沿途所过的第一个码头。这是极小的乡镇，总共不过十来家小铺子，但现在却连这十来家小铺子都关着门，只有兵在岸上彳亍。附拖的“差船”在这里放下，兵们都上了岸。此时方才看见“差船”里原来还有东西，是几把青菜和油豆腐，一个兵提了，笑盈盈地走到一座草房后去了。

此时已有三点钟，而横在我们前面的路程却还有三分之二强。近来内河小轮常常遭匪劫掠，天黑后行船是非常冒险的；有几位旅客因此很表示了焦灼了。他们惟一的希望是此去别无延搁，可以开足了速率走。然而不幸，在陶家泾开船后走不到两三里路，船又忽然停了。看岸上时，是一座停业中的茧厂，现在却借作兵营，沿茧厂左近的矮小平房也都驻了兵，其中有一间平房的门口站着门岗，立一杆幡形的长旗，大书陆军第某师某团某营营本部。军用电话的铃声在那间平房里急令令地响。

同船的旅客都忙乱起来了，交头接耳地纷纷询问：

“船又停了，为什么呀？难道要扣去装兵么？”

没有一个人能够给确实的回答。但船是停住了，声音最大的柴油引擎小轮船此时默然不响，简直是不打算再赶路的模样。

“机器坏了！”

有一个茶房从船头上跑来说。原来不过是机器坏！于是大家都松一口气。杂乱的议论跟着就起来了。在先那位喜欢谈谈军国大事的瘦长子老乡就很得意地在大腿上拍一下说：

"我说不是捉差，果然呀！他们白天里不调动兵队。——为啥？恐防东洋人在飞机里看见掷炸弹呀！"

于是他就屈着指头，历数某日某时东洋人的飞机曾经飞过洑院，飞过桐乡，飞过某某地方。他已经忘记只在两小时前他还同意过他那位光头同伴的"东洋人飞机不认识路"的论调。

光头的同伴努力附和着。他又称赞这兵调来得真快；前三天他"上去"时经过这里，还没看见有兵哪。但是五十多岁的绸缎店经理却在一旁摇头，——谁也不能猜透他这摇头是什么意思；他的脸色依旧是那样苦闷，他不说话，只把左手的四个爪甲很长的指头在桌子边轻轻地有节奏似的敲着。过一会儿，他转脸对那个瘦长子同伴说：

"吉兄，打到里边来，连里边的市面都要吵光罗。上海北头，横直是烧光末，要打就在北头打！伊拉兵队调动得快，为啥勿早点调到上海，同十九路军一淘打？总归是勿齐心，自淘伙里七支八搭！"

叫作"吉兄"的瘦长子于是也皱一下眉头，觉得无话可答，就伸一个懒腰急急地咒骂那轮船了：

"触霉头格轮船！半路上插蜡烛！今朝到埠勿过七点钟，算我的东道！"

说着，他就挤到船头上看"野眼"去了。

这时船既停下来，就没有了风，塞满了四十多人的船舱就更加闷热，空气也很恶浊。小孩子们啼哭，老太婆谈家常，又谈到某处庙里的菩萨满身是血，两眼流泪，所以"世界不太平"了。

我爬在船窗口看岸上的兵。听口音都是两湖人。态度异常"写意"，毫没有磨拳擦掌准备厮杀的神气。有二十来个兵拿了铲子和土畚在那里填平他们的"营本部"门前的泥路。他们的工作就像唱昆曲的戏子似的一摇一摆，十分从容。离"营本部"右方一箭之远就是那停业中的茧厂，唯一的高楼房，也住着兵，可是既没有门岗，也没放步哨，兵们是三三两两的在茧厂前的空场上开玩笑。有几位脱下了衣服，蹲在地下捉虱子。他们不打绑腿，穿的是绿帆布的橡皮底"跑鞋"。他们都是徒手，空场上也不见他们搭的枪架。

只有四个兵全身武装，在相离"营本部"左右五六丈的泥路上来回彳亍，——大概他们就是步哨。

河滩上有许多兵在那里洗衣服。他们利用了老百姓家里的春凳，把水淋淋的衣服在春凳上拍拍地打。打过后就提着衣服跳上泥岸，抖开了铺在小桑树上晒。这一带的桑树全挂满了灰色军服。

忽然在灰色中显现出鲜明的一点来了！那是在作为“营本部”那间平房的东间壁。也是同样的平房，看样子本来是杂货铺子，但现在当然只有兵。我所说的“鲜明一点”就在这间平房里飞快地一晃。我看得很明白，是一位剪了头发的女子踅到门前对我们那轮船看了一眼。虽然不是都市女子的服装，但也不像乡村女子，只看她一头短发剪的何等“入时”呀！一路来，常见竹篱茅屋畔探露出剪了头发的女子的上半身，可是无论如何我一眼就能判定她们是真正的村姑，和眼前这一闪就不见了的一位有很大的不同。我很盼望她再出来一次，但是使我失望，那平房的没有门窗的外边半间里始终只有兵们走进走出，一张破桌子旁坐着几位像是什么“值日官”之类的斜皮带者，不住地在那里吸香烟。

随军一定有几位“女同志”，想来于今是惯例了罢？

离这平房再往东些，又有七八个“乡下人”围坐在一张板桌边，他们身上各有一条白布符号，可惜相隔远了，看不清楚白布上写的是什么字。在兵们中间，他们显得十分拘束，而且垂头丧气很苦恼。后来听船上人说，这七八位就是拉来的伕子。

有位挂斜皮带的官长从东边的小轿岔道处跑了来（那边不见有散散落落彳亍的兵），到得“营本部”的平房门外，就喊了一声：

“报告！”

门开了，当门站着一个卫兵，门边泥墙上挂着三四顶军帽和一套军衣。不多一会儿，就听见电话铃响，又有高朗的说话声音。又过了一会儿，就看见先前进去的那位官长跑出来了，手里拿着一封公文，仍旧向来路走去。

时间已经过去了一小时许，我们那条柴油小轮依旧没有活动的征兆；据说那损坏的一部分机件已经修好了装上去，但是不灵，现在又拆下来重新修理。旅客们都等得不耐烦了；有几位要在第二站的洑院下船的，就说早知如此，船停时就上岸走，现在早已到家了。那位最得茶房欢迎的灰气色脸四先生死洋洋地对茶房说：

“喂，阿虎，看来要在船里吃夜饭罗，米够么？”

茶房阿虎咧开嘴巴笑，停一会儿，方才回答道：

“快哩，快哩！修修机器，蛮便当的。”

当真岸上的兵们搬出夜饭来了。两个也穿灰布军衣的人先抬出一箩饭来放在路口，接着又抬出一只大铜锅，锅身上的黑煤厚簇簇地就和绒毛相似。锅里是青菜和豆腐混合烧成的羹。抬锅的人把这青菜豆腐羹分盛在许多小号脸盆似的洋铁圆盒里，都放在泥地上。于是五六个兵一组捧一盆青菜豆腐羹，团团围住了，就蹲在泥地上吃。饭是白米饭，但混杂的砂石一定不少，因为兵们一面大口地往嘴里送，一面时时向地上吐唾沫。

我们船上的人总有一半爬在窗口看兵们吃饭。忽然那位三十多岁的瘦长子老乡钻进舱里来，看着五十多岁的绸缎店经理说：

“当兵真苦。你看他们吃点啥东西呀！东洋兵每顿是大鱼大肉，还有好酒，娇养惯哩，故所以勿会打仗！再打罗，东洋兵必败！”

绸缎店经理苦着脸，还没回答，突然从船头上送来了卜卜卜的一阵响，柴油小轮的机器终于修好，船又动了。

以后的水程算是没有意外的阻搁。柴油小轮以每小时十八华里的速率向前走着。谜一样的未来中日之战又成为旅客们谈论的题材。我不能不说他们那谈论还只是“消闲”的性质，正和他们咬瓜子“消闲”相仿佛；但是一种焦灼和愤慨，却也常在话意中透露出来。虽然同是小商人，然而他们的意识情感又和沪杭车中我所接触的小商人很有些不同了。封建的内地乡镇的小商人的他们似乎比大都市里的小商人更为“盲目”，更为“乐观”，同时亦更为容易受“欺骗”。因为是更“盲目”，他们不感知大地震似的剧变即在不远的将来，他们只认眼前的“不太平”是偶然；也是因这“盲目”，他们比大都市里的小商人较少些颓废的气息，而成为“乐观”。

而这“乐观”又是迷信的，拜物教的。叫作“吉兄”的三十多岁的小商人就时常流露了这样的“乐观”。他安慰他的常常苦着脸的同伴说：

“陶家泾落来，扎了两万多兵呢！东洋兵路勿熟，包管冲勿过来。你看，到处装好军用电话，东洋兵有点动静，答答地方[③]全晓得，东洋兵想偷营也勿会成功的。”

他很卖弄似的用手指着徐徐往后退的岸上的桑园。这里的矮桑树尚只有极小的嫩芽，矮而粗的树干上挂着深绿色的军用电话线。（后来我知道这里几条毫不打紧的军用电话线很使附近乡镇中的土财主慌张了，以为这就是划成军事区域，他们带着大箱小笼就逃难。）

五十多岁的绸缎店经理点头表示同意了。但他立即很不放心似的看着他的同伴们，提出一个问题来：

“外国调查员讲得拢喂？顶好是讲讲拢，勿要再打。”

没有回答。似乎西洋鬼子毕竟和东洋矮子有点不同，而自信是对于东洋矮子的“鬼心思”颇能灼见而大放议论的瘦长子老乡碰到关于西洋鬼子的事，也失了把握，不敢妄赞一辞了。他很无聊地举起茶来喝。

我忍不住加入了一句问话：

“再打下去怎样呢？”

大家都愕然转眼对我看，仿佛猛不防竟听得一个哑子忽然说起话来，并且他们的眼睛里又闪着怀疑的光采。我看出这些眼睛仿佛在那里互相询问：他不是什么党部里的人罢？但幸而我的口音里还带着多少成分的乡音，他们立即猜度我大概是故乡的一大批“在外头吃饭”的人们之一，所以随即放宽了心了。问过我的“贵姓”以后，他们又立即知道我是某家的人，“说起来都是相熟的”。

他们反倒先谈起我老家里的事，举出了许多我所不大记得的本家、亲戚，以及“世交”的人名来。这些，我也乐于倾听，但我到底觑机会又回到我原来的问话：

“照各位看来，是再打好呢，还是不要打？”

绸缎店经理叹了一口气，惟恐被人听了去似的低声回答：

“论理呢，一定要打。不过我们做生意人日子难过：上海开了火，钱庄就不通，账头又收不起，生意上的活路断得干干净净了；近年来捐税忒重，生意本来难做，乡下人穷，乡庄生意老早走光；现在省里又要抽国难捐，照旧捐加二成，听说就是充做打仗的军饷，你想，不曾开火，先来做生意人头上抽捐了！”

“抽捐去真和东洋人开仗，倒还呒啥，就恐怕捐是抽了，仗又勿打。”

光头的老乡赶快接口说，鼻子里哼了一声。

三十多岁的瘦长子却所见不同。他很有把握地说；

“一定要打！伊拉勿抵桩[4]打东洋人，调啥格兵！”

我忍不住又微笑了。我觉得这位“蒙在鼓里”的主战热者未免太可怜了。不问他们是信也罢，不信也罢，我不能不打开天窗说亮话：

“老百姓尽管一腔热血主张打，那结果是一定不再打了。老百姓要的事，恰就是当局所勿要。现在的事情就是这么着。”

“那末，陶家泾扎下两万兵，拉侠，捉船，乡下人逃光，地方上当差使，小小一个镇，要分摊到千把只洋，真是活见鬼罗！”

瘦长子表示了稀有的兴奋，一口气说出来了。我正想回答，忽然那位四十多岁的光头同乡又节外生枝地插进一句话：

“造伊拉格娘！嘉兴到苏州一路扎的兵越多，小火轮倒是三日两头抢！——新近出一桩三十万的大抢案，抢是抢了，失主还不敢报官，你想想！”

“就是伊拉自家做的呀！”

瘦长子做一个鬼脸，很轻声地接口说。我明白这是指的什么，记得俗语有所谓“虫吃虫”，正就是那件大抢案的注脚。我笑了一笑，又回到老题上：

“要抽国难捐么？兵队调动就不过告诉老百姓有国难，要抽国难捐！”

“生意是越弄越难做了！”

三位老乡同声说，脸上都是异常失望。

船上的茶房来收茶壶了。他回答一个旅客的询问：

“茶亭到哩！造伊拉，到双林要在半夜里罗。”

这时天已经黑了，我望望外边，看见不远的前面有黑魆魆的房屋和几点灯光。我一眼就认出这是故乡到了。虽然相隔已有十年之久，但眼前的故乡还是和我记忆中十年前的故乡没有什么两样。

“大概能够分别出这确是一九三二年的家乡的特点，也只是多一些剪发旗袍的女郎罢?”

我望着渐近的房屋，心里这样想。但后来我知道我这论断有一半是对的，又一半却不尽然。一九三二年的中国乡镇无论如何不可与从前等量齐观了。农村经济的加速度崩溃，一定要在“剪发旗袍的女郎”之外使这市镇涂染了新的时代的记号。

而最最表面的现象是这市镇的“繁荣”竟意外地较前时差得多了。当我们的“无锡快”终于靠了埠头，我跳上了那个“帮岸”，混入了一群看热闹以及接客的“市民”中间的时候，我就直感到只从一般人的服装上看，大不如十年前那样整洁了。记得十年前是除了叫化子以外就不大看见衣衫褴褛的市民，但现在却是太多了。

街道上比前不同的，只是在我记忆中的几家大铺子都没有了，——即使尚在，亦是意料外的潦倒。女郎的打扮很摹拟上海的“新装”，可是在她们身上，人造丝织品已经驱逐了苏缎杭纺。农村经济破产的黑影重压着这个曾经繁荣的市镇了！

半个月的印象

天气骤然很暖和，简直可以穿“夹”。乡下人感谢了天公的美意，看看米甏里只剩得几粒，不够一餐粥，就赶快脱下了身上的棉衣，往当铺里送。

在我的故乡，本来有四个当铺；他们的主顾最大多数是乡下人。但现在只剩了一家当铺了。其余的三家，都因连年的营业连“官利都打不到”，就乘着大前年太保阿书部下抢劫了一回的借口，相继关了门了。仅存的一家，本也“无意营业”，但因那东家素来“乐善好施”，加以省里的民政厅长（据说）曾经和他商量“维持农民生计”，所以竟巍然独存。然而今年的情形也只等于“半关门”了。

这就是一幅速写：——

早晨七点钟，街上还是冷清清的时候，那当铺前早已挤满了乡下人，等候开门。这伙人中间，有许多是天还没亮足，就守候在那里了。他们并没有什么值钱的东西。身上刚剥下来的棉衣，或者预备秋天嫁女儿的几丈土布，再不然，——那是绝无仅有的了，去年直到今年卖来卖去总是太亏本因而留下来的半车丝。他们带着的这些东西，已经是他们财产的全部了，不是因为锅里等着米去煮饭，他们未必就肯送进当铺，永远不能再见面。（他们当了以后永远不能取赎，也许就是当铺营业没有利益的一个原因罢?）好容易等到九点钟光景，当铺开门营业了，这一队在饥饿线上挣扎的人们就拼命地挤轧。当铺到十二点钟就要“停当”，而且即使还没到十二点钟，却已当满了一百二十块钱，那也就要“停当”的；等候当了钱去买米吃的乡下人，因此不能不拼命挤上前。

挤了上去，抖抖索索地接了钱又挤出来的人们就坐在沿街的石阶上喘气，苦着脸。是“运气好”，当得了钱了；然而看着手里的钱，不知是去买什么好。米是顶要紧，然而油也没有了，盐也没有了；盐是不能少的，可是那些黑滋滋像黄沙一样的盐却得五百多钱一斤，比生活程度最高的上海还要贵些。这是“官”盐；乡村里有时也会到贩私盐的小船，那就卖一块钱五斤，还是二十四两的大秤。可是缉私营利害，乡下人这种吃便宜盐的运气，一年内碰不到一两回的。

看了一会儿手里的钱，于是都叹气了。我听得了这样的对话在那些可怜的焦黄脸中间往来：

“四丈布吧！买棉纱就花了三块光景，当当布，只得两块钱！”

“再多些也只当得两块钱。——两块钱封关！”

“阿土的爷那半车丝，也只喝了两块钱；他们还说不要。”

不要丝呵！把蚕丝看成第二生命的我们家乡的农民做梦也没有想到他们这第二生命已经进了鬼门关！他们不知道上海银钱业都对着受抵的大批陈丝陈茧皱眉头，是说“受累不堪”！他们更不知道此次上海的战争更使那些搁浅了的中国丝厂无从通融款项来开车或收买新茧！他们尤其不知道日本丝在纽约抛售，每包合关平银五百两都不到，而据说中国丝成本少算亦在一千两左右呵！

这一切，他们辛苦饲蚕，把蚕看作比儿子还宝贝的乡下人是不会知道的，他们只知道祖宗以来他们一年的生活费靠着上半年的丝茧和下半年田里的收成；他们只见镇上人穿着亮晃晃的什么“中山绨”“明华葛”，他们却不知道这些何尝是用他们辛苦饲养的蚕丝，反是用了外国的人造丝或者是比中国丝廉价的日本丝呀！

遍布于我的故乡四周围，仿佛五步一岗、十步一哨的那些茧厂，此刻虽然是因为借驻了兵，没有准备开秤收茧的样子，可是将要永远这样冷关着，不问乡下人卖茧子的梦是做得多么好！

但是我看见这些苦着脸坐在沿街石阶上的乡下人还空托了十足的希望在一个月后的“头蚕”。他们眼前是吃尽当完，差不多吃了早粥就没有夜饭，然而他们饿里梦里决不会忘记怎样转弯设法，求“中”求“保”，借这么一二十块钱来作为一个月后的“蚕本”的！他们看着那将近“收蚁”的黑霉霉的“蚕种”，看着桑园里那“桑拳”上一撮一丛绿油油的嫩叶，他们觉得这些就是大洋钱、小角子、铜板；他们会从心窝里漾上一丝笑意来。

我们家有一位常来的“丫姑老爷”，——他的女人从前是我的祖母身边的丫头，我想来应该尊他为“丫姑老爷”庶几合适，就是怀着此种希望的。他算是乡下人中间境况较好的了，他是一个向来小康的自耕农，有六七亩稻田和靠廿担的“叶”。他的祖父手里，据说还要“好”；账簿有一叠。他本人又是非常勤俭，不喝酒，不吸烟，连小茶馆也不上。他使用他的田地不让那田地有半个月的空闲。我们家那“丫小姐”，也委实精明能干，粗细都来得。凭这么一对儿，照理该可以兴家立业的了；然而不然，近年来也拖了债了。可不算多，大大小小百十来块罢？他希望在今年的“头蚕”里可以还清这百十来块的债。他向我的婶娘“掇转”二三十元，预备乘这时桑叶还不贵，添买几担叶。（我们那里称这样的“期货叶”为“赊叶”，不过我不大明白是否这个“赊”字。）我觉得他这“希望”是筑在沙滩上的，我劝他还不如待价而沽他自己的廿来担叶，不要自己养蚕。我把养蚕是“危险”的原因都说给他听了，可是他沉默了半晌后，摇着头说道：

“少爷！不养蚕也没有法子想。卖叶呵，廿担叶有四十块卖算是顶好了。一担茧子的‘叶本’总要廿担叶，可是去年茧子价钱卖到五十块一担。只要蚕好！到新米收起来，还有半年；我们乡下人去年的米能够吃到立夏边，算是难得的了，不养蚕，下半年吃什么?”

“可是今年茧子价钱不会像去年那样好了!”

我用了确定的语气告诉他。

于是这个老实人不作声了，用他的细眼睛看看我的面孔，又看看地下。

“你是自己的田，去年这里四乡收成也还好，怎么你就只够吃到立夏边呢？而且你又新背了几十块钱债?”

我转换了谈话的题目了。可是我这话刚出口，这老实人的脸色就更加难看，——我猜想他几乎要哭出来。他叹了口气说：

“有是应该还有几担，我早已当了。镇里东西样样都贵了，乡下人田地里种出来的东西却贵不起来，完粮呢，去年又比前年贵，——一年一年加上去。零零碎碎又有许多捐，我是记不清了。我们是拼命省，去年阿大的娘生了个把月病，拼着没有看郎中吃药，——这么着，总算不过欠了几十洋钿新债。今年蚕再不好，那就——”

他顿住了，在养蚕这一项上，乡下人的迷信特别厉害，凡是和蚕有关系的不吉利字面，甚至同音字，他们都忌讳出口的。

我们的谈话就此断了。我给这位“丫姑老爷”算一算，觉得他的自耕农地位未必能够再保持两三年。可是他在村坊里算是最“过得去”的。人家都用了羡妒的眼光望着他：第一，因为他不过欠下百十来块钱债；第二，他的债都是向镇上熟人那里“掇转”来，所以并没花利息。在这一点上，不能不说这位聪明的“丫姑老爷”深懂得“理财”方法，便做一个财政总长好像也干得下：他仗着镇上有几个还能够过得去的熟人，就总是这里那里十元二十元的“掇”，他的期限不长，至多三个月，“掇”了甲的钱去还乙，又“掇”了丙的钱去还甲，这样用了“十个缸九个盖”的方法，他不会到期拖欠，他就能够“掇”而不走付利息的“借”那一条路了；可是他的开支却不能不一天一天大，他的进项却没法增加，所以他的债终于也是一年多似一年。他是在慢性地走上破产！也就是聪明的勤俭的小康的自耕农的无可避免的命运了！

后来我听说他的蚕也不好，又加以茧价太贱，他只好自己缫丝了，但是把丝去卖，那就简直没有人要；他拿到当铺里，也不要，结果他算是拿丝进去换出了去年当在那里的米，他赔了利息，可是这掉换的标准是一车丝换出六斗米，照市价还不到六块钱！

东南富饶之区的乡下人生命线的蚕丝，现在是整个儿断了！

然而乡下人间接的负担又在那里一项一项地新加出来。上海虽然已经“停战”，可是为的要“长期抵抗”，向一般小商人征收的“国难捐”就来了。照告示上看，这“国难捐”是各项捐税照加二成，六个月为期。有一个小商人谈起这件事，就哭丧着脸说：

“市面已经冷落得很。小小镇头，旧年年底就倒闭了廿多家铺子。现在又加上这国难捐，我们只好不做生意。”

“国难！要是上海还在那里打仗，这捐也还有个名目！”

又一个人说；我认识这个人，是杂货店的老板。他这铺子，据我所知，至少也有三十年的历史；可是三十年来从他的父亲到他手里，这铺子始终是不死不活，若有若无。现在他本人是老板，他的老婆和母亲就是店员；——不，应该说他之所以名为老板，无非因为他是一家中惟一的男子，他并不招呼店里的事情，而且实在亦无须他招呼；他每天的生活就是到处跑，把镇上的“新闻”或是轮船埠上客人从外埠带来的新闻，或是长途电话局里所得的外埠新闻，广播台似的告诉他所有的相识者，——他是镇上义务的活动“两脚新闻报”。此外，他还要替几个朋友人家帮衬婚丧素事，甚至于日常家务。他就是这么一位身子空、心肠热的年青人。每天他的表情最严肃的时候是靠在别家铺子的柜台上借看那隔天的上海报纸。

当时我听了他那句话，我就想到他这匆忙而特别的生活与脾气，我忍不住心里这么想：要是他放在上海，又碰着适当的环境，那他怕不是鼎鼎大名交际博士黄警顽先生第二！

“能够只收六个月，也就罢了；凶在六个月期满后一定还要延期！”

原先说话的那位小商人表示了让步似的又加这一句。我就问道：

“可是告示上明明说只收六个月？”

“不错，六个月！期限满了以后，我们商会就捏住这句话可以不付。可是他们也有新法子：再来一个新名目，——譬如说‘省难捐’罢，反正我们的‘难’天天有，再多收六个月的二成！捐加了上去，总不会减的，一向如此！”

那小商人又愤愤地说。他是已经过了中年还算过得去的商人，六个月的附捐二成，在他还可以忍痛应付，他的愤愤和悲痛是这附捐将要永远附加。我们那位“两脚新闻报”却始终在那里哗然争论这“国难捐”没有名目。他对我说：

“你说是不是：已经不打东洋人了，还要来抽捐，那不是太岂有此理?”

“还要打呢！刚才县里来了电话，有一师兵要开来，叫商会里预备三件事；住的地方，困的稻草，吃的东西！”

忽然跑来了一个人插进来说。于是“国难捐”的问题就无形搁置，大家都纷纷议论这一师兵开来干什么。难道要守这镇么？不像！镇虽然是五六万人口的大镇，可是既没有工业，也不是商业要区，更不是军事上形胜之地，日本兵如果要来究竟为的什么？有人猜那一师兵从江西调来，经过湖州，要开到“前线”去，而这里不过是“过路”罢了。这是最“合理”的解释，汹汹然的人心就平静了几分。

然而军队是一两天内就会到的；三件事——住的地方，困的稻草，吃的东西，必须立刻想法。是一师兵呢，不是玩的。住，还有办法，四乡茧厂和寺庙，都可以借一借；困的稻草，有点勉强了，就是“吃”没有办法。供应一万多人的伙食，就算一天罢，也得几千块钱呀！自从甲子年以来，镇上商会办这供应过路军队酒饭的差使，少说也有十次了；没一次不是说“相烦垫借”，然而没一次不是吃过了揩揩嘴巴就开拔，没有方法去讨。向来“过路”的军队，少者一连人，至多不过一团，一两天的酒饭，商店公摊，照例四家当铺三家钱庄是每家一百，其余十元二十元乃至一元两元不等，这样就应付过去了。但现在当铺只剩一个，钱庄也少了一家（新近倒闭了一家），出钱的主儿是少了，兵却多，可怎么办呢？听说商会讨论到半夜，结果是议定垫付后在“国难捐”项下照扣。他们这一次不肯再额外报效了！

到第二天正午，“两脚新闻报”跑来对我说道：

“气死人呢！总当作是开出去帮助十九路军打东洋人，哪里知道反是前线开下来的。前线兵多，东洋人有闲话，停战会议要弄僵，所以都退到内地来了。这不是笑话?”

听说不是开出去打东洋人，我并不觉得诧异；我所十分惊佩的是镇上的小商人办差的手腕居然非常敏捷，譬如那足够万把人困觉的稻草在一夜之间就办好了。到他们没有了这种咄嗟立办的能力时，光景镇上的老百姓也已流徒过半罢？——我这么想。

又过了一个下午又一夜，县里的电话又来：说是那一师人临时转调海宁，不到我们镇上来了。于是大家都松一口气：不来顶好！

却是因为有了这一番事，商会里对于国难捐提出了一个小小的交换条件——不是向县里或省里提出，而是向本镇的区长和公安局长。这条件是：年年照例有的“香市”如果禁止，商界就不缴国难捐。

“香市”就是阴历三月初一起，十五日为止的土地庙的“庙会”式的临时市场。乡下人都来烧香，祈神赐福，——蚕好，趁便逛一下。在这香市中，有各式卖耍货的摊子，各式打拳头变戏法傀儡戏髦儿戏等等；乡下人在此把口袋里的钱花光，就回去准备那辛苦的蚕事了。年年当这“香市”半个月工夫，镇上铺子里的生意也带联热闹。今年为的地方上不太平，所以早就出示禁止，现在商会里却借国难捐的题目要求取消禁令，这意思就是：给我们赚几文，我们才能够付捐。换一句话是：我们可生不出钱来，除非在乡下人身上想法。而用“香市”来引诱乡下人多花几文，当然是文明不过的办法。

“香市”举行了，但镇上的商人们还是失望。在饥饿线上挣扎的乡下人再没有闲钱来逛“香市”，他们连日用必需品都只好拼着不用了。

我想：要是今年秋收不好，那么，这镇上的小商人将怎么办哪?他们是时代转变中的不幸者，但他们又是彻头彻尾的封建制度拥护者；虽然他们身受军阀的剥削，钱庄老板的压迫，可是他们惟一的希望就是把身受的剥削都如数转嫁到农民身上。农民是他们的衣食父母。他们盼望农民有钱就像他们盼望自己一样。然而时代的轮子以不可阻挡的力量向前转，乡镇小商人的破产是不能以年计，只能以月计了！

我觉得他们比之农民更没有出路。

（原载《现代》月刊第1卷第2、3、4期，
1932年6月1日、7月1日、8月1日出版）

①里厢：里面的意思。这里指内地。

②落来：即以下的意思。

③答答地方：到处的意思。

④抵桩：预备的意思。

冥　屋

小时候在家乡，常常喜欢看东邻的纸扎店糊“阴屋”以及“船、桥、库”一类的东西。那纸扎店的老板戴了阔铜边的老花眼镜，一面工作一面和那些靠在他柜台前捧着水烟袋的闲人谈天说地，那态度是非常潇洒。他用他那熟练的手指头折一根篾，捞一朵浆糊，或是裁一张纸，都是那样从容不迫，很有艺术家的风度。

两天或三天，他糊成一座“阴屋”。那不过三尺见方，两尺高。但是有正厅，有边厢，有楼，有庭园；庭园有花坛，有树木。一切都很精致，很完备。厅里的字画，他都请教了镇上的画师和书家。这实在算得一件“艺术品”了。手工业生产制度下的“艺术品”!

它的代价是一块几毛钱。

去年十月间，有一家亲戚的老太太“还寿经”①。我去“拜揖”，盘桓了差不多一整天。我于是看见了大都市上海的纸扎店用了怎样的方法糊“阴屋”以及“船、桥、库”了！亲戚家所定的这些“冥器”，共值洋四百余元；“那是多么繁重的工作！”——我心里这么想。可是这么大的工程还得当天现做，当天现烧。并且离烧化前四小时，工程方才开始。女眷们惊讶那纸扎店怎么赶得及，然而事实上恰恰赶及那预定的烧化时间。纸扎店老板的精密估计很可以佩服。

我是看着这工程开始，看着它完成；用了和儿时同样的兴味看着。

这仍然是手工业，是手艺，毫不假用机械；可是那工程的进行，在组织上，方法上，都是道地的现代工业化！结果，这是商品；四百余元的代价！

工程就在做佛事的那个大寺的院子里开始。动员了大小十来个人，作战似的三小时的紧张！“船”是和我们镇上河里的船一样大，“桥”也和镇上的小桥差不多，“阴屋”简直是上海式的三楼三底，不过没有那么高。这样的大工程，从扎架到装璜，一气呵成，三小时的紧张！什么都是当场现做，除了“阴屋”里的纸糊家具和摆设。十来个人的总动员有精密的分工，紧张连系的动作，比起我在儿时所见那故乡的纸扎店老板捞一朵浆糊，谈一句闲天，那种悠游从容的态度来，当真有天壤之差！“艺术制作”的兴趣，当然没有了；这十几位上海式的“阴屋”工程师只是机械地制作着。一忽儿以后，所有这些船、桥、库、阴屋，都烧化了；而曾以三小时的作战精神制成了它们的“工程师”，仍旧用了同样的作战的紧张帮忙着烧化。

和这些同时烧化的，据说还有半张冥土的房契（留下的半张要到将来那时候再烧）。

时代的印痕也烙在这些封建的迷信的仪式上。

1932 年 11 月 8 日

（原载《东方杂志》第 29 卷第 8 号，1932 年 12 月 6 日出版）

①还寿经：为了表示孝心，儿子在父母寿辰时（大概是五十以后逢十寿辰）请和尚念经，叫作“还寿经”，这是嘉兴、湖州一带的风俗。

冬 天

诗人们对于四季的感想大概颇不同罢。一般的说来，则为“游春”“消夏”“悲秋”，——冬呢，我可想不出适当的字眼来了，总之，诗人们对于“冬”好像不大怀好感，于“秋”则已“悲”了，更何况“秋”后的“冬”!

所以诗人在冬夜，只合围炉话旧，这就有点近于“蛰伏”了。幸而冬天有雪，给诗人们添了诗料。甚而至于踏雪寻梅，此时的诗人俨然又是活动家。不过梅花开放的时候，其实“冬”已过完，早又是“春”了。

我不是诗人，对于一年四季无所偏憎。但寒暑数十易而后，我也渐渐辨出了四季的味道。我就觉得冬天的味儿好像特别耐咀嚼。

因为冬天曾经在三个不同的时期给我三种不同的印象。

十一二岁的时候，我觉得冬天是又好又不好。大人们定要我穿了许多衣服，弄得我动作迟笨，这是我不满意冬天的地方。然而野外的茅草都已枯黄，正好“放野火”，我又得感谢“冬”了。

在都市里生长的孩子是可怜的，他们只看见灰色的马路，从没见过整片的一望无际的大草地。他们即使到公园里看见了比较广大的草地，然而那是细曲得像狗毛一样的草皮，枯黄了时更加难看，不用说，他们万万想不到这是可以放起火来烧的。在乡下，可不同了。照例到了冬天，野外全是灰黄色的枯草，又高又密，脚踏下去簌簌地响，有时没到你的腿弯上。是这样的草，——大草地，就可以放火烧。我们都脱了长衣，划一根火柴，那满地的枯草就毕剥毕剥烧起来了。狂风着地卷去，那些草就像发狂似的腾腾地叫着，夹着白烟一片红火焰就像一个大舌头似的会一下子把大片的枯草舐光。有时我们站在上风头，那就跟着火头跑；有时故意站在下风，看着烈焰像潮水样涌过来，涌过来，于是我们大声笑着嚷着在火焰中间跳，一转眼，那火焰的波浪已经上前去了，于是我们就又追上去送它。这些草地中，往往有浮厝的棺木或者骨殖甏，火势逼近了那棺木时，我们的最紧张的时刻就来了。我们就来一个“包抄”，扑到火线里一阵滚，收熄了我们放的火。这时候我们便感到了克服敌人那样的快乐。

二十以后成了“都市人”，这“放野火”的趣味不能再有了，然而穿衣服的多少也不再受人干涉了，这时我对于冬，理应无憎亦无爱了罢，可是冬天却开始给我一点好印象。二十几岁的我是只要睡眠四个钟头就够了的，我照例五点钟一定醒了；这时候被窝是暖烘烘的，人是神清气爽的，而又大家都在黑甜乡，静得很，没有声音来打扰我，这时候，躲在那里让思想像野马一般飞跑，爱到哪里就到哪里，想够了时，顶天亮起身，我仿佛已经背着人，不声不响自由自在做完了一件事，也感得一种愉快。那时候，我把“冬”和春夏秋比较起来，觉得“冬”是不干涉人的，她不像春天那样逼人困倦，也不像夏天那样使得我上床的时候弄堂里还有人高唱《孟姜女》，而在我起身以前却又是满弄堂的洗马桶的声音，直没有片刻的安静。而也不同于秋天。秋天是苍蝇蚊虫的世界，而也是疟病光顾我的季节呵！

然而对于“冬”有恶感，则始于最近。拥着热被窝让思想跑野马那样的事，已经不高兴再做了，而又没有草地给我去“放野火”。何况近年来的冬天似乎一年比一年冷，我不得不自愿多穿点衣服，并且把窗门关紧。

不过我也理智地较为认识了“冬”。我知道“冬”毕竟是“冬”，摧残了许多嫩芽，在地面上造成恐怖；我又知道“冬”只不过是“冬”，北风和霜雪虽然凶猛，终不能永远地不过去。相反的，冬天的寒冷愈甚，就是冬的运命快要告终，“春”已在叩门。

“春”要来到的时候，一定先有“冬”。冷罢，更加冷罢，你这吓人的冬！

（原载《申报月刊》第3卷第1期，1934年1月15日出版）

天　窗

乡下的房子只有前面一排木板窗。暖和的晴天，术板窗扇扇开直，光线和空气都有了。

碰着大风大雨，或者北风虎虎地叫的冬天，木板窗只好关起来，屋子里就黑得地洞里似的。

于是乡下人在屋面开一个小方洞，装一块玻璃，叫作天窗。

夏天阵雨来了时，孩子们顶喜欢在雨里跑跳，仰着脸看闪电，然而大人们偏就不许，“到屋里来呀！”孩子们跟着木板窗的关闭也就被关在地洞似的屋里了；这时候，小小的天窗是唯一的慰藉。

从那小小的玻璃，你会看见雨脚在那里卜落卜落跳，你会看见带子似的闪电一瞥；你想象到这雨，这风，这雷，这电，怎样猛厉地扫荡了这世界，你想象它们的威力比你在露天真实感到的要大这么十倍百倍。小小的天窗会使你的想象锐利起来！

晚上，当你被逼着上床去“休息”的时候，也许你还忘不了月光下的草地河滩，你偷偷地从帐子里伸出头来，你仰起了脸，这时侯，小小的天窗又是你唯一的慰藉！

你会从那小玻璃上面的一粒星，一朵云，想象到无数闪闪烁烁可爱的星，无数像山似的，马似的，巨人似的，奇幻的云彩；你会从那小玻璃上面掠过的一条黑影想象到这也许是灰色的蝙蝠，也许是会唱的夜莺，也许是恶霸似的猫头鹰，——总之，美丽的神奇的夜的世界的一切，立刻会在你的想象中展开。

啊唷唷！这小小一方的空白是神奇的！它会使你看见了若不是有了它你就想不起来的宇宙的秘密；它会使你想到了若不是有了它你就永远不会联想到的种种事件！

发明这“天窗”的大人们，是应得感谢的。因为活泼会想的孩子们会知道怎样从“无”中看出“有”，从“虚”中看出“实”，比任凭他看到的更真切，更阔达，更复杂，更确实！

（原载《太白》半月刊第1卷第5期，1934年11月20日出版）

谈月亮

不知道什么原因，我跟月亮的感情很不好。我也在月亮底下走过，我只觉得那月亮的冷森森的白光，反而把凹凸不平的地面幻化为一片模糊虚伪的光滑，引人去上当；我只觉得那月亮的好像温情似的淡光，反而把黑暗潜藏着的一切丑相幻化为神秘的美，叫人忘记了提防。

月亮是一个大骗子，我这样想。

我也曾对着弯弯的新月仔细看望。我从没觉得这残缺的一钩儿有什么美；我也照着“诗人”们的说法，把这弯弯的月牙儿比作美人的眉毛，可是愈比愈不像，我倒看出来，这一钩的冷光正好像是一把磨得锋快的杀人的钢刀。

我又常常望着一轮满月。我见过她装腔作势地往浮云中间躲，我也见过她像一个白痴人的脸孔，只管冷冷地呆木地朝着我瞧；什么“广寒宫”，什么“嫦娥”，——这一类缥缈的神话，我永远联想不起来，可只觉得她是一个死了的东西，然而她偏不肯安分，她偏要“借光”来欺骗漫漫长夜中的人们，使他们沉醉于空虚的满足，神秘的幻想。

月亮是温情主义的假光明！我这么想。

呵呵，我记起来了；曾经有过这么一回事，使得我第一次不信任这月亮。那时我不过六七岁，那时我对于月亮无爱亦无憎，有一次明夜，我同邻舍的老头子在街上玩。先是我们走，看月亮也跟着走；随后我们就各人说出他所见的月亮有多么大。“像饭碗口”，是我说的。然而邻家老头子却说“不对”，他看来是有洗脸盆那样子。

“不会差得那么多的!”我不相信，定住了眼睛看，愈看愈觉得至多不过是“饭碗口”。

“你比我矮，自然看去小了呢。”老头子笑嘻嘻说。

于是我立刻去搬一个凳子来，站上去，一比，跟老头子差不多高了，然而我头顶的月亮还只有“饭碗口”的大小。我要求老头子抱我起来，我骑在他的肩头，我比他高了，再看看月亮，还是原来那样的“饭碗口”。

“你骗人哪!”我作势要揪老头儿的小辫子。

“嗯嗯，那是——你爬高了不中用的。年纪大一岁，月亮也大一些，你活到我的年纪，包你看去有洗脸盆那样大。”老头子还是笑嘻嘻。

我觉得失败了，跑回家去问我的祖父。仰起头来望着月亮，我的祖父摸着胡子笑着说：“哦哦，就跟我的脸盆差不多。”在我家里，祖父的洗脸盆是顶大的。于是我相信我自已是完全失败了。在许多事情上都被家里人用一句“你还小哩!”来剥夺了权利的我，于是就感到月亮也那么“欺小”，真正岂有此理。月亮在那时就跟我有了仇。

呵呵，我又记起来了：曾经看见过这么一件事，使得我知道月亮虽则未必“欺小”，却很能使人变得脆弱了似的，这件事，离开我同邻舍老头子比月亮大小的时候也总有十多年了。那时我跟月亮又回到了无恩无仇的光景。那时也正是中秋快近，忽然有从“狭的笼”里逃出来的一对儿，到了我的寓处。大家都是搬角之交，我得尽东道之谊。而且我还得居间办理、善后。我依着他们俩铁硬的口气，用我自己出名，写了信给双方的父母，——我的世交前辈，表示了这件事恐怕已经不能够照“老辈”的意思挽回。信发出的下一天就是所谓“中秋”，早起还落雨，偏偏晚上是好月亮，一片云也没有。我们正谈着“善后”事情，忽然发现了那个“她”不在我们一块儿。自然是最关心“她”的那个“他”先上楼去看去。等过好半晌，两个都不下来，我也只好上楼看一看到底为了什么。一看可把我弄糊涂了！男的躺在床上叹气，女的坐在窗前，仰起了脸，一边望着天空，一边抹眼泪。

“哎，怎么了？两口儿斗气？说给我来评评。”我不会想到另有别的问题。

“不是呀！——”男的回答，却又不说下去。

我于是走到女的面前，看定了她，——凭着我们小时也是捉迷藏的伙伴，我这样面对面朝她看是不算莽撞的。

“我想——昨天那封信太激烈了一点。”女的开口了，依旧望着那冷清清的月亮，眼角还噙着泪珠。“还是，我想，还是我回家去当面跟爸爸妈妈办交涉，——慢慢儿解决，将来他跟我爸爸妈妈也有见面之余地。”

我耳朵里轰的响了一声。我不知道什么东西使得这个昨天还是嘴巴铁硬的女人现在忽又变计。但是男的此时从床上说过一句来道：

“她已经写信告诉家里，说明天就回去呢!”

这可把我骇了一跳。糟糕！我昨天全权代表似的写出两封信，今天却就取消了我的资格；那不是应着家乡人们一句话：什么都是我好管闲事闹出来的。那时我的脸色一定难看得很，女的也一定看到我心里，她很抱歉似的亲热地叫道：“×哥，我会对他们说，昨天那封信是我的意思叫你那样写的!”

“那个，只好随它去；反正我的多事是早已出名的。”我苦笑着说，盯住了女的面孔。月亮光照在她脸上，这脸现在有几分“放心了”的神气。忽然她低了头，手捂住了脸，就像闷在瓮里似的声音说：“我撇不下妈妈。今天是中秋，往常在家里妈给我……”

我不愿意再听下去。我全都明白了，是这月亮，水样的猫一样的月光勾起了这位女人的想家的心，把她变得脆弱些。

从那一次以后，我仿佛懂得一点关于月亮的“哲理”。我觉得我们向来有的一些关于月亮的文学好像几乎全是幽怨的，恬退隐逸的，或者缥缈游仙的。跟月亮特别有感情的，好像就是高山里的隐士，深闺里的怨妇，求仙的道士。他们借月亮发了牢骚，又从月亮得到了自欺的安慰，又从月亮想象出“广寒宫”的缥缈神秘。读几句书的人，平时不知不觉间熏染了这种月亮的“教育”，临到紧要关头，就会发生影响。

原始人也曾在月亮身上做“文章”，——就是关于月亮的神话。然而原始人的月亮文学只限于月亮本身的变动；月何以东升西没，何以有缺有圆有蚀，原始人都给了非科学的解释。至多亦不过想象月亮是太阳的老婆，或者是姊妹，或者是人间的“英雄”逃上天去罢了。而且他们从不把月亮看成幽怨闲适缥缈的对象。不，现代澳洲的土人反而从月亮的圆缺创造了奋斗的故事。这跟我们以前的文人在月亮有圆缺上头悟出恬淡知足的处世哲学相比起来，差得多么远呀！

把月亮的“哲理”发挥得淋漓尽致的，也许只有我们中国罢？不但骚人雅士美女见了月亮，便会感发出许多的幽思离愁，扭捏缠绵到不成话；便是喑呜叱咤的马上英雄也被写成了在月亮的魔光下只有悲凉，只有感伤。这一种“完备”的月亮“教育”会使“狭的笼”里逃出来的人也触景生情地想到再回去，并且我很怀疑那个邻舍老头子所谓“年纪大一岁，月亮也大一些”的说头未必竟是他的信口开河，而也许有什么深厚的月亮的“哲理”根据罢！

从那一次以后，我渐渐觉得月亮可怕。

我每每想：也许我们中国古来文人发挥的月亮“文化”，并不是全然主观的；月亮确是那么一个会迷人会麻醉人的家伙。

星夜使你恐怖，但也激发了你的勇气。只有月夜，说是没有光明么？明明有的。然而这冷凄凄的光既不能使五谷生长，甚至不能晒干衣裳；然而这光够使你看见五个指头却不够辨别稍远一点的地面的坎坷。你朝远处看，你只见白茫茫的一片，消弭了一切轮廓。你变作“短视”了。你的心上会遮起了一层神秘的迷迷糊糊的苟安的雾。

人在暴风雨中也许要战栗，但人的精神，不会松懈，只有紧张，人撑着破伞，或者破伞也没有，那就挺起胸膛，大踏步，咬紧了牙关，冲那风雨的阵，人在这里，磨炼他的奋斗力量。然而清淡的月光像一杯安神的药，一粒微甜的糖，你在她的魔术下，脚步会自然而然放松了，你嘴角上会闪出似笑非笑的影子，你说不定会向青草地下一躺，眯着眼睛望天空，乱麻麻地不知想到哪里去了。

自然界现象对于人的情绪有种种不同的感应，我以为月亮引起的感应多半是消极。而把这一点畸形发挥得“透彻”的，恐怕就是我们中国的月亮文学。当然也有并不借月亮发牢骚，并不从月亮得了自欺的安慰，并不从月亮想象出神秘缥缈的仙境，但这只限于未尝受过我们的月亮文学影响的“粗人”罢！

我们需要“粗人”眼中的月亮；我又每每这么想。

1934 年中秋后

（原载《申报月刊》第 3 卷第 10 期，1934 年 10 月 15 日出版）

香　市

“清明”过后，我们镇上照例有所谓“香市”，首尾大约半个月。

赶“香市”的群众，主要是农民。“香市”的地点，在社庙。从前农村还是“桃源”的时候，这“香市”就是农村的“狂欢节”。因为从“清明”到“谷雨”这二十天内，风暖日丽，正是“行乐”的时令，并且又是“蚕忙”的前夜，所以到“香市”来的农民一半是祈神赐福（蚕花廿四分），一半也是预酬蚕节的辛苦劳作。所谓“借佛游春”是也。

于是“香市”中主要的节目无非是“吃”和“玩”。临时的茶棚，戏法场，弄缸弄甏，走绳索，三上吊的武技班，老虎，矮子，提线戏，髦儿戏，西洋镜，——将社庙前五六十亩地的大广场挤得满满的。庙里的主人公是百草梨膏糖，花纸，各式各样泥的纸的金属的玩具，灿如繁星的“烛山”，熏得眼睛流泪的檀香烟，木拜垫上成排的磕头者。庙里庙外，人声和锣鼓声，还有孩子们手里的小喇叭、哨子的声音，混合成一片骚音，三里路外也听得见。

我幼时所见的“香市”，就是这样热闹的。在这“香市”中，我不但赏鉴了所谓“国技”，我还认识了老虎、豹、猴子、穿山甲。所以“香市”也是儿童们的狂欢节。

“革命”以后，据说为的要“破除迷信”，接连有两年不准举行“香市”。社庙的左屋被“公安分局”借去做了衙门，而庙前广场的一角也筑了篱笆，据说将造公园。社庙的左偏殿上又有什么“蚕种改良所”的招牌。

然而从去年起，这“迷信”的香市忽又准许举行了。于是我又得机会重温儿时的旧梦，我很高兴地同三位堂妹子（她们运气不好，出世以来没有见过像样的热闹的香市），赶那香市去。

天气虽然很好，“市面”却很不好。社庙前虽然比平日多了许多人，但那空气似乎很阴惨。居然有锣鼓的声音。可是那声音单调。庙前的乌龙潭一泓清水依然如昔，可是潭后那座戏台却坍塌了，屋椽子像瘦人的肋骨似的暴露在“光风化日”之下。一切都不像我儿时所见的香市了！

那么姑且到唯一的锣鼓响的地方去看一看罢。我以为这锣鼓响的是什么变把戏的，一定也是瘪三式的玩意了。然而出乎意料，这是“南洋武术班”，上海的《良友画报》六十二期揭载的“卧钉床”的大力士就是其中的一员。那不是无名的“江湖班”。然而他们只售票价十六枚铜元。

看客却也很少，不满二百（我进去的时候，大概只有五六十）。武术班的人们好像有点失望，但仍认真地表演了预告中的五六套：马戏，穿剑门，穿火门，走铅丝，大力士……他们说：“今天第一回，人少，可是把式不敢马虎，——”他们三条船上男女老小总共有到三十个！

在我看来，这所谓南洋武术班的几套把式比起从前“香市”里的打拳头卖膏药的玩意来，委实是好看得多了。要是放在十多年前，怕不是挤得满场没个空隙儿么？但是今天第一天也只得二百来看客。往常“香市”的主角——农民，今天差不多看不见。

后来我知道，镇上的小商人是重兴这“香市”的主动者；他们想借此吸引游客“振兴”市面，可是他们也失望了！

（原载《申报月刊》第 2 卷第 7 期，1933 年 7 月 15 日出版）

乡村杂景

人到了乡下便像压紧的弹簧骤然放松了似的。

从矮小的窗洞望出去，天是好像大了许多，松喷喷的白云在深蓝色的天幕上轻轻飘着；大地伸展着无边的“夏绿”，好像更加平坦；远处有一簇树，矮矮地蹲在绿野中，却并不显得孤独；反射着太阳光的小河，靠着那些树旁边弯弯地去了。有一座小石桥，桥下泊着一条“赤膊船”。

在乡下，人就觉得“大自然”像老朋友似的嘻开着笑嘴老在你门外徘徊——不，老实是“排闼直入”，蹲在你案头了。

住在都市的时候到公园里去走走，你也可以看见蓝天、白云、绿树，你也会暂时觉得这天、这云、这树，比起三层楼窗洞里所见的天的一角，云的一抹，树的尖顶确实是更近于“自然”；那时候，你也会暂时感到“大自然”张开了两臂在拥抱你了。但不知怎地，总也时时会感得这都市公园内所见的“大自然”不过是“大自然”的一部分，而且好像是“人工的”，——比方说，就像《红楼梦》大观园里“稻香村”的田园风光是“人工的”一般。

生长在农村，但在都市里长大，并且在都市里饱尝了“人间味”，我自信我染着若干都市人的气质；我每每感到都市人的气质是一个弱点，总想摆脱，却怎地也摆脱不下；然而到了乡村住下，静思默念，我又觉得自己的血液里原来还保留着乡村的“泥土气息”。

可以说有点爱乡村罢？

不错，有一点。并不是把乡村当作不动不变的“世外桃源”所以我爱。也不是因为都市“丑恶”。都市美和机械美我都赞美的。我爱的，是乡村的浓郁的“泥土气息”。不像都市那样歇斯底里、神经衰弱，乡村是沉着的、执拗的、起步虽慢可是坚定的，——而这，我称之为“泥土气息”。

让我们再回到农村的风景罢——

这里，绿油油的田野中间又有发亮的铁轨，从东方天边来，笔直地向西去，远得很，远得很；就好像是巨灵神在绿野里划的一条墨线。每天早晚两次，机关车拖着一长列的车厢，像爬虫似的在这里走过。说像爬虫，可一点也不过分冤枉了这家伙。你在大都市车站的月台上，听得“嗜”——的一声歇斯底里的口笛，立刻满月台的人像鬼迷了似的乱推乱撞，而于是，在隆隆的震响中，“这家伙”喘着大气冲来了，那时你觉得它快得很，又莽撞得很，可不是？然而在寥阔的田野中，凭着短窗远远地看去，它就像爬虫，怪妩媚地爬着、爬着，直到天边看不见，混失在绿野中。

晚间，这家伙按着钟点经过时，在夏夜的薄光下，就像是一条身上有磷光的黑虫，爬得更慢了，你会代替它心焦。

还有那天空的“铁鸟”，一天也有一次飞过。像一个尖嘴姑娘似的，还没见她的身影儿就听得她那吵闹的骚音，飞得不很高，翅膀和尾巴看去都很分明。它来的时候总在上午，乡下人的平屋顶刚刚袅起了白色的炊烟。戴着大箬笠穿了铁甲似的“蒲包衣”[①]，在田里工作的乡下人偶然也翘头望一会儿，一点表情都没有。他们当然不会领受那“铁鸟”的好处，而且他们现在也还没吃过这“铁鸟”的亏。他们对于它淡漠得很，正像他们对于那“爬虫”。

他们憎恨的，倒是那小河里的实在可怜相的小火轮。这应该说是一“伙”了，因为有烧煤的小火轮，也有柴油轮，——乡下人叫作“洋油轮船”，每天经过这小河，相隔二三小时就听得那小石桥边有吱吱的汽笛叫声。这小火轮的一家门，放在大都市的码头上，谁也看它们不起。可是在乡下，它们就是恶霸。它们轧轧地经过那条小河的时候总要卷起两道浪头，泼剌剌地冲打那两岸的泥土。这所谓“浪头”，自然幺小可怜，不过半尺许高而已，可是它们一天几次冲打那泥岸，已经够使岸那边的稻田感受威胁。大水的年头儿，河水快与岸平，小火轮一过，河水就会灌进田里。就在这一点，乡下人和小火轮及其堂兄弟柴油轮成了对头。

小石桥迤西的河道更加窄些，轮船到石桥口就要叫一声，仿佛官府喝道似的。而且你站在那石桥上就会看见小轮屁般后那两道白浪泛到齐岸半寸。要是那小轮是烧煤的，那它沿路还要撒下许多黑屎，把河床一点一点填高淤塞，逢到大水大旱年成就要了这一带的乡下人的命。乡下人憎恨小火轮不是盲目的没有理由的。

沿着铁轨来的“爬虫”怎样像蚊子用尖针似的嘴巴吮吸了农村的血，乡下人是理解不到的；天空的“铁鸟”目前和乡村是无害亦无利；剩下来，只有小火轮一家门直接害了乡下人，就好比横行乡里的土豪劣绅。他们也知道对付那水里的“土劣”的方法是开浚河道，但开河要抽捐，纳捐是老百姓的本分，河的开不开却是官府的事。

刚才我不是说小石桥西首的河身特别窄么？在内地，往往隔开一个山头或是一条河就另是一个世界。这里的河身那么一窄，情形也就不同了。那边出产“土强盗”。这也是非常可怜相的“土强盗”，没有枪，只有锄头和菜刀。可是他们却有一个“军师”。这“军师”又不是活人，而是一尊小小的泥菩萨。

这些“土强盗”不过十来人一帮。他们每逢要“开市”，大家就围住了这位泥菩萨军师磕头膜拜，嘴里念着他们的“经”，有时还敲“法器”，跟和尚的“法器”一样。末了，“土强盗”伙里的一位，——他是那泥菩萨军师的“代言人”，——就宣言“今晚上到东南方有利”，于是大家就到东南方。“代言人”负了那泥菩萨到一家乡下人的门前，说“是了”，他的同伴们就动手。这份被光顾的人家照例是什么值钱的东西也不会有的，“土强盗”自然也知道；他们的目的是绑票。住在都市里的人一听说“绑票”就会想到那是一辆汽车，车里跳下四五人，都有手枪，疾风似的攫住了目的物就闪电似的走了。可是我们这里所讲的乡下“土”绑票却完全不同。他们从容得很。他们还有“仪式”。他们一进了“泥菩萨军师”所指定的人家，那位负着泥菩萨的“代言人”就站在门角里，脸对着墙，立刻把菩萨解下来供在墙角，一面念佛，一面拜，不敢有半分钟的停顿。直到同伴们已经绑得了人，然后他再把泥菩萨负在背上，仍然一路念佛跟着回去。

第二天，假使被绑的人家筹得了两块钱，就可以把肉票赎回。

据说这一宗派的“土”绑匪发源于温台[2]，可是现在似乎别处也有了。而他们也有他们的“哲学”。他们说，偷一条牛还不如绑一个人便当。牛使牛性的时候，怎地鞭打也不肯走，人却不会那么顽强抵抗。

真是多么可怜相，然而妩媚的绑匪呵？

（原载《申报月刊》第2卷第8期，1933年8月15日出版）

①乡下人夏天落田，都穿这特别的蒲包衣，犹之雨天穿蓑衣或棕衣。

②此处所谓“温台”，指浙江省旧温州府和台州府的辖区。

陌生人

火车不通、轮船不到的乡村，近来也闯进来了“陌生人”了。他们和火车轮船是本家。他们中间最有势力的，是兄弟俩。

我们先说“陌生人”中间的老大。

镇上有一座土地庙。如果父老的传说可信，则“该”庙的“大老爷”原是明末清初的一位忠臣。三四百年来，他一直享受此方人民的香火，按理说，他应该保佑这一方的老百姓了。乡下人认为这位土地老爷特别关心蚕桑，所以每年清明节后“嬉春祈蚕”的所谓“香市”，一定在这土地庙里举行。

杭州岳坟前跪着秦桧和王氏的铁像。上杭州去烧香的乡下人一定要到“岳老爷坟上”去一趟，却并不为瞻仰忠魂，而为的要摸跪在那里的王氏的铁奶；据说由此一摸，蚕花能够茂盛。但是我们这里所说的土地老爷虽则也是忠臣，却没有冤家夫妇的铁像跪在庙前，因而也没有“铁奶”可供乡下人摩摸，反而是乡下女人自己的肉奶在神座前被男性的手摸了一把就可以蚕花好。因此大奶奶的乡下女人一定要在土地老爷的神座前挤一下。

这也是百年相承的习俗。即使被摸以后蚕花依然不熟，从不会怪到奶，更不会怪到土地老爷。总之，祈蚕必须在这土地庙。

可是近来，“陌生人”……闯进了这土地庙而且和土地老爷抢生意了。庙门前挂了一块招牌：蚕种改良分所。

庙里的一间大厅被派作“改良种”的养育场。墙上糊了白纸，雕刻着全部《三国演义》的长窗上半截都换了玻璃，几个学生模样的青年男女在那里忙着。所谓村长也者，散着传单，告诉乡下人道：“官府卖蚕种了，是洋种！要蚕好，去买洋种罢！”乡下人自然不去理睬这个“陌生人”。但是后来卖茧了，听说洋种茧一担要贵上十多块，乡下人心里不能不动了。于是就有几个猴子脾气的乡下人从土地老爷驾下转变到“陌生人”手里了。他们是冒险的。因为购洋种，须得隔年先交钱，须得“存记”，而且到来年“收蚁”时，要由“改良分所”的学生模样的年青女人决定日子，甚至收了蚁再交给乡下人。这可糟糕！“陌生人”太不管千百年相传的老规矩了！而且洋种也不一定好。乡下人觉得还是土地老爷可靠。于是“改良分所”也不得不迁就些，只管卖种，不再包养“儿子”了。既不“包养儿子”，下种的时候自然免不了拆烂污。但是这“陌生人”的势力却一天一天强大，因为它有靠山：一是茧厂规定洋种茧价比土种贵上三四成；二是它有保护，下了一记“杀手锏”，取缔土种。

“陌生人”老二就是鼎鼎大名的肥田粉。他和他的老兄不同。他是笑嘻嘻“一团和气”踏进了农村。记不清是哪一年，这盐样的肥田粉被一些买不起豆饼的乡下人冒险试用。这时肥田粉的价钱便宜得很。然而“力道”可不差！粉撒下去，两三天后，失了营养的稻就会挺健生青。于是乎这位“陌生人”老二就很容易地取得了守旧的农民的信用。特别因为它比豆饼的价钱便宜一半多。

第二年，豆饼的营业地盘缩小了一半，而肥田粉的价钱比上年更便宜；因为市场上有两种牌子的肥田粉跌价竞争。乡下人朝天松一口气：“到底老天爷有眼睛，可怜多下人！”

又过了一年，没有商人再敢贩卖豆饼，可是肥田粉却像潮水一般涌到，每家小商店都带卖肥田粉。甚至卖糖食的三麻子也用栲栳盛着那盐一样的宝贝粉摆在店门前，说是一百二百文零买也行。一条街上也许有几家铺子不卖香烟，可没有一家不卖肥田粉。这也怪不得：第一，“经售”肥田粉毋须大资本（这和豆饼就不同）；第二，肥田粉的牌子更加多了，大家跌价倾销，小商人有利可图。结果，肥田粉就打倒了豆饼。

但是肥田粉这一家门虽同姓同名，脾气可不相同。最初来的那一支跟土性合得来，它就立了功。现在大家一哄而来，乡下人以为只要是光头就一定会念经，而小商人只要推销得动，大家乱来一顿，结果是稻遭了厄运。

怎么办呢？肥田粉到底不行！再买豆饼罢，豆饼商只剩一家了，高抬货价，乡下人问也不敢问。于是老法子，专靠人粪。第二年，小商人也不敢带卖肥田粉了，豆饼价钱依然贵得怕煞人，不过最初来的那号肥田粉还有人“经售”，并且大吹“本粉真正老牌，肥力充足”，而且价钱究竟比豆饼便宜（虽然粉已经涨价），乡下人只好大着胆子再用。这一来，“陌生人”老二当真在乡村里生了根。这根愈长愈大，深入到农村，肥田粉的价钱也就愈来愈高。农村的金钱又从这一个裂口流入了都市，流到了外洋。

现在大家都说要促进农村的生产力量。这话如果当真有可能，我们这里所介绍的“陌生人”兄弟俩就要做主角。并且事实上他们俩已经登上了农村的舞台，霸占在那里了。他们也许本来生得不坏，而且我们科学的地信仰他们是好相识；但是目前成效如何，读者也许看了本文还不大明白，那就请到乡下去住上半年八个月罢！

（原载《申报月刊》第 2 卷第 8 期，1933 年 8 月 15 日出版）

我的中学生时代及其后[①]

时常这么想：如果我现在又是个中学生，够多么快活！我时常希望在梦中我居然又是中学生：我居然又可以整天跑、嚷、打架，到晚上睡在硬板铺上丝毫不感困难地便打起鼾来；居然又可以熬整夜预备大考把大阁的讲义都强记着，然后又在考试过后忘记得精光；居然又可以坐在天桥上和同学们毫无顾忌地谈自己的野心，幼稚地然而赤诚地月旦人物。呵呵！热烈愉快的中学生时代！前程远大的中学生时代！在那时，如果有谁不觉得整个世界是他的，那他一定不是好中学生，我敢说！

然而我始终未尝在梦中再为中学生，甚至中学时代的同学也不曾梦见半个。不过是十多年呢，然而抵得过一百年的沧桑多变的这十多年，已经去得远远，已经不能再到梦中来使我畅笑，使我痛哭，使我自负到一定要吞下整个世界！

是的，吞下整个世界！是中学生，一定得有这个气魄！有一个挨得起饿，受得起冻，经得起跌打的身体，有一个不怕风吹，不会失眠，不知道什么叫作晕眩的脑袋，还有，二三十年大好的光阴，原封不动地叠在他前面，他自己将来的一切，社会将来的一切，人类将来的一切，都操在他手里，都等待他去努力创造，他怎么可以自己菲薄？

遇到了年青的朋友时，我总喜欢听他们谈他们的中学生生活。听到了他们这时代所特有的斗争生活的紧张和快活，我常常为之神往；再听到了他们这时代所特有的青年的苦闷，我又常常为之兴奋而惆怅。不错，现代的青年，尤其是前程远大的宝贝的中学生，都不免有些苦闷，都曾经有过一度的苦闷；始终不感得此苦闷者，若非“超人”，便是浑浑噩噩的傻瓜。超人非此世所有，因而只有好中学生才会有苦闷，有一时的苦闷罢？这是我们当此受难时代所不得不经过的“洗礼”呀！

时代的特征就是每一个有造化的青年必得经过一度苦闷。应该欢迎这苦闷，然后再战胜这苦闷，十分元气地要吞下全世界似的向前向前，干着干着，创造你自己将来的一切，社会将来的一切，和人类将来的一切罢！

斗争的生活使你干练，苦闷的煎熬使你醇化；这是时代要造成青年为能担负历史使命的两件法宝。

在我的中学生时代，却没有福气来身受这两件法宝的熏陶。相差不过十多年呀，然而我的中学生时代是灰色的平凡的，只把人煨成了恂恂小丈夫的气度。在我的中学生时代，没有发生过一件事情使我现在回想起来还感受着兴奋和震荡。也许就是为此我始终不再梦见我的中学生时代了。

我的中学生时代是灰色的，平凡的；没有现在的那许多问题要求我们用脑力思考，也没有现在的那许多斗争来磨炼我们的机智胆略。学校生活的最大的浪花是把年青的美貌的一年级同学称为Face[②]而争着和他做朋友，争着诌七言的歪诗来赞颂他，或是嘲笑那些角逐中的对方。我经历过三个中学校，浙西三府的三个中学校，我的最可宝贵的中学生时代也就在这样灰色的空气中滑了过去。如果一定要找出这三个中学校曾经给与我些什么，现在心痛地回想起来，是这些个：书不读秦汉以下，骈文是文章之正宗；诗要学建安七子；写信拟六朝人的小札；举止要风流潇洒；气度要清华疏旷……当时固然没有现在那些新杂志新书报，即使也有一二种那时所谓新的，我们也视为俗物，说它文章不通，字非古义。在大考时一夜的“抱佛脚”中，我们知道了欧洲有哪些国，哪些战争，和中国有哪些条约，有所谓法国大革命、拿破仑、普法战争、日俄战争，然而我们照例是过了大考就丢在脑后去了。世间有所谓社会科学，我们不知道，且也不愿意去知道。是在这样的畸形闭塞的空气中，我度过了我的中学生生活，这结果使我现在只能坐在这里写文章，过所谓“文士生涯”。

那时我们亦无所谓“苦闷”。苦闷的人是有福的，因为这是思想展开到某种程度的征象。因为通过了这一时期的苦闷，他的思想就会得确定，他将无往而不勇敢，而不愉快。我们的中学时代却只有浑噩，至多不过时或牢骚，一种学来的牢骚：太息于前辈风流不可再见，叔季之世[③]无由复闻“正始之音”[④]那种无聊的非青年人所宜有的牢骚。

中学毕业的上一年，“辛亥革命”来了。住在沪杭铁路中段，每天可以接读上海报纸的中学生的我们，大概也有些兴奋罢？大概有一点。因为我们也时常到车站上买旅客手里带着的上海报，并且都革去了辫子了。然而这兴奋既无明确的意识的内容，并且也消灭得很快。第一个阳历元旦，在府学明伦堂上开了什么市民大会一类的东西，有一位，本来是我们这中学的校长且又是老革命党而又新任什么军政分府，演说“采用阳历的便利”；那天会里，这是唯一的演说。现在我还依稀记得的，是他拿拳头上指骨的凸出处来说明阳历各月的月大月小。如果说我在中学校曾经得了些新知识，那恐怕只有这一件事罢？

后来我又进过北方某大学，读完了三年预科，我还是我，除了多吃些北方的沙土，并没新得些什么，于是我也就厌倦了学校生活了。

现在，三十许的我，在感到身体衰弱的时候，在热血涂涌依然有吞下整个世界的狂气的时候，每每要遗恨到我的中学生时代的太灰色太平凡了。我总觉得我的太平凡太灰色的中学生时代使得我的感情理智以及才能，没有平衡的发展，只成了不完具的畸形的现在的我。时代不让我的青年时代，最可宝贵的中学生时代，在斗争的兴奋和苦闷的熬炼中过去，不让我有永远可以兴奋地回忆着的青年时代的生活的浪花，这也许就是所谓早生者的不幸罢？

这也就是为什么我时时有这样的感想：如果我现在又是中学生，够多么快活！好像是一个失败的围棋手，在深切地认知了过去的种种“失着”以后，总想要再来一局，而又况我的过去的“失着”都好像罪不由己，都好像是早生几年者该得的责罚似的。

相差不过十多年呢，然而在现今这大变化的时代做中学生是幸福的！各种的思潮都在你面前摊开，任由你凭着良心去选择，很不像我的中学生时代只能听到些“书不读秦汉以下”一类的话语。学校生活不复是读死书，不复是无聊到仅仅在一年级新生中间发见 Face 而是紧张地不断地有斗争，还是社会的活动。这些，这些，多么能够发展你的才具，充实你的生活！历史的大轮子正在加速度转进，全世界的人类正在唱着伟大的进行曲，你们，现代的中学生，躬逢其盛地正好把年富力强的数十年光阴贡献给社会给人类！历史需要成千成万的中学生青年来完成光荣的使命！谁觉得出了中学校的大门便没有路走，那他不是傻瓜便是软骨头！

历史的悲壮剧的展开是数百年而始得一见的，青春，中学生时代，人生也只有一次；正在青春而又正在前程无穷的中学生时代，而又躬逢数百年一见的历史的悲壮剧的展开，而或又更幸而未生在富贵家庭被捧在掌里含在嘴里做活宝贝，这真是十全的“八字”，应该不要辜负，应该不要自暴自弃，应该比什么人都兴高采烈些！

只有不幸而生于富厚之家被捧在掌里含在嘴里做活宝贝烘软了骨头的现代青年，才是很不幸地只配在历史的大轮子下被碾成肉泥！

这样的不幸儿是可怜的，他没有自由的身体，他没有选择他的生活的自由，他就不配有吞下整个世界的豪气。

我很庆幸我没有被捧在掌里含在嘴里当作过活宝贝，所以虽然我的中学时代是那样的灰色平凡，从那样的陈腐闭塞几乎将我拖进了几千年的古坟里去，可是历史的壮潮依然卷我而去，现在我还坐在此间写这一篇文字。但是我依然羡慕着现今为中学生的幸而不被捧在掌里含在嘴里当作活宝贝的年青的朋友。呵呵！尚在中学校或将出中学校的年青的朋友呀，不要以为你是一个小小的中学生看着那庞大混杂的社会而自惭形秽，不是这么的，正因为你是个寒苦的中学生，你的骨头尚未为富贵利禄所熏软，你有好身体，你有坚强的意志，你肯干，你是无敌的，你刚在入世，你有年富力强的二三十年好光阴由你自己支配，你自己将来的一切，社会将来的一切，人类将来的一切，都操在你手里，都等待你去努力创造呢！

自然在你创造的途中有些困难等着你，但是你总不至于忘记了“不遇盘根错节，无以见利器”⑤的古语；也许你在创造的途中丧失你个体的存在，但是你总可以想见富家的公子常常会碰到绑匪，或者是吃得太多送了性命！

三十年代照例是新历史的展开期，前程远大的、什么都足以骄人的中学生呀，新时代在唱着进行曲欢迎你，欢迎你！

①本篇最初发表于1931年1月1日《中学生》杂志第11期。署名止敬。曾收入《印象·感想·回忆》和《我的学生时代》。

②Face：英语，意即面貌、面容。

③叔季之世：叔、季，原指长幼次第。《左传·僖公二十四年》："昔周公吊二叔之不咸。"孔颖达疏："通谓国衰为叔世，将亡为季世。"这里作国家衰落将亡的时代。

④"正始之音"：正始，魏齐王曹芳的年号（240～249）。正始之音，指出现于魏晋时代的玄学清谈的风气。

⑤语出《后汉书·虞诩传》："不遇盘根错节，何以别利器乎?"

我所见的辛亥革命①

辛亥革命那年，我在K府中学读书。校长是革命党，教员中间也有大半是革命党；但这都是直到K府光复以后他们都做了“革命官”，我们学生方才知道。平日上课的时候，他们是一点革命色彩都没有流露过。那时的官府大概也不注意他们。因为那时候革命党的幌子是没有辫子，我们的几位教员虽则在日本留学的时候早把辫子剪掉，然而他们都装了假辫子上课堂，有几位则竟把头发留得尺把长，连假辫子都用不到了。

有一位体操教员是台州人，在教员中间有“憨大”之称。“武汉起义”的消息传来了以后，是这位体操教员最忍俊不住，表示了一点兴奋。他是唯一的不装假辫子的教员。可是他平日倒并不像那几位装假辫子教员似的，热心地劝学生剪发。在辛亥那年春天，已经有好几个学生为的说出了话不好下台，赌气似的把头发剪掉了。当时有两位装假辫子的教员到自修室中看见了，曾经拍掌表示高兴。但后来，那几位剪发的同学，到底又把剪下来的辫子钉在瓜皮帽上，就那么常常戴着那瓜皮帽。辫子和革命的关系，光景我们大家都有点默喻。可是我现在不能不说，我的那几位假辫子同学在那时一定更感到革命的需要。因为光着头钻在被窝里睡了一夜何等舒服，第二天起来却不得不戴上那顶拖尾巴的瓜皮帽，还得时时提防顽皮的同学冷不防在背后揪一把，这样的情形，请你试想，还忍受得下么，还能不巴望革命赶快来么？

所以武汉起义的消息来了后，K府中学的人总有一大半是关心的。那时上海有几种很肯登载革命消息的报纸。我们都很想看这些报纸。不幸K城的派报处都不敢贩卖。然而装假辫子的教员那里，偶尔有一份隔日的。据说是朋友从上海带来的，宝贝似的不肯轻易拿给学生们瞧，报上有什么消息，他们也不肯多讲。平日他们常喜欢来自修室闲谈，这时候他们有点像要躲人了。

只有那体操教员是例外。他倒常来自修室中闲谈了。可是他所知道的消息也不多。学生们都觉得不满足。

忽然有一天，一个学生到东门外火车站上闲逛，却带了一张禁品的上海报。这比哥伦布发现了新大陆还哄动！许多好事的同学攒住了那位“哥伦布”盘问了半天，才知道那稀罕的上海报是从车上茶房手里转买来的。于是以后每天就有些热心的同学义务地到车站上守候上海车来，钻上车去找茶房。不久又知道车上的茶房并非偷贩违禁的报，不过把客人丢下的报纸拾来赚几个“外快”罢了。于是我们校里的“买报队”就直接向车上的客人买。

于是消息灵通了，天天是胜利。然而还照常上课。体操教员也到车站上去“买报”。有一次，我和两三个同学在车站上碰到了他，我们一同回校；在路上，他操着半乡音官话的“普通话”忽然对我们说：

“现在，你们几位的辫子要剪掉了！”

说着，他就哈哈大笑。

过后不多几天，车站上紧起来了，“买报”那样的事，也不行了。但是我们大家好像都得了无线电似的，知道那一定是“节节胜利”。城里米店首先涨价。校内的庶务员说城里的存米只够一月，而且学校的存米只够一礼拜，有钱也没处去买。

接着，学校就宣布了临时放假。大家回家。

我回到家里，才知道家乡的谣言比 K 城更多。而最使人心汹汹的是大清银行的钞票不通用了。本地的官是一个旗人，现在是没有威风了，有人传说他日夜捧着一箱子大清银行的钞票在衙门上房里哭。

上海光复的消息也当真来了。旗人官儿就此溜走。再过一天，本地的一个富家儿——出名是“傻子”而且是“新派”——跑进小学校里拿一块白布被单当作旗挂在校门口，于是这小镇也算光复了！

这时也就有若干人勇敢地革去了辫子。

我所见的辛亥革命就这么着处处离不了辫子。

①本篇最初发表于 1933 年 10 月 1 日《中学生》第 38 期。曾收入新蕾出版社版《我的学生时代》。

回忆辛亥[①]

辛亥年暑假后，我由浙江省立第三中学（在湖州）换到了省立第二中学（在嘉兴）。进的是三年级。二中的算学程度比三中高得多，教师又颇顶真，我不得不“迎头赶上去”。最初的一个多月，我几乎是“全身心浸在算学里”了，——一面要自己补习没有学过的，（那是因为换学校而得来的一段脱节的空白。）一面又要接受新教的，我简直除了算学以外不知有何物，或者说，不知“人间何世”罢？

二中和三中虽然同是“省立”而且一在湖州，一在嘉兴，学校所在地的风土人情也可以说完全一样，可是校内的空气颇有不同之处。算学的特别注重与特别不注重，是一端；其次便是三中的教职员中只有一位新来的舍监是没有辫子的，学生全有辫子，但二中却颇多“和尚头”。校长是个假辫子，据说因为是校长，常常要见官府，只好“假”将起来。但在学校中也常常不装假辫子。英文教员之一，“到过西洋”，自然没有辫子。体育教员大概只到过南京或上海，可是也没有辫子。两位算学教员，也没有辫子。国文教员中有三位（朱希祖、马裕藻、朱蓬仙[②]），据老同学说，也都是校长的“同志”。但据我那时的实地观察，有一位常常光头上课，另一位虽然可以不戴瓜皮小帽而垂辫，然而“形迹可疑”。第三位如何，我记不清了。

有这么多光头教员，自然会教出光头学生来。在我进校的上一学期，这省立二中发生过“剪辫运动”。结果是我进去的那一级里，剪得最多。这些光头主义者有几位过了一个暑假从家里出来，便也变成校长的“同志”。原因不一：有的是家庭不答应，有的是因为出校去太惹人注意。然而彻底的光头主义者，在全校中也还有十多位，而我这一级里约占半数。记得三中里也有一位同学没有辫子，但他是大病一场不得不“牺牲”，身藏医院证书为凭。

二中的又一空气是教员常到学生自修室——来闲谈。这不足为奇，假使从“封建关系”上来看。教员大多是嘉兴府属的人，教员和大多数学生中间转弯抹角都可以攀上点儿世谊、戚谊或者乡谊。我所在的那个自修室里，大概有二十位同学，在“三谊”关系上，和两位算学教员最接近。于是这两位老师便常来闲谈了。我沾了这一份“光”，真是“常若芒刺在背”。读者大概也想象得到：一位教师到你的自修室来闲谈，谈着谈着忽然像朋友似的问你道：“几何（或是代数）不好弄罢？不要怕，不难，算学是顶容易学的。不过中间脱了一节，或是前面的没有弄熟，那就是神仙也学不会。”接着他就叮嘱同班的“算学大家”随时教你，这时候，你会觉得比在课堂上叫你出来“面试”还难以应付，你会觉得倘不把算学弄好（仅能 Pass[③]还不够），就好像太不帮老师的忙似的；我之所以不得不“迎头赶上去”，实在也就是为此。

在辛亥年，“光头”是革命党的标志。二中的校长和教员既然全是光头，不用说总有点“那个”的。嘉兴府出过一位轰轰烈烈的革命党人，陶焕卿[④]。但在那时候，陶焕卿早已就义，在嘉兴城里住的，似乎有范古农。只有极少几个年纪大的学生知道老师们有时到范府上去“听讲佛经”。然而这极少几个年纪大的学生也不知曾有陶焕卿其人。直到“武昌起义”以后，方从体操教员的快嘴里听得一二次这人名，并且还知道有一次教员们到范府“听讲经”其实是给陶焕卿“念经”。

因为这些“光头教员”除了“光头”以外只是“教员”。他们是真人绝对不露相的。（体操教员稍稍例外，下文再说。）算学教员只教算学，搁开不算，就是光头的或假辫子的国文教员也从不露半丝半毫的种族思想或民权思想的味儿。我记得读的全是古书，朱希祖教的是《周官·考工记》[⑤]。只有朱蓬仙教“修身”自编讲义，通篇是集句，最爱用《颜氏家训》[⑥]，现在想来，这或者在他有深意。

讲到那位体操教员（记不起他的姓名来了），在我的意见，是一位有趣的人物。他是全校中仅有的两位客籍教员之一，大概是台州人，方脸大头，一对凹眼睛，那是嘉湖一带不多的。他是快嘴。就是那位出名“憨直”的几何教员（这是一位有辫子国文教员称呼他的，原文是嘉属的土语，今既不拉丁化，姑且译意），也说体操教员“乱来”。

不过他曾怎样“乱来”，我完全记不起了；他也常到我们那自修室，用生硬的台州音说话，不大听得清，似乎态度有点“纠纠然”。

体操教员后脑有隆起的一块，因为没有辫子，并且剃的道地的和尚头，所以远远看去，也是高低分明。喜欢说笑话的代数教员常常当面摸着体操教员这“异相”，呼之为“反骨”。体操教员听了，常常会忍不住露出自负的神色来。有时，他正色答道：“当心，也要，你们没有反骨的脑袋。”

嘉兴是沿铁路线的，离上海不过三小时（照那样说）的路程，所以“武汉起义”的消息到得颇快。第一个“宣布”这消息的，是偶然到校外去买东西回来的一位四年级同学。他在东门火车站买了一份上海报，于是知道了有这么一回事。这消息在同学中间传布了开来，可是也不过是“传布”罢了，“人心”并无“不安”。

那天晚上，代数教员又到我们的自修室来闲谈。就有几位同学问他关于“武汉起义”的下文。他的回答也没有什么出奇之处。后来临走时，却指着自修室里几位未剪辫子的学生（我也在内），用了证方程式的口吻说：“这几根辫子，今年不要再过年了！”

给大家一次兴奋的，是第二天午饭以后几何教员（他是计仰先）的“闲谈”。他一跑进自修室就朝装假辫子的同学说：“假辫子用不着了！”然而那时他自己却例外地装得有一根假辫子。于是在同学问他回答的局面下，他说了许多话。也许是因为无关于辫子，我现在什么都记不起来；只记得他说话时颇气促，而且脸都涨红了。

这天下午功课完毕，就有好几位同学请假出校，到东门去买上海报。这大都是等候上海车来，上车去向车中旅客转买的。晚上自修室里最多的议论是剪辫子。但是第二天忽然全校的“光头”都装上了假辫子。据说是一位光头的学生早上来校在街上大受“愚民”注意，说他是上海来的革命党，所以全校的“光头”都临时戒严。

接连几天，没有新发展。也照常上课。不过几何教员请了假，由代数教员代课。也仍旧有学生到东门去买上海报，不过更难买到了。记得有一天，大概是星期六下午，只我一人在自修室，忽然那位体操教员跑了进来，一看人少，似乎很扫兴，迟疑了一会，就叫我和他一同到东门去走走。我是新生，而且年纪最小（十五岁），素来和教员没有交际，一时竟回答不来，可是被催促着，就跟了他去。

我那时还不认识嘉兴城里的路，也没有上东门去买过报，什么都外行；而那位体操教员似乎也不在行，他没有算好上海车到的钟点，到了车站时，车刚刚过去，上海报自然买不到。他又一次扫兴，便要在车站附近小酒店里吃酒，自然是他请客。我一滴酒也不能喝，除了吃菜，就教他吃螃蟹的方法。他打起台州腔，说了不少话，可是我大都不甚了了，只分明记得一句是："这次，革命党总不会打败仗了罢？"他说时是那么正经，现在回想起来，我觉得有点"滑稽"。

以后是学校里的空气渐渐紧张起来，不为别的，却为了领不到款，有断炊之虑。提前放假的呼声也高起来了。上海光复的消息促成了提前放假的实现。离校回家的早晨，我听得同学们传说，光复上海的"志士"中有我们那位几何教员，并且听说杭州也"光复"了。所以我到家后第一句话就是"杭州也光复了"。

那时我的家乡的官是一个旗人。因而绅商们觉得不免要流点血。幸而那个武官"深明大义"，加之商会里也筹得出钱，于是平安无事，就挂了白旗。那位旗人官呢，"护送出境"了事。

跟着，老百姓忙的，是剪辫子的"仪式"。有人主张先剪一半，有人主张四边剪去，只留中间一把，依旧打辫子，盘起来藏在帽子里，更有人主张等过了年看个好日子再剪；然而也有爽爽快快变成和尚头的。

学校里却来信说，开学了。我于是再上学，没有辫子。好几位老光头教员都不来了，"另有高就"；只是那位生有"反骨"的体操教员仍在。有人说他确曾去打杭州，不过半途而废。他还是常到我们的自修室来闲谈，似乎常常带点牢骚。

新来了一位舍监（或者是学监）。因为旧校长当了军政分府，此时也事忙，只能挂名，所以这位新舍监是大权在握的。他的新政是巡视自修室，自修时间禁止学生往来或谈天。这在"革命"以后的我们，自然认为太"专制"，于是报之以"捣乱"。他的回手是"记过"。终于，在大考完了那天，我们自修室里几位同学在外喝醉了酒，回校来质问他“记过的理由”。还动了手，打碎了布告牌。打过后大家回家去了，不久就得了学校的通知：除名。我是一同去喝酒的一人，不曾出手打，然而在大考以前我确曾把一只死老鼠送给那位舍监，并且还在红封套上面题了几句《庄子》。因此我也永别了省立第二中学。

①本篇最初发表于1936年10月10日《越风》第20期，题作《辛亥年的光头教员与剪辫运动》。曾收入《印象·感想·回忆》和《我的学生时代》。

②朱希祖（1879～1944）：字逷先，浙江海盐人，历史学家。曾任北京大学教授。马裕藻（1878～1945），字幼渔，浙江鄞县人，曾任北京大学教授。朱蓬仙，名宗莱，字蓬仙，浙江海宁人，曾任北京大学教授。

③Pass：英语，意即通过。

④陶焕卿（1878～1912）：名成章，字焕卿，浙江绍兴人，清末革命家，光复会领袖之一。1912年1月被陈英士、蒋介石暗杀于上海。

⑤《周官·考工记》：亦称《周礼·考工记》，先秦典籍中记述百工之事的重要科技著作，作者不详。据后人考证，系春秋末期齐国人记录手工业技术的官书。西汉刘德因《周官》缺《冬官》篇，以此书补入，故得名。

⑥《颜氏家训》：北齐颜之推（531～约590以后）撰。

我曾经穿过怎样的紧鞋子①

我在小学校的时候，最喜欢绘画。教我们绘画的先生是一位六十多岁的国画家。他的专门本领是画“尊容”，我的曾祖的《行乐图》就是他画的，大家都说像得很。他教我们临摹《芥子园画谱》，于是我们都买了一部石印的《芥子园画谱》。他说：“临完了一部《芥子园画谱》，不论是梅兰竹菊、山水、翎鸟，全有了门径。”

他从不自己动手画，他只批改我们的画稿；他认为不对的地方，就赏一红杠，大书“再临一次”。

后来进了中学校，那里的图画教师也是国画家，年纪也有点老了。不过他并不是“尊容专家”。他的教授法就不同了。他上课的时候在黑板上先画了一幅，一面画，一面叫我们跟着临摹。他说：“画画儿最要紧的诀窍是用笔的先后，所以我要当场一笔一笔现画，要你们跟着一笔一笔现临；记好我落笔的先后哪！”有时他特别“卖力”，画好了那幅“示范”的画儿以后，还拣那中间的困难点出来，在黑板的一角另画一幅“放大”，好比影片中的“特写”。

这位先生真是又和气又热心，我到现在还想念他。不用说，他从前大概也曾在《芥子园画谱》之类用过苦功，但他居然不把《芥子园画谱》原封不动掷给我们，却换着花样来教我们，在那时候已经十分难得了。

然而那时候我对于绘画的热心比起小学校时代来，却差得多了。原因大概很多，而最大的原因是忙于看小说。课余的时间全部消费在旧小说上头，绘画不过在上课的时候应个景儿罢了。

国文教师称赞我的文思开展，但又不满意地说：“有点小说调子，应该力戒！”这位国文教师是“孝廉公”，又是我的“父执”，他对于我好像很关切似的，他知道我的看小说是家里大人允许的，他就对我说：

“你的老人家这个主张，我就不以为然。看看小说，原也使得，小说中也有好文章，不过总得等到你的文章立定了格局，然后再看小说，就没有流弊了。”过一会儿，他又摸着下巴说：“多读读《庄子》和韩文[2]罢!”

我那时自然很尊重这位老师的意见，但是小学校时代专临《芥子园画谱》那样的滋味又回来了。从前临《芥子园画谱》的时候，开头个把月倒还兴味不差——先生只叫我临摹某一幅，而我却把那画谱从头到底看了一遍，“欣然若有所得”；后来一部画谱看厌了，先生还是指定了那几幅叫我“再临一次”。又一次，我就感到异常乏味了。而这位老画师的用意却也和那位“孝廉公”的国文教师一样：要我先立定了格局!《庄子》之类，自然远不及小说来得有趣，但假使当时有人指定了某小说要我读，而且一定要读到我“立定了格局”，我想我对于小说也要厌恶了罢？再者，多看了小说，就不知不觉间会沾上“小说调子”，但假使指定了要我去临摹某一部小说的“调子”，恐怕看小说也将成为苦事了罢？

不过从前的老先生就要人穿这样的“紧鞋子”。幸而不久就来了“辛亥革命”，老先生们喟然于“世变”之巨，也就一切都“看穿”些，于是我也不再逢到好意的指导叫我穿那种“紧鞋子”了。说起来，这也未始不是“革命”之赐。

①本篇最初发表于1934年7月《文学》周年纪念特辑（《我与文学》），曾收入《话匣子》和《我的学生时代》。

②韩文：指韩愈（768～824）的文章。韩为唐代文学家，著有《韩昌黎集》。

谈迷信之类

辛亥革命的“前夜”，乡村里读“洋书”的青年人有被人侧目的“奇形怪状”凡三项：一是辫发截短了一半，末梢蓬松，颇像现在有些小姑娘的辫梢，而辫顶又留得极小，只有手掌似的一块，四围便是极长的“刘海”；二是白竹布长衫，很短，衣袖腰身都很窄小，裤脚管散着；三呢，便是走路直腿，蒲达蒲达地像“兵操”，而且要是两三个人同走，就肩挨肩地成为一排。

当时这些年青人在乡间就成为“特殊阶级”。而他们确也有许多特殊的行动。最普通的便是结伴到庙里去同和尚道士辩难，坐在菩萨面前的供桌上，或者用粉笔在菩萨脸上抹几下。碰到迎神赛会，他们更是大忙而特忙；他们往往挤在菩萨轿子边说些不尴不尬的话，乘人家一个眼错，就把菩萨头上的帽子摘了下来，藏在菩萨脚边，或者把菩萨的帽子换了个方向，他们则站在一旁拍掌大笑。

当时的青年“洋”学生好像不自觉地在干着“反宗教运动”；他们并没有什么组织，什么计划，他们的行动也很幼稚可笑，然而他们的“朝气”叫人永远不能忘却。他们对于宗教的认识，自然很不够，可是他们的反对“迷信”，却出自一片热忱，一股勇气，所以乡下的迷信老头子也只好摇着头说：“这些天不怕地不怕的小伙子，菩萨也要让他们几分了！”

去年我到乡下去养病，偶然也观光了“青天白日”下的“新政”，看见一座大庙的照墙上赫然写着油漆的标语：“省政府十戒”。其中第一条就是戒迷信！庙前的戏台上原来有一块“以古为鉴”的横额，现在也贴上了四块方纸，大书着“天下为公”，两边的木刻对联自然也改穿新装，一边是“革命尚未成功”，一边当然是“同志仍须努力”了。这种面目一新的派头，在辛亥革命时代是没有的，于是我微笑，我感到“时代”是毕竟不同了！

然而后来我又发现庙里新添的许多善男信女恭献的匾额中有一方写着“信士某某率子某某”者，原来就是二十五年前“菩萨也要让着几分”的“洋”学生。他现在皈依在神座下了！并且他“率子某某”皈依了！并且我也看不见二十五年前蒲达蒲达地直了腿走路的年青人在乡间和菩萨捣乱了！从前那个“洋学堂”只有几十个学生，现在是几百了，可是他们都没有什么“奇形怪状”。他们大都是中产阶级的子弟，也和二十五年前的一样。不过他们和二十五年前的“前辈先生”显然有点不同，就在他们所唱的歌曲上也可以看出来了；从前是“男儿志气高，年纪不妨小”，而现在却是“毛毛雨”了！于是我又微笑，我不很明白这到底也是不是“时代”不同了么？

从前和菩萨捣乱的青年人读《古文观止》，做《秦始皇汉武帝合论》，知道地是圆的球形，知道“中国”实在并不居天下之中，知道富强之道在于船坚炮利——如此而已。他们的头脑实在远不及现在的年青人，然而他们和当时社会及至家庭的“思想冲突”却又远过于现在的年青人。近年来中国是“进步”了，簇新的标语，应时应节的宣传纲领——例如什么纪念日的什么“国货运动周”“航空救国周”“拒毒运动周”，等等，都轮流贴满了乡村里小茶馆的泥墙。正所谓“力图建设”，和二十五年前的空气相差十万八千里。这在认识不足的年青人看来，当然觉得自己和社会之间没有什么了不起的不调和。而况他们的家庭既不禁止他们进学校，也不禁止他们自由结婚。

并且即使有些不顺眼的事情也都以堂皇的名义来公开实行，即如小小的迎神赛会亦何尝不在迷信之外另找一个冠冕堂皇的名目——振兴市面。

今年大都市里天天嚷着“农村破产”“救济农村”。于是“振兴农村”的棉麦借款就应运而生。乡村间也要“振兴市面”的，恰好今夏少雨，于是祈雨的迎神赛会也应运而生。一个乡镇的四条街各自举行了一次数十年来未有的大规模的迎神赛会。一位“会首”说：“我们不是迷信，借此振兴市面而已！”这句话自然开通之至。因而假使有些“读洋书”的年青人夹在中间帮忙，也就“合理”得很。

迎神赛会总共闹了一个月光景。而且一次比一次“更见精彩”。听说也花了万把块呢。然而茶馆酒店的“市面”却也振兴了些。有人估计，赛会的一个月中，邻近乡镇来看热闹的人，总共也有万把人；每人花费二元，就有二万元，也就是“市面”上多做了二万元的生意。这在市面清淡的现今，真所谓不无小补。

有一位“躬与其盛”的先生对我说：“最热闹的一夜，四条街都挤满了人，约有十万的看客。轮船局临时添了夜班，航船和快班船也添了夜班，甚至有一夜两班的。有几个邻镇向来没有轮船交通，此时也都开了临时特班轮。”

所以把一切费用都算起来，在赛会的一个月间，市面上至少多做了十万元的生意。这点数目很可使各业暂时有起色，然而对于米价的低落还是没有关系。结果，赛会是赛过了，雨也下过了，农民的收成据说不会比去年坏，不过明年的米价也许比今年还要贱些呢……[①]

（原载《申报月刊》第 2 卷第 11 期，1933 年 11 月 15 日出版）

①写这篇杂文的时候，正闹着“农村经济破产”而又“谷贱伤农”的矛盾现象。——作者补注。1958 年 11 月 17 日。

大　旱

这是大旱年头一个小小乡镇里的故事。

亲爱的读者：也许你是北方人，你就对于这故事的背景有点隔膜了。不过我也有法子给你解释个明白。

第一，先请你记住：这所谓小小的乡镇至少有北方的二等县城那么热闹；不，单说热闹还不够，再得加一个形容词——摩登。镇里有的是长途电话（后来你就知道它的用处了），电灯，剪发而且把发烫曲了的姑娘，抽大烟的少爷，上海流行过三个月的新妆，还有，——周乡绅六年前盖造的“烟囱装在墙壁里”的洋房。

第二，这乡镇里有的是河道。镇里人家要是前面靠街，那么，后面一定靠河；北方用吊桶到井里去打水，可是这个乡镇里的女人永远知道后房窗下就有水；这水，永远是毫不出声地流着。半夜里你偶然醒来，会听得窗外（假使你的卧室就是所谓靠河的后房）有咿咿哑哑的橹声，或者船娘们带笑喊着“扳艄”，或者是竹篙子的铁头打在你卧房下边的石脚上——铮的一响，可是你永远听不到水自己的声音。

清早你靠在窗上眺望，你看见对面人家在河里洗菜洗衣服，也有人在那里剖鱼，鱼的鳞甲和肠子在水面上慢慢地漂流，但是这边，——就在你窗下，却有人在河水里刷马桶；再远几间门面，有人倒垃圾，也有人挑水，——挑回去也吃也用。要是你第一回看见了这种种，也许你胸口会觉得不舒服，然而这镇里的人永远不会跟你一样。河水是“活”的，它慢慢地不出声地流着；即使洗菜洗衣服的地方会泛出一层灰色，刷马桶的地方会浮着许多嫩黄色的泡沫，然而那庄严的静穆的河水慢慢地流着流着，不多一会儿就还你个茶色的本来面目。

所以，亲爱的读者，第三项要请你记住的，这镇里的河是人们的交通要道，又是饮料的来源，又是垃圾桶。

镇外就是田了，镇上人谈起一块田地的“四至”来，向来是这样的：“喏，东边到某港，西边靠某浜，南边又是某港，北边就是某某塘。”（塘是较大的河）。水，永远是田地的自然边界。可是，我的朋友，请你猜一猜，这么一块四面全是河道的田地有多少亩？一百亩罢？太多太多！五十亩呢？也太多！十亩，二十亩？这就差不多了！水是这么的“懂事”，像蛛网一般布满了这乡镇四周的田野。亲爱的读者，这就是我要报告的第四项了。

这样的乡村，说来真是“鱼米之邦”，所谓“天堂”了罢！然而也不尽然。连下了十天雨，什么港什么浜就都满满的了，乡下人就得用人工来排水了，然而港或浜的水只有一条出路：河。而那永远不慌不忙不出声流着的河就永远不肯把多余的水赶快带走。反过来，有这么二十天一个月不下雨，糟了，港或浜什么的都干到只剩中心里一泓水，然而那永远不慌不忙不出声流着的河也是永远不会赶快带些水来喂饱港或浜。

要是碰到像今年那样一气里五六十天没有雨，嘿嘿！你到乡下去一看，你会连路都认不准呢！我要讲的故事，就从这里开头。

从前要到这小小的乡镇去，你可以搭小火轮。从这镇到邻近的许多小镇，也都有小汽油轮。那条不慌不忙不出声流着的镇河里每天叫着各种各样的汽笛声。这一次四十多天不下雨，情形可就大大不同。上海开去的小火轮离镇五六十里就得停住，客人们换上了小船，再前进。这些小船本来是用橹的，但现在，橹也不行，五六十里的路就全靠竹篙子撑。好容易到得镇梢时，小船也过不去了，客人们只好上岸走。这里是一片荒野，离镇还有十多里路。

我到了镇中心区的时候，已经是晚上九点多钟。街上有些乘凉的人。我走上了一座大桥，看见桥顶上躺着七八个人，呼呼地打鼾。这里有一点风，被风一吹，这才觉得倦了，我就拣一个空位儿也放倒了身体。

“外港尚且那样，不知这镇河干成了什么样子？”我随便想，就伛起身子来看河里。这晚上没有月亮，河里墨黑，从桥顶望下去，好像深得很。渐渐看出来了，有两点三点小小的火光在河中心闪动。隐隐约约还有人声。“哦！还好!”我心里松了一松，我以为这三三两两的火光自然就是从前见惯的“生意船”，或者是江北船户在那里摸螺蛳。然而火光愈来愈近了，快到了桥边了，我睁大眼睛看，哪里有什么船呢，只是几个赤条条的人！小时候听人讲的“落水鬼”故事便在我脑上一闪。这当儿，河里的人们也从桥堍的石埠走上来了，的的确确是“活人”，手里拿着竹丝笼，他们是在河里掏摸小蟹的顽皮孩子。原来这一条从前是交通要道、饮料来源，又兼无底垃圾桶的镇河，现在却比小小的沟还不如!

四十多天没雨，会使这小小的乡镇完全改变了面目。本来是“路”的地方会弄到不成其为“路”。

从前这到处是水的乡镇，现在水变成了金子。人们再不能够站在自家后门口吊水上来，却要跑五六里路挨班似的这才弄到一点泥浆样的水。有人从十多里路远的地方挑了些像样的水来，一毛钱一桶；可是不消几天，就得跑它二十多里路这才有像样的水呢!

白天，街上冷清清的不大见人，日中也没有市。这所谓“市”，就是乡下人拿了农产物来换日用品。我巡游着那冷落的市街，心里就想起了最近读过的一首诗。这位住在都市的诗人一面描写夜的都市里少爷小姐的跳舞忙，一面描写乡下人怎样没昼没夜地戽水，给这两种生活作一个对比。我走过那些不见一个乡下人的街道时，我自然也觉得乡下人一定是田里忙了，没有工夫上镇里来“做市面”。但是后来我就发见了我的错误。街那边有一家出租汽油灯的铺子，什么“真正国货光华厂制”的汽油灯，大大小小挂满了一屋子，两个人正靠在铺前的柜台边谈闲天。我听得中间一位说道：

“亏本总不会罢？一块钱一个钟头，我给你算算，足有六分钿呢!”

说话的是四十来岁的长条子，剃一个和尚头，长方脸，眯细了眼睛，大概是近视，却不戴眼镜。我记起这位仁兄来了。他是镇上的一位“新兴资产阶级”，前年借了一家歇业的典当房子摆了三十多架织布机，听说干得很得手呢。我站住了，望望那一位。这是陌生面孔，有三十多岁，一张圆脸儿，晒得印度人似的，他懒洋洋摸着下巴回答这长条子道：

“六分钿是六分钿，能做得几天生意呢？三部车本钱也要一千光景，租船难道不要钱？初头上开出去抽水，实实足足做了八天生意。你算算有什么好处？现在，生意不能做了，船又开不回来，日晒夜露，机器也要出毛病呵！”

“唔唔，出毛病还在其次……就怕抢！”

长条子摇着头说，眯细了眼睛望望天空。

我反正有的是空工夫，就踅到柜台边跟他们打招呼。几句话以后，我就明白了他们讨论的“亏本不亏本”是什么。原来那黑圆脸的就是汽油灯铺子的老板，他买了三部苏农厂的抽水机，装在小船上，到乡下去出租，一块钱一点钟，汽油归他出。这项生意是前年发大水的时候轧米厂的老板兴出来的，很赚了几个钱。今年汽油灯铺的老板就来学样，却不料乡下那些比蛛网还密的什么港什么浜几天工夫里就干得一滴水也没有了，抽水机虽然是“利器”，却不能从十里外的大河里取水来，并且连船带机器都搁浅在那里，回不到镇里了。港极多的乡下，现在干成了一片大平原。乡下人闲得无事可做。他们不到镇里来，倒不是为的戽水忙，却是为的水路干断——平常他们总是摇了船来的。再者，他们也没有东西可卖，毒热的太阳把一切“耘生”都活活晒死了。

这一个小小的热闹摩登的乡镇于是就成为一个半死不活的荒岛了：交通断绝，饮水缺乏，商业停顿。再有三四十天不下雨，谁也不敢料定这乡镇里的人民会变成了什么！

可是在这死气沉沉的环境中，独有一样东西是在大活动。这就是镇上的长途电话。米店老板一天要用好几次长途电话，探询上海或是无锡的米价钱；他们要照都市里的米价步步涨高起来，他们又要赶快进货，预备挣一笔大钱。公安分局也是一天要用那长途电话好几次的，他们跟邻镇跟县里的公安局通消息，为的恐怕乡下人抢米，扰乱地方治安；他们对于这一类事，真是眼明手快，勇敢周密。

（原载《太白》半月刊创刊号，1934年9月20日出版）

戽 水

就说是A村罢。这是个二三十人家的小村。南方江浙的“天堂”区域照例很少（简直可以说没有）百来份人家以上的大村。可是A村的人出门半里远，——这就是说，绕过一条小“浜”，或者穿过五六亩大的一爿田，或是经过一两个坟地，他就到了另一个同样的小村。假如你同意的话，我们就叫它B村。假如B村的地位在A村东边，那么西边、南边、北边，还有C村、D村、E村，等等，都是十来分钟就可以走到的，用一句文言，就是“鸡犬之声相闻”。

可是我们现在到这一群小村里，却听不到鸡犬之声。狗这种东西，喜欢吃点儿荤腥；最不摆架子的狗也得吃白饭拌肉骨头。枯叶或是青草之类，狗们是不屑一嗅的。两年多前，这一带村庄里的狗早就挨不过那种清苦生活，另找主人去了。这也是它们聪明见机。要不，饿肚子的村里人会杀了它们来当一顿的。

至于鸡呢，有的；春末夏初，稻场上啾啾啾地乱跑，全不过拳头大小，浑身还是绒毛，可是已经会用爪子爬泥，找出小虫儿来充饥。然而等不到它们“喔喔”啼的时候，村里人就带它们上镇里去换钱来买米。人可不像鸡，靠泥里的小虫子是活不了的。所以近年来这一带的村庄里，永远只见啾啾啾的小鸡，没有邻村听得到的喔喔高啼的大鸡。

这一带村庄，现在到处是水车的声音。

A村和B村中间隔着一条小河。从端阳那时候起，小河的两岸就排满了水车，远望去活像一条蜈蚣。这长长的水车的行列，不分昼夜，在那里咕噜咕噜地叫。而这叫声，又可以分做三个不同的时期：

最初那五六天，永车就像精壮的小伙子似的，它那“杭育，杭育”的喊声里带点儿轻松的笑意。水车的尾巴浸着浅绿色的河水，辘辘地从上滚下去的叶子板格格地憨笑似的一边跟小河亲一下嘴，一边就喝了满满的一口，即刻又辘辘辘地上去，高兴得嘻嘻哈哈地把水吐了出来，马上又辘辘地再滚了下去。小河也温柔地微笑，河面漾满了一圈一圈的笑涡。

然而小河也渐渐瘦了。水车的尾巴接长了一节，它也不像个精壮的小伙子，却像个瘦长的痨病鬼了。叶子板很费力似的喀喀地滚响，滚到这瘦的小河里，抢夺了半口水，有时半口还不到，再喀喀地挣扎着上来，没有到顶（这里是水车的嘴巴），太阳已经把带泥的板边晒成灰白色了。小河也是满脸土色，再也笑不出来，却吐着叹息的泡沫。

这样过了两天，水车的尾巴就不得不再接长一节。可是，像一个支气管炎的老头子，它咳得那么响，却是干咳。叶子板因为是三节了，滚得更加慢，更加吃力，轧轧的响声也是干燥的，听了叫人牙齿发酸。水车上的人，半点钟换一班。他们汗也流完了，腿也麻木了，用了可惊的坚强的意志，要从这干瘪的小河榨出些浓痰似的泥浆来！轧轧轧，喀喀喀，远远近近的无数水车愤怒地悲哀地喊着。

这样又是一天，小河像逃走了似的从地面上隐去。河心里的泥开始起皱纹，像老年人的脸；水车也都噤口，满身污泥，一排一排，朝着满天星斗的夏天的夜。

稻场上，这时例外地人声杂乱。A 村和 B 村的人在商量一个新的办法。那条小河的西头，是一个小小的浜，那已是 C 村的地界。靠着浜边，是 C 村人的桑地，倘使在这一片桑地上开一道沟出去，就可以把外边塘河里的水引到浜里，再引到小河里。

从浜到塘河，路倒不远，半里的一小半；为难的，这是一片桑地，而且是 C 村人的。然而要得水，只有这一条路呀！A 村和 B 村的人就决定去跟那片桑地的主人们商量，借这么三四尺阔的地面开一道沟出来；要是坏了桑树，他们两村的人照样赔还。

他们的可惊的坚强的意志终于把这道沟开成了。然而塘河里的水也浅得多了，不用人工，不会流到那新开成的沟。这当儿，农民的可惊的坚强的意志再来一次表现。A 村和 B 村的人下了个总动员！新开沟跟塘河接头那地方立刻挖起一口四五丈见方的蓄水池来，沿那池口，排得紧紧的，是七八架水车，都是三节的尾巴，像有力的长臂膊，伸到河心水深的地点，车上全是拼命的壮丁，发疯似的踏着，叶子板汩汩地狂叫！这是人们对旱天的最后的决战！

蓄水池满了，那灰绿色的浑水澌澌地流进那四尺多阔的沟口，倒好像很急似的；然而进了沟就一点一点慢下来了，终于通过了那不算短的沟，到了浜，再到了那小河的干枯的河床，那水就看不出是在流，倒好像从泥里渗出来似的。小河两岸的水车头，这时早又站好了人，眼望着河心。有几个小孩在河滩上跑来跑去，不时大声报告道："水满一点了！"一个手指头那么深了！"忽然一声胡哨，像是预定的号令，水车头那些人都应着发声喊，无数的脚都动了，水车急响着枯枯枯的干燥的叫号。但是水车的最下的一个叶子板刚刚能够舐着水，却不能喝起水来，——小半口也不行。叶子板滚了一转，湿漉漉的，可是戽不起水！

"叫他们外边塘河边的人再甩点劲呀！"有人这么喊着。这喊声，一递一递传过去，驿马似的报到塘河上。"用劲呀！"塘河上那七八架水车上的人齐声叫了一下。他们的酸重的腿儿一齐绞出最后的力气，他们脸上的肌肉绷紧到起棱了。蓄水池泼剌剌泼剌剌地翻滚着白色的水花。从池灌进沟口的水哗哗地发叫。然而通过了那沟，到得小河时，那水又是死洋洋没点气势了。小河里的水是在多起来，然而是要用了最精密的仪器才能知道它半点钟内究竟多起了若干。河中心那一泓水始终不能有两个指头那么深！

因为水通过那半里的一小半那条沟的时候，至少有一小半是被沿路的太干燥的泥土截留去了。因为那个干了的小浜也有半亩田那么大，也是燥渴得不肯放水白白过去的呀！

天快黑的时候，小河两岸跟塘河边的水车又一齐停止了。A 村和 B 村的人板着青里泛紫的面孔，瞪出了火红的眼睛，大家对看着，说不出话。C 村的人望望自己田里，又望望那塘河，也是一脸的忧愁。他们懂得很明白：虽然他们的田靠近塘河地位好，可是再过几天，塘河的水也戽不上来了，他们跟 A 村 B 村的人还不是一样完了么？

于是在明亮的星光下，A 村和 B 村的人再聚在稻场上商量的时候，

C村的人也加入了。有一点是大家都明白的：尽管他们三村的人联合一致，可是单靠那简陋的旧式水车，无论如何救不活他们的稻。“算算要多少钱，雇一架洋水车？”终于耐不住，大家都这么说了。大家早已有这一策放在心里，——做梦做到那怪可爱的洋水车，也不止一次了，然而直到此时方才说出来，就因为雇用洋水车得花钱，而且价钱不小。照往年的规矩说，洋水车灌满五六亩大的一爿田要三块到四块的大洋。村里人谁也出不起这大的价钱。但现在是“火烧眉毛”，只要洋水车肯做赊账，将来怎样挖肉补疮地去还这笔债，只好暂且不管。

塘河上不时有洋水车经过，要找它不难。趁晚上好亮的星光，就派了人去守候罢。几个精力特别好、铁一样的小伙子，都在稻场上等候消息。他们躺在泥地上，有一搭没一搭地闲谈。他们从洋水车谈到镇上的事。正谈着镇上要“打醮求雨”，塘河上守候洋水车的人们回来了。这里躺着的几位不约而同跳了起来问道：“守着了么？什么价钱？”

“他妈妈的！不肯照老规矩了。说是要照钟点算。三块钱一点钟，田里满不满，他们不管。还要一半的现钱！”

“呀，呀，呀，该死的没良心的，趁火打劫来了！”

大家都叫起来。他们自然懂得洋水车上的人为什么要照钟点算。在这大旱天把塘河里的水老远地抽到田里，要把田灌足，自然比往年难些，——不，洋水车会比往年少赚几个钱，所以换章程要照钟点算！

洋水车也许能救旱，可是这样的好东西，村里人没“福”消受。

又过了五六天，这一带村庄的水车全变作哑子了。小港里全已干成石硬，大的塘河也瘦小到只剩三四尺阔，稍为大一点儿的船就过不去了。这时候，村里人就被强迫着在稻场上“偷懒”。

他们法子都想尽了，现在他们只有把倔强求生的意志换一个方面去发泄。大约静默了三天以后，这一带村庄里忽然喧填着另一种声音了；这是锣鼓，这是呐喊。开头是A村和C村的人把塘河东边桥头小庙里的土地神像（这是一座不能移动的泥像，但村里人立意要动它，有什么办不到！）抬出来在村里走了一转，没有香烛，也没有人磕头（老太婆磕头磕到一半，就被喝住了），村里人敲着锣鼓，发狂似的呐喊，拖着那位土地老爷在干裂的田里走，末了，就把神像放在田里，在火样的太阳底下。“你也尝尝这滋味罢!”村里人潮水一样地叫喊。

第二天，呆在田里的土地老爷就有了伴。B村E村以及别的邻村都去把他们小庙里的泥像抬出来要他们“尝尝滋味”了，土地老爷抬完了以后，这一带五六个村庄就联合起来，把三五里路外什么庙里的大小神像全都抬出来“游街”，全放在田里跟土地做伴。“不下雨，不抬你们回去!”村里人威胁似的说。

泥像在毒太阳下面晒起了裂纹，泥的袍褂一片一片掉下来。敲着锣鼓的村里人见了，就很痛快似的发喊。“神”不能给他们“风调雨顺”,“神”不能做得像个“神”的时候，他们对于“神”的报复是可怕的!

1934年9月8日

（原载《太白》半月刊第1卷第2期，1934年10月5日出版）

桑　树

跟“香市”里的把戏班子一同来的是“桑秧客人”。

为什么叫作“客人”呢？孩子们自伙淘里私下议论。睁大了小眼睛躲在大人身背后，孩子们像看把戏似的望着这些“客人”。说话听不懂；他们全是外路口音。装束也有点不顺眼：他们大半穿一件土蓝布的，说它是长衫就太短，说是马褂又太长，镇上没人穿的褂子；他们又有满身全是袋的，又长又大，看上去又挺厚的土蓝布做的背心；年纪大一点的，脚上是一双土布鞋，浅浅的鞋帮面，双梁，配着白布的袜子，裤管塞在袜统里。镇上只有几个老和尚是这么打扮的。

他们卖“桑秧”。什么叫“桑秧”，孩子们有点懂。这是小小的桑树，大桑树有桑果。孩子们大都爬上过大桑树，他们不希罕这样的小家伙，可是他们依然欢迎这些外路的“桑秧客人”，为的是“桑秧客人”来了，“香市”也就快到，戏班子船跟桑秧船停在一处。

就同变把戏的先要看定场子一样，“桑秧客人”也租定了镇上人家的一两间空屋，摆出货来了。他们那桑秧的种类真多！一人高，两叉儿的，通常是一棵一棵散放着，直挺挺靠在墙壁上，好比是已经能够自立的小伙子。差不多同样高，然而头上没有两叉儿的，那就四棵或者六棵并成一组，并且是躺在地上了；它们头碰脚地一组一组叠起来高到廊檐日。它们是桑秧一家子里边的老二。还有老三、老四、老五……自然也只有躺在泥地上叠“人”堆的份儿了，通常是二十棵、三十棵乃至五十棵扎成一组。

最末了的“老幺”们竟有百来棵挤成一把儿的。你远看去总以为是一把扫帚。“桑秧客人”也当它们扫帚似的随随便便在门槛边一放。

有时候，门槛边挤的人多了，什么草鞋、赤脚或者竟是“桑秧客人”他们自己的土布双梁鞋，也许会踹在“老幺”们那一部大胡子似的细根上。有时碰到好晴天，太阳光晒进屋子里来了，“桑秧客人”得给“老大”它们的根上洒点水或者拿芦席盖在它们身上；可是门槛边的“老幺”们就没有那份福来享。顶巴结的“客人”至多隔一天拿它们到河里去浸一授，就算了。

因为百来棵一把的“老幺”们的代价还赶不上它们“大哥”一棵的小半儿呵！

逛“香市”的乡下人就是“桑秧客人”作买卖的对象。

乡下人总要先看那些疏疏落落靠在墙壁上的一人高两叉儿的“老大”。他们好像“看媳妇”似的相了又相，问价钱，扪一下自己的荷包，还了价钱，再扪一下自己的荷包。

两叉儿的“老大”它们都是已经“接过”的，就好比发育完全的大姑娘；种到地里，顶多两年工夫就给你很好的桑叶了。“老二”以下那一班小兄弟，即使个儿跟“老大”差不多，天分却差得远了。它们种到地里，第二年还得“接”；不“接”么，大起来就是野桑，叶儿又小又瘦，不能作蚕宝宝的食粮。“接过”后，也还得三年四年，——有时要这么五年，才能生叶，才像一棵桑树。

然而乡下人还了价钱，扪着自己的荷包，算来算去不够交结“老大”的时候，也只好买“老二”“老三”它们了。这好比“领”一个八九十来岁的女孩子作“童养媳”，几时可以生儿子，扳指头算得到。只有那门槛边的“老幺”们，谁的眼光不会特地去看一下。乡下人把“老二”“老三”它们都看过，问价而且还价以后，也许有意无意地拿起扫帚样的“老幺”们看一眼，但是只看一眼，就又放下了。可不是，要把这些“老幺”调理到能够派正用，少说也得十年呀！谁有这么一份耐心呢？便算有耐心，谁又有那么一块空地搁上十年再收利呢！

有时候，讨价还价闹了半天，交易看看要不成了，“桑秧客人”抓抓头皮，就会拿起门槛边那些扫帚祥的“老幺”们掷在乡下人面前说；“算了罢，这一把当作饶头罢！”乡下人也摸着下巴，用他的草鞋脚去拨动“老幺”们那一部大胡子似的细根。交易成功了。乡下人掮着两三组“老二”或是“老三”，手里拎着扫帚似的“老幺”。

“老幺”就常常这样“赔嫁丫头”似的跟着到了乡下。

特地去买“老幺”来种的，恐怕就只有黄财发。

他是个会打“远算盘”的人。他的老婆养第二个孩子的时候，他就到镇上育婴堂里“拖”了个八个月大的女孩子来给他三岁大的儿子作老婆。他买那些“老幺”辈份的桑秧，也跟“抱”八个月大的童养媳同样的“政策”。他有一块地，据说是用得半枯，非要让它醒一醒不可了；他花三毛钱买了两把“老幺”桑秧来，就种在那块地上。

这就密密麻麻种得满满的了，总数有两百四十多。当年冬天冻死了一小半。第二年春，他也得了“赔嫁”的一把，就又补足了上年的数目。到第四年上，他请了人来“接”；那时他的童养媳也会挑野菜了。小桑树“接”过后，只剩下一百多棵像个样儿，然而黄财发已经满足。他这块地至多也不过挤下百来棵大桑树。

可是这是十年前的旧事。现在呢，黄财发的新桑地已经出过两次叶了，够吃一张“蚕种”。黄财发的童养媳也长成个大姑娘，说不定肚子里已经有儿子。

八个月大的女孩子长成了人，倒还不知不觉并没操多少心。幺细的桑秧也种得那么大，可就不同。黄财发会背给你听：这十来年里头，他在那些小桑树身上灌了多少心血；不但是心血，还花了钱呢！他有两次买了河泥来壅肥这块用枯了的地。十年来，他和两个儿子轮换着到镇上去给人家挑水换来的灰，也几乎全都用在这块桑地。

现在好了，新桑地就像一个壮健的女人似的，去年已经给了他三四十担叶，就可惜茧价太贱，叶价更贱得不成话儿。

这是日本兵打上海那一年的事。

这一年，黄财发的邻舍李老四养蚕亏本，发狠把十来棵老桑树都砍掉了，空出地面来改种烟片。虽则是别人的桑树，黄财发看着也很心痛。他自然知道烟片一担卖得好时就有二三十块，这跟一块钱三担的叶价真是不能比。然而他看见好好的桑树砍作柴烧，忍不住要连声说：“罪过！罪过！”

接连又是一年“蚕熟”，那时候，黄财发的新桑地却变成了他的“命根”：人家买贵叶给蚕吃，黄家是自吃自。但是茧子卖不起钱，黄财发只扯了个够本。

“早晓得这样，自家不养蚕，卖卖叶，多么好呢!”黄财发懊悔得什么似的；这笔损失账，算来算去算不清。

下一年就发狠不养蚕了，专想卖叶。然而作怪，叶价开头就贱到不成话儿。四五十人家的一个村坊，只有五六家养蚕，而且都是自己有叶的。邻村也是如此。镇上的“叶行”是周圆二三百里范围内桑叶“买”“卖”的总机关，但这一年叫作“有秤无市”。最初一元两担的时候，黄财发舍不得卖，后来跌到一元四担，黄财发想卖也卖不脱手。

十多年来的“如意算盘”一朝打翻了!

要是拿这块桑地改种了烟叶，一年该有多少好处呢？四担的收成是有的罢？一担只算二十块钱，也有这些……黄财发时常转着这样的念头。一空下来，他就去巡视他的新桑地。他像一个顶可恶的收租米人似的，居心挑剔那些新桑树。他摇动每一棵桑树的矮身子，他仔细看那些皱皮上有没有虫蛀；末了他只是摇头叹气。这些正在壮年的新桑树一点“败相”也没有！要是它们有点“败相”，黄财发那改种烟叶的念头就会决定。

他又恨这些新桑树，又爱这些新桑树。他看着这些变不出钱来的新桑树，真比逃走了一个养大到十八九岁的童养媳还要生气!

而况他现在的光景也比不上十年前了。十年前他还能够“白搁着”这块地，等它过了十年再生利。现在他却等不及。他负了债，他要钱来完粮缴捐呢!

但是烟叶在村坊里的地盘却一天一天扩大了。等到黄财发一旦下了决心，那烟片的价钱也会贱到不像话儿罢？不过黄财发是想不到那么远的。如果他能想到那么远，他就会知道，现在是无论什么巧法儿，都不能将他的生活再“绷补”下去了。

最后还得交代一句：像黄财发那样的“身家”，在村里是数一数二的。

（原载《申报月刊》第3卷第9期，1934年9月15日出版）

人造丝

那一年的秋天，我到乡下去养病。在“内河小火轮”中，忽然有人隔着个江北小贩的五香豆的提篮跟我拉手；这手的中指套着一个很大的金戒指，刻有两个西文字母：HB。

“哈，哈，不认识么?”

我的眼光从戒指移到那人的脸上时，那人就笑着说。

一边说，一边他就把江北小贩的五香豆提篮推开些，咯吱一响，就坐在我身旁边的另一只旧藤椅里。他这小胖子，少说也有二百磅呢!

“记得不记得? ××小学里的干瘪风菱? ……”

他又大声说，说完又笑，脸上的肥肉也笑得一跳一跳的。

哦，哦，我记起来了，可是怎么怨得我不认识呢? 从前的“干瘪风菱”现在变成了“浸胖油炸桧”! ——这是从前我们小学校里另一个同学的绰号。当时他们是一对，提起了这一位，总要带到那一位的。

然而我依然想不起这位老朋友的姓名了。这也不要紧。总之，我们是二十年前的老同学，打架打惯了的。二十多年没见面呢! 我们的话是三日三夜也讲不完的。可是这位老朋友似乎很晓得我的情形，说不了几句话，他就装出福尔摩斯的神气来，突然问我道：

“回乡下去养病，是不是? 打算住多少天呢?”

我一怔。准道我的病甚至于看得出来么? 天天见面的朋友倒说我不像是有病的呢! 老朋友瞧着我那呆怔怔的神气，却得意极了，双手一拍，笑了又笑，翘起大拇指，点着自己的鼻子说道：

“你看! 我到外国那几年，到底学了点东西回来! 我会侦探了!”

“嗯嗯——可是你刚才说，要办养蜂场罢，你为什么不挂牌子做个东方福尔摩斯?”我也笑了起来。

不料老朋友把眉毛一皱，望着我，用鼻音回答道：

"不行！福尔摩斯的本事现在也不行！现在一张支票就抵得过十个福尔摩斯！"

"然而我还是佩服你！"

"呵呵，那就很好。不过我的本事还是养蜂养鸡。说到我这一点侦探手段，见笑得很，一杯咖啡换来的。昨天我碰到了你的表兄，随便谈谈，知道你也是今天回乡下去，去养病。要不然，我怎么能够一上船就认识你？哈哈，——这一点小秘密就值一杯咖啡。"

我回想一想，也笑了。

往后，我们又渐渐谈到蜂呀鸡呀的上头，老朋友伸手在脸上一抹，很正经的样子，扳着手指头说道：

"喂，喂，我数给你听。我出去第一年学医。这是依照我老人家的意思。学了半年，我就知道我这毛躁脾气，跟医不对。看见报上说，上海一地的西医就有千多，我一想更不得劲儿；等到我学成了时，恐怕就有两千多了，要我跟两千多人抢饭吃，我是一定会失败的。我就改学缫丝。这也是很自然的一回事。你知道我老人家有点丝厂股子。可是糟糕！我还没有学好，老人家丝厂关门，欠了一屁股的债，还写了封哀的美敦书给我，着我赶快回国找个事做。喂，朋友，这不是把我急死么？于是我一面就跟老人家信来信去开谈判，一面赶快换行业。那时只要快，不拘什么学一点回来，算是我没有白跑一趟欧洲。这一换，就换到了养蜂养鸡。三个月前我回来了，一看，才知道我不应该不学医！"

老朋友说到这里，就鼓起了腮巴，一股劲儿看着我，好像要等我证明他的"不该不学医"。等了一会儿，我总不作声，总也是学他的样子看着他，他就吐一口气，自己来说明道：

"为什么呀？中国是病夫之国咯！我的半年的同学里，有几位已经挂了牌子，生意蛮好。可是我跟他们同学的半年里，课堂上难得看见他们的尊容！"

"哎，哎，事情就是难以预料。不过你打算办一个蜂场什么的，光景不会不成功罢？"我只好这么安慰他。

"难说，难说！……我把我的计划跟几位世交谈过，他们都不置可否。事后听得他们对旁人说：养养蜜蜂，也要到外国去学么？唉，朋友！”

这位老朋友第一次叹口气，歪着头，不出声了，大拇指拨动他中指上的挺大的金戒子，旋了一转，又旋一转。

这当儿，两位穿得红红绿绿的时髦女人从我们前面走过去，一会儿又走回来，背朝着我们，站在那里唧唧哝哝说话。

我的老朋友一面仍在旋弄他那戒子，一面很注意地打量那两位背面的“美人”。他忽然小声儿自言自语地说：

“我顶后悔的，是我学过将近三年的缫丝。”

他转过脸来看了我一眼，似乎问我懂不懂他这句话的意思。我自己以为懂得，点一下头；然而老朋友却看透了我的心思似的赶快摇着头自己补充道：

“并不是后悔我白花了三年心血。不是这个！是后悔我多了那么一点知识，就给我十倍百倍的痛苦！”

“哦？——”我真弄糊涂了。

“喏喏，”老朋友苦笑一下，“我会分辨蚕丝跟人造丝了。哪怕是蚕丝夹人造丝的什么绸、什么绨，我看了一眼，至多是上手来捏一把，就知道那里头搀的人造丝有多少。哼，我回来三个月，每天看见女人们身上花花绿绿时髦的衣料，每次看见，我就想到了——”

“就想到了你老人家的丝厂关门了？”我忍不住凑了一句，却不料老朋友大不以为然，摇着手急口说下去道：

“不，不，——我是想到了人造丝怎样制的，我觉得那些香喷喷的女人身上只是一股火药气！”

“什么？你说是火药气！”我也吃惊地大声说。

我们的话语一定被前面的那两位女人听得清清楚楚了，她们不约而同，转过半张脸来，朝我们白了一眼，就手拉手地走开了我们这边。这在我的老朋友看来，好像是绝大的侮辱；他咬紧了牙齿似的念了一个外国字，然后把嘴巴冲着我的耳朵叫道：

“不错，是火药气！制人造丝的第一步手续跟制无烟火药是一样的！原料也是一样的！”

这小胖子的嗓子本来就粗，这会儿他又冲着我的耳朵，我只觉得耳朵里轰轰轰的，“人造丝，……无烟火药……样！”轰轰轰还没有完，我又听得这老朋友似乎又加了一句道：“打仗的时候，人造丝厂就改成了火药局哩！”

到这时，我也明白为什么这位老朋友说是“痛苦”了。他学得的知识只使他知道中国人人身上有人造丝，而且人造丝还有火药气，无怪他反复说：“顶后悔的，是我学过将近三年的缫丝！”

现在又是许久不见这位老朋友了，也不知道他又跑到了哪里去；不过我每逢看见人造丝织品的时候，总要想到他，而且也嗅到了他所说的“火药气”！

而且，最最重要的，这些人造丝都是进口货——东洋货！

（原载《速写与随笔》，1935 年 12 月出版）

老乡绅

要是并没有所谓上帝，
我们就得创造他一个！

——福禄特尔

朋友！这是桩真实事，发生在×省×县×乡！

那一天早上，东方红日初升，空气清爽。夜来有过阵头雨，街上青石板的凹陷处还是一个一个的水潭。积世老乡绅×老穿了件“结衫”，站在自己家门前的石阶上。一手捋着胡子，仰脸看天空的浮云，悠然自得，便是上八洞的神仙也不及他老人家清闲纳福。

他老人家有一点古怪脾气；喜欢信口开河撒一点儿不伤脾胃的小谎。他哄得人家相信了，自家躲在旁边暗笑；他说这是顶好的延年秘诀。他是一位幽默家。

这一天早上，他正在看天空的浮云，正正经经并没想到要撒谎的时候，忽然迎面来了一位忘年交，恭恭敬敬拱着手喊道：

“×老！早呵！听说昨夜那个响雷劈开了东乡外的一株老槐树，哎，就是×桥边那株老槐树！”

×桥么？那是离镇有六里路的一座三洞大桥！突然×老的眼珠一翻，不假思索地脱口回答道：

“这就对了！原来那孽畜的老窠竟在×桥的大槐树底下！”

忘年交愕然看着×老的淡黄面孔，摸不着头脑。但是×老道貌岸然地自言自语接下去了：

“哦！×桥到螺蛳滩，少说也有三十里路，这孽畜遭了雷火，还能够窜去那么远，厉害哟厉害！”

忘年交现在听出眉目来了，赶快问道：

“×老！那老槐树底下躲着妖精么?”

“可不是！昨夜雷雨过后，螺蛳滩那边从天上掉落一条大蟒蛇来，身体比吊桶还粗，头像栲栳，死在田里，总有半亩地那么大；正不知道这孽畜从哪里来，却原来×桥边的老槐树是它的老家！小儿是常到×桥去的，惭愧得很，侥幸没有膏了它的馋吻。今儿它既然遭了天条，倒要走螺蛳滩一趟去看看明白。”

“对呀，对呀！可是二十多里路，这样大热天，不是玩的!”

忘年交一边说，一边拱手，就走开了。×老直望到不见了这位朋友的影子，这才回味过来似的独自哈哈笑着，也回进家内去了。

到了午后，×老把这件事完全忘记了；照例踱到茶馆去的时候，他听得满茶馆纷纷谈论着螺蛳滩有一条极大的死蟒蛇。×老这才想起了今天早上弄的小狡狯，就忍住了笑，在旁边听他们讲。可是他渐渐收住了笑容，正正经经用心在听了。人家讲得多么细到！并且其中满头大汗的一位据说是刚去看了来的呀！

“原来是真的么?”×老捋着胡子肚里想。他疑惑自己早上对那忘年交说的一番话确是有来历的了，他不相信自己会撒下那样一个谎了。

于是在听完了以后，×老第一个站起来说道：

“今天早上我也听说有这回事，我还以为是谣言哪！既然是真的，那倒不能不去看一下。”

许多茶客都哄然附和。一群人拥出了那茶馆，就向镇西螺蛳滩那条路走去，×老是赶在前头的第一个。

（原载《论语》半月刊第13期，1933年3月16日出版）

速　写

房舱里只有一位客人坐在近窗口的藤椅子里，左臂搁在那张圆桌子的边上，右手叉在腰部，别转了头，看不见他的脸。

“还好！这里有空——”

站在房舱门口的金百顺喜冲冲地对他的同伴说。但立即他的眉头一皱，已经跨出去的右脚又收了回来。他的同伴胡广生探头望了一下，也就对金百顺呶呶嘴巴，似乎说：“走罢！何必进去呢！”但委实前面客舱里挤得太厉害，所以这两位旋一转身后，却又并不走，只是懊恼地站在那房舱门口挤眉弄眼。

房舱里那位客人这时也回过脸来了。是二十多岁胖胖的一个青年。穿一身灰布的中山装——也可以说是军服。左胸的小口袋上钉着一块长方形的景泰蓝证章，花花绿绿的看不清那上面有什么字。他身旁的一张藤椅子里放着一件黑呢大衣，老大厚的海虎绒里子翻出在外面；另一张椅子里摆着一条“武装带”，一顶军帽压在那带子上。

这一切“行头”，说明了这位俨然独坐的“客人”，正是不折不扣的“武装同志”；然而他那张圆胖胖的脸儿却很光滑白皙，他那朝后梳的一头长发也是油亮晶晶，看样子是常搽司丹康。那胖胖的圆脸呢，委实是一张平常的圆脸，但不知怎地，叫人看了却像是心窝里撒上一把盐似的十二分不舒服；再加上他那一套“行头”以及戏台上武生模样手叉了腰坐着的姿势，就使得这一间还有五个空座位的房舱充满了异样的气味，咄咄逼人地拒绝了一应旅客进去。

弄不到方寸之地来挨一下屁股的金百顺和胡广生两位，因此就只在房舱门外打旋，不愿意且亦有些不敢冒昧去打破那房舱里的独裁的局面。

忽然有一个人从船梢上挤过来，左臂上挂着一件夹长衫，看见了金百顺他们两位，就招呼道：

“百顺兄，上海来么？——哦，广生兄是同来的罢？咳，东洋人已经停战，上海市面总该好一点；百顺兄，你们号里的事情讲得怎样了？”

“呀，元昌兄么？——停战是停了，市面仍旧清淡。上海市商会要开市，各马路商界联合会不肯开，中国人自己又撇僵了！”

胡广生抢先回答。他一边说，一边侧着身体让那位提着乌黑的开水吊子的船上茶房走过去。那茶房是老资格的沙眼，眼球上全是红丝，不见一点白，一边走，一边扯起衣角在那里擦。

金百顺轻轻叹一口气，又摇一下头，这才慢慢地说：

“白跑一趟，号里的事情一点头绪也没有。几十年老交易的慎大钱庄也不肯通融半个钱！说是还没正式开市，只做厨业划账——”

“呵，呵，真是——难！不过，百顺兄，你，怕没有办法么！你和我们不同。要是你也兜不转，我们只好讨饭了！喂，广生兄，你说我这话对不对？”

胡广生不回答，却向元昌丢了个眼色，意思是不要他多说话。金百顺只是摇头苦笑。

此时那位老沙眼的茶房又挤回来了；他仍旧用那把烟煤熏得乌黑的开水吊子在前开路，一面喊道：

“客人！让开些呀！房舱里空得很！”

元昌本来是背向着那房舱，经那茶役这么一声喊，他就倒退一步，身体已在房舱内了；他又很热心地招呼胡广生他们进去：

“这里说话方便。”

“茶房！”

蓦地从元昌背后飞出这一声怒叫来。元昌急忙转过身去一看，只见一张油亮晶晶的圆脸上射出两道吃人似的凶光，霍霍地在房舱中间横扫；圆脸下是挺得笔直的胸脯，景泰蓝的证章在太阳的斜射光线下闪放光彩。元昌虽然是近视眼，却也看明白这位圆脸朋友是什么路数了，心里正在没有主意，恰好那老沙眼的茶房跑了进来，半睁开他的红眼睛问道：

“先生，要什么?”

“谁叫你放闲人进来，混账!”

圆脸人咬紧了牙根，恶狠狠地说。

“先生，你是包房舱么? ——没有包定，这里照规矩要坐六个客人呀。”

“不要紧，我们出去罢!”

金百顺看见情形不对，赶快出来转圜，然而已经迟了，拍的一声，茶房的脸上挨着结实的一掌了，同时那圆脸人又抓起了他那顶军幅一挥——似乎叫人注意他的特权，一面就破口大骂：

“混账东西! 打你这不开眼的乌龟!”

“你有本事，去打东洋人!”

茶房睁大了他的红眼睛回骂。也许“东洋人”三字确有意想不到的效力，那圆脸人忙了一下，他那只正要打出来的手不知不觉放了下来；可是因为眼前到底并没半个“东洋人”而只是一个苦茶房和一些怕事的小商人，他那股威风就又特别旺盛了，他抢前一步，正想抓住那茶房的衣领，猛不防那茶房身体一矮，一头撞去，圆脸人站不住脚，一个踉跄，就跌在一张藤椅子里了。藤椅子本来是旧家伙，骤然受了重压，就格支格支地作响，应和着圆脸人的喘息。

“好呀! 打得好!”

“这种货色，真是饭桶，怎么敢同东洋人打仗!”

拥挤在房舱外看望的一班旅客们嘈杂地叫喊起来；也有几个老成持重的人恐怕乱子闹大，就在那里轻轻喝道；

“这个凶神恶煞，惹他干么! 红眼睛茶房，还不乘早溜走，等什么!”

此时船上的账房也来了，满脸慌张，跑到圆脸人跟前赔小心说：

“先生对不住! 红眼睛茶房本来就疯头疯脑，一个傻子，不要去理他! 先生，有话对我说。我，我是账房。先生要包这舱么? 可以，可以! 请问先生到哪里去? 有公事么?”

圆脸人两手按在藤椅子的靠臂上，仰起了脸只是冷笑。他那本来已是灰白的脸，此时因为有人来陪话，就又威风凛凛地放出红光来了。

一会儿，他冷冷地说：

“你就是账房么？正要找你说话。”

“是，是，请你吩咐罢。”

圆脸人却投说，用手到口袋里去摸出一个信封来，丢在那账房手里，便又仰起了脸，摆出“太好老”的气概，——却又好像要暗示他的“非常身份”给一班旅客们看，他就故意连声冷笑。

账房抽出那封套里的“公文”来看时，手也有点抖了；但是他看了半晌以后，忽然嘴角上也露出一丝冷笑。原来那“公文”是这么几句话：

“某某系本司令部无线电台发报生，兹派往某处公干，为此令仰沿途车船各局，不得留难——”

将公文还给圆脸人，账房的口气就变了，他淡淡地问道：

“先生，你没有买票么？——没有买？就算了罢，大家马马虎虎。”

这么说了，那账房旋转屁股就走，还对那些挤在房舱外的旅客们使个眼色，翘起大拇指朝身后指一下，两片嘴唇歪了一歪。

（原载《正路》月刊创刊号，1933年6月1日出版）

疯　子

大概是三十年以前罢，我第一次知道了什么叫作疯子。

那时我不过七八岁，我的家乡的住了三代的老屋对门是一家卖水果的；他家除了沿街的两间铺面，后边就是一块空地，据说是“长毛”烧了一直就没有钱再造起。空地后边就是河，小小的石埠，临水有一棵老桑树和栀子树。就是他家，出了我所知道的第一个疯子。

因为他家那块空地是夏天乘凉冬天晒太阳的好所在，我那时差不多天天到他家去玩的。他们是卖水果的，上午很忙，下午却空闲了，他们的小儿子阿四也许到城隍庙前的书场上听“程咬金卖柴扒”，他们的老当家就坐在铺门边的竹椅子上打瞌睡；和我们几个一般是邻舍的孩子在空地上玩耍的，总是他们的六十多岁的老婆婆，还有一位不曾许人家的二十多岁的姑娘叫作阿绣。我们不大喜欢阿绣。因为她拉住了我们不是问谁做的鞋子，就是问我们妈妈梳的新式的髻叫什么名字，再不然，就是捉得我们中间一个叫骑在她膝上，她使劲地摇，嘴里哼一些我们听不懂的调子。我们顶喜欢缠住了那老婆婆要她讲“长毛”故事。

老婆婆的“长毛”故事总从她家这块烧掉了房子的空地开头。她指着空地上一块半埋在土里的石墩儿，或者是那棵老桑树，就讲她那反复过无数次的故事。照例听到后来我们一定要怕的，我们先是大家挤紧在一堆，不敢再望一眼那石墩或桑树，然后，我们中间有谁忽然怪叫了一声，于是我们也都一齐叫起来，带怕带玩笑似的一齐跑进了屋子。老婆婆的“长毛”故事就这样从来没有讲到过尾巴。

我们跑进屋子去，十回有九回是找他家的左手两个指头缺了一节的阿三。也是卖水果的，但不及阿四那样会唱曲子似的叫卖，并且下午闲了也不上书场去，却躲在他屋里玩他的玩意儿。他会画红面孔大胡子的关帝，白脸的曹操，或者赤发金脸的奎星。他画奎星特别拿手。活像他家隔壁文昌阁上那一个。但是他画来画去只这三位，而且或坐或立，也总是那一套的样子。虽是那么着，我们却也看不厌，我们总是从空地上一哄进来就挤在他四周；他像有点嫌我们打扰了他似的，不过也不作声，正正经经画他的。有时我们中间有谁太放肆了，弄他的画笔，或是骑到他坐着的那张竹椅子背上去，那他就要慢慢地站起来，一脚踏在竹椅子上，右手拿一根他自家做的戒尺，举得高高地横在头顶，睁圆了眼睛，鼓起腮巴，朝那个太放肆的孩子“胡”的喷一口气。据说这是赵玄坛打老虎的姿势。于是我们都笑着拍手。但他的画儿也这样画到一半搁起。

除了画关帝，画曹操，画奎星，这位阿三又能塑菩萨。那一定是弥勒佛。也就在自家空地上挖点泥，晒干了研得细细的，然后搀了水塑起来。他的弥勒佛可不及他的画儿高明，只有那大肚子和拉开了的笑口叫人看了想到这尊菩萨是“笑弥陀”。然而那张笑口一定大得过分了一点。我们说阿三左手断脱的那两节指头可以给那小小的泥菩萨含在嘴里。阿三听了倒也不生气，——从没见他笑过，却也没见他开口骂人，他只是捧着他的创作品横看竖看，看过一会，就悄悄地放在板桌上。等过一两天，泥菩萨不见了，他已经把它还原为泥。

阿三同他老子娘以及弟弟妹妹都不大说话。他们背后都说他有点疯疯癫癫，——一个疯子。那时我常常想：疯子也怪有趣的。

然而后来叫我第一次辨味着“疯子”这个名儿的意味的，却不是这阿三，而是他的弟弟阿四。

阿四本来是他家最能干聪明的人儿。他家的买卖是他一个人在那里主持。他看见了我们孩子总是笑嘻嘻的，有时还笑嘻嘻给我们一些水果，枇杷、金橘或者半个里半个的石榴。但是我们不常同他在一处玩，为的他除了笑嘻嘻，就是个没嘴的葫芦。他倒实在同阿三有点像，跟那也算能干姑娘的阿绣可就不像是一个娘胎里爬出来的；阿绣是顶爱说话，一天到晚咭咭刮刮只有她一张嘴。

现在我已经不记得怎么一来这个聪明能干笑嘻嘻的阿四忽然就疯了。我只记得那是在阿三失踪——大家都说他出家做和尚去了，而且在阿四娶了老婆以后。阿四这老婆，原是童养媳，然而据说领来后只住了半年光景就又颠倒寄养在一个乡下人家里，每月贴饭钱。这回是年纪大到再也搁不下去了，这才领回家来同阿四成亲。有一天，我照例到他家去玩，忽然看见一个陌生面孔的身材矮小的女人在扫地，阿绣就拉住我悄悄地说道："这个新来的，就是阿四的新娘子。"

又过了几天，就听说阿四成亲了，我们看见他穿了新做的蓝布短衫裤，头上破例带个瓜皮帽红帽结，一条老是盘在额角上的辫子居然梳光了垂在脑后；他本来生得白皙，这么一打扮，看去也就很像个新郎官。

但是娶了老婆以后的阿四却更加寡言，嘴角上的笑影也一天一天少见。晴天午后我们照常到他家空地上去玩，有时在门口碰着了他，也不像从前那样朝我们嘻开了嘴笑．也不再给我们什么枇杷之类，他却用了阴凄凄的眼光望着我们，或者，拉住了我们中间一个，钉住了看一会，于是忽然拍拍手，叹一口气，就自顾走了。他这拍手，后来成为一种习惯——也许是他自己发明的表示烦恼的方法；每天早上我们刚起身就听得街上传来了拍拍的声音，我们就知道是阿四站在他自家门前朝天拍手了。晚饭时，我们在饭桌旁敲着碗筷等候开出饭来，也常常看见小丫头好奇似的跑来报告道："对门的阿四又在拍手了！"那时大家听了也不过一笑，并没有想到那拍手是一幕悲剧的开头呀。

这样拍手的早晚课继续了一些日子，就又添出新花样来：是在拍手的时候又把腿用劲地踢。再过后不多几天，又添了第三项：嘴里嘘嘘地吹。早晚两次，他拍的吹的很响，一天比一天响，隔一进房子也分明听得出。好像他是因为要引起人家的注意，所以隔了几天就增加一个新的动作，并且把声音弄得一天响似一天。到这时候，人们就常常说阿四也有点疯疯癫癫了。不过他还能够照常做买卖。而且拍手踢脚嘘气的早晚课做过以后，他静默地不开口，一点异样也没有。

是有什么极大的烦闷在阿四心头罢？那时我并不明白。我只记得我们到他家去玩的时候，竟不觉得他家早已多了一个新娘子。我们、老婆婆、阿绣，同在空地上玩笑的时候，那新娘子从不露脸。而老婆婆和阿绣也从不谈到他家这个"新来的人"。有时我们凑巧早上就到他家的小石埠上钓鱼，凑巧那新娘子也在那里洗衣服，凑巧老婆婆和阿绣都不在跟前，那时候，新娘子就要笑迷迷地朝我们看，问长问短，原是怪和气的。我们都觉得她比咭咭刮刮的阿绣好。然而说不了几句话，阿绣就像嗅到了气味似的跑来了，一双眼睛怪样地东张西望。新娘子就立刻变成哑口，低着头匆匆洗衣服，我们问她话，她也不回答了。不一会，提着湿淋淋的衣服急急忙忙走了。这当儿，阿绣的眼光时时瞥到她身上，而她却头也不抬，似乎非常局促不安。

这样的情形，后来又碰到过好几次。我们小孩子也不大理会得。可是有一天，我和邻家一个小朋友在将吃中饭的时候闯到了他家去，阿绣和老婆婆正忙着做饭，空地上只有那新娘子一个人在扫地，她看见了我们不理，我们也自顾采了些凤仙花坐在一块石头上玩。她扫地扫到我们跟前时，忽然立定了，像要说话似的朝我们看。“新娘子!”我们这样叫着，我们是一直这样叫她的。她听得叫，就把脸色一板，拿起那芦花扫帚的柄，用手比一比，意思是这就算人头罢，却把右手扁着像刀似的砍在那扫帚柄头，低声喝一句“杀!”又伸手偷偷指着厨房那边。她那神气是这样的阴森可怕，我们都忍不住惊叫了起来。她连忙对我们摇手，淡淡一笑，就走了。这一幕哑谜，我那时不懂得，就到现在我还是不很明白，但那时我的孩子的心似乎也依稀辨到了阿绣和新娘子这两个女人中间好像有仇似的。什么仇呢？我那时当然不会知道。我回家把这事情告诉了大人，他们都喝我“不许多说”。但后来，我听得烧饭的老妈子悄悄告诉我祖母道：“对门的老婆婆不让她儿子在新娘子房里睡觉，都是阿绣搬弄口舌。”于是我确定阿绣和新娘子有仇了。我的孩子气的心倒是帮着新娘子这一边。为什么？我也不知道。我只觉得她比咭咭刮刮的阿绣好。

这以后不多几时，母亲忽然禁止我到对门去玩，说是他家的阿四当真疯了。我不大肯相信，却也当真不去玩了，因为他们一家的人似乎都有点变样了：老当家午后不再坐在门口的竹椅子里打瞌睡，却上书场去了；老婆婆代了老当家坐在那里，却老是叽哩咕噜骂些我听不懂的话；阿绣呢，脸总是绷得紧紧的，脸上几点细麻子分外明显，看去叫人怕；阿四连生意也不肯做了。

早晚两次的拍手、踢脚、嘘气，阿四仍然没有忘记。不过又新添了一项：嘘气的时候叫着两个字，仿佛是“杀胚!”这两个字使得我们孩子听了很怕，以为疯子者就是那么想杀什么人的罢，同时我每逢听得他这么叫，我就记起了他家新娘子用扫帚柄比着头低声说的一字“杀!”我觉得他家迟早总要弄出杀人的事来罢。

但是有时在街上远远地看见阿四，觉得他跟别人没有什么两样。只在走近了时，才看得出他的眼光不定，面色青白；而且他像避猫的老鼠似的在人们身边偷偷地走过，怀疑地偷相着别人的面孔，似乎一切人都会害他。

不是他想杀人，倒是他怕被人家谋害罢！——我常常这样想。

两年后进了学校里去住宿，我就只在星期日回家的时候还听得阿四仍然做着他的早晚课，但听说他的老婆已经被他的老子娘卖给乡下人家又做新娘子去了。我听得了这消息就忍不住想道：“那家乡下人是不是也有一个像阿绣那样的咭咭刮刮的大姑娘?”

新娘子去后，阿四似乎有一个时候比较安静。人们说他间或也做做生意了。但不久忽然又发作起来，不吃饭睡了几天，起来后就站在门口骂人，不知他骂谁，人们也不去理会他。就我所知，阿四骂人，这是新纪录。

以后就添了一项新功课，早晚两次站在大门口骂人。走路的人谁朝他看了一眼，他就要骂；骂些什么，从来没有人听得明白。

这样也继续了半年光景，终于有一天阿四也同他哥哥阿三似的忽然不见了。过了半月，有人说镇外近处河里浮起一个死尸。阿四的老子去看了回来说：“不是阿四!”究竟这人到哪里去了，始终没有人知道。

卖水果的这两老儿，就剩了咭咭刮刮的大姑娘阿绣。还在“待字闺中”，虽然年纪总快要三十了。而这阿绣，后来永远是那样咭咕刮刮，也不用担心她会疯。“因为她是这样咭咭刮刮，所以不会疯罢?”——我常常这样想。

（原载《申报月刊》第3卷第11期，1934年11月15日出版）

再谈“疯子”

上次我讲的两个疯子都是封建社会的产儿。水果店的阿三——会画红面大胡子的关帝，白面的曹操，赤发金脸的奎星的阿三，他实在有点像是被埋没了的“艺术的天才”似的（虽然我不敢断定他是不是被俗人的唾沫淹死了的天才）。他这样的“疯子”，在有些“诗人”或“艺术家”看来，大概是最中意的“题材”罢，可是我倒觉得阿三的先前一点疯气，没有他弟弟阿四的故事，更加有意义。

像阿四那样的“疯子”，近年来已经少见了——至少在我的故乡差不多没有。挟父母之令以压制弟弟和弟妇，特别是干涉到他们的床第之私的小姑，尤其是年纪不轻颇有点变态性欲烦闷的小姑，在我的故乡——那是感受着都市的风气很快而且很锐敏的，几乎可说没有。

跟阿四同时代的，——而且也是封建社会的不二价的产物，还有几个“疯子”，童年的我常常喜欢同他们玩笑的：花一个小钱买得叫化子叫几声“老爷”的不第秀才（在我的家乡，“未青一衿”者，不能僭用“老爷”这尊称，不过这是三十年前的事，近来是久已废除了那样的“封建”的规矩了，谁今天有钱，他就是“老爷”了），以及想发横财一年总有一次要到镇外那大河里“捞金刀金酒壶”（这是从我的家乡的一个民间传说来的，说是从前沈万山的全是金器的伙食船就翻沉在那处的河道里）的破落户子弟。不过这样的“科第迷”“财迷”的疯子，说来也太陈腐了，还是一笔表过罢。

现在我要说的却是另一“型”的疯子。也是两个。

大约是民国的第二三年罢，民间颇有些“破除迷信”的呼声。本来呼声自呼声，迷信自迷信，两方面是“河水犯不了井水”的样子；可是那一回大概是因为要“普及教育”了罢，立刻要开办几个单级的小学校，“以符功令”；好，经费是有的，每校每年二百六十元左右，教师也是现成的，私塾的“猴子王”正待改业而穷秀才也正在找出路；只是校舍没有着落，于是所谓“破除迷信”也者第一次见之于事实了。有几座破庙的老和尚被办学的绅士们从“方丈室”赶到了“香积厨”，大佛殿上的菩萨搬一个转身（这就是说，请菩萨面壁思过），居然就教起“天地日月”来，成为学校，有的居然还挂了“学校重地，闲人莫入”的虎头牌儿。

我这里要讲的“疯子”之一就在那时候产生。

这是一位怪老实相的中年人，有一张山羊脸、羊眼睛和罕见的高鼻子。并不高大，些微有点“鸡胸驼背”似的。不论冬天夏天，他总是一件褪色的蓝竹布长衫；不论晴天雨天，他总带着一柄油纸雨伞，挟在胳肢下的。

这一位“疯子”第一回给我的印象简直是不疯的。他挟着雨伞，目不旁视地匆匆忙忙走过，极像个办大事的人物。他在街上出现的时候，总是那样一板正经、忙得不可开交的样子。而他可也实在比谁都忙些。他要打听镇上谁家有“佛事”，他要赶到那边，站在和尚背后，毕恭毕敬地看着和尚“拜忏”，直到“关灯”；如果碰到那家做“佛事”的人家是“高门大户”，“经堂”是摆在第二进的屋子里，那么，他还要跟门上的“大叔”作揖说好话，非达到了放他进去的目的决不休止；如果碰到同一天里有两三处的“佛事”，那么，他一定要处处都到，他会非常科学地支配好了时间，先在甲处看和尚们“开忏”，然后匆匆地赶到乙处丙处，也赶上了看得见“开忏”，然后再轮流地回到甲处“站在和尚背后”。在这些时候，他不能把一堂忏从头看到底了，那他就按着“有始有终”的意义不论怎样忙不过来，“开忏”和“关灯”这两大仪式他是一定要到场的。有时他因此会跑来跑去忙了一天，连吃饭都没有工夫；那时候，他脸上紧张的神气就好比是一个指挥几路战线的总司令；那时候，有什么人故意寻他的开心当街一把拉住了他的话，那他不是“绝裾而去”，便竟会两道眼泪直淌，跪下去哀求。

“今天镇上有几堂忏”，他比和尚们知道得清楚。

“谁家该做周年了，谁家的老太太或是老太爷要转十周年或者二十周年了。”他的消息比和尚还灵，并且比和尚还关心，早就在那里四处打听。

要是你看见他踱着方步在街上走过，那你就可以断定今天是一处佛事也没有；要是在这时候，你朝他看一眼，那他就会正经得了不得地踱到你跟前，并且郑重告诉你：明后天将有谁家的佛事，拜什么忏，几个和尚，哪一个庙里的和尚……也许那将要做佛事的人家自己倒还记不得那么清楚。

到“甲子年”齐卢战争那时候，这一位疯子忽然不见了；有人说是被军队拉了去当侠子，也有人说他出家做了和尚；真相不明。但是过不了多久，他的“第二世”又出现了。这“看和尚的疯子”二世却不及那位一世那么虔诚。虽然也是逢忏必到，但这“二世”却满足于一家，不像“一世”似的东西奔波；并且这“二世”也不像那“一世”似的“站在和尚背后”毕恭毕敬地“看”，他还帮和尚们收拾法器，帮主人家招待客人；他并不是夏天冬天穿着竹布长衫，也没有拿雨伞，他更像一个平常人。碰到机会好，他亦常常叨扰主人家一顿饭，他似乎不大肯让肚子叫苦。不用说，这“二世”已经是“堕落”了的，但为保存史料起见，我在这里也附带一笔。他当然不是我上文所说的“另一型的疯子”两个中间的一个。

这所谓第二个“疯子”，不看和尚，而且也不是“专门一科”的疯子；这就是说，他的疯的征象常常在变动。他不是“羊眼睛”；他的是一个人气苦了时那种发红的有点像出神又有点像瞪视着什么死不肯放开的眼睛。也没有什么衣服上的特异，也不拿什么特别的记号似的东西。他是喜欢说话的，有时要骂人。他第一次有点“疯疯癫癫”是在距今七年前镇上的小学校实行了男女同学，而且许多大姑娘都剪了头发的时候。不知道是怎样一来，人们忽然发觉了他每天必得在那小学校门前踱过两三回，而且一面踱，一面就骂“男女不分；读书么？学轧姘头。”他又发明了“大姑娘剪发”的目的也是要使“男女不分”，通奸时方便些，——男的可以扮做女的，混在女子队里，而女的也可以扮做男的，混到男子这面去。

这种观念，本来不是他一个人专有的；可是只有他当众叫出来，所以他就成了“疯子”。然而单只这一点，他这“疯子”的头衔还是不大牢靠的。不久，他就更加和平常人不同了。他整天在街旁的垃圾堆里掏摸，把什么烂鱼的肚实，——特别是咸带鱼的尾尖，当宝贝似的收集起来，然后挨家挨户去分送，郑重地说："搁在屋顶过一个礼拜，治小孩子的脑膜炎，灵验得很！"人家不要，他就不肯走；被他缠得没有办法接收了时，他可又疑心人家是敷衍他了，一定要亲眼看着人家把这些臭东西搁到屋顶去。这可是不折不扣"疯子"的行径了。人家远远看见他来就赶快关门。于是，蓬蓬蓬，他挨家敲了过去，结果，把他收集得来的臭东西每家门前给放下一些。

然而他的异想天开还不止此。他收集垃圾的范围扩大了，凡是臭烂的东西，不论是动物或植物，他全部收了来，堆在自己的家里，他还找了几个顽皮的孩子帮他收。等那臭东西生了虫，他就像拾得了宝贝似的，赶快连虫连臭东西送到他的邻舍去，说是这些虫可以做戒烟丸，上海有公司出了大价钱在那里收买。（在这里，我得注一笔，乡镇里"有嗜好"的人近来是非常之多的。）

他还有许许多多"化腐臭为神奇"的法子，好在垃圾堆在乡间是取用不尽的。他这样的"疯子"现在还没有"第二世"出现。但我觉得一定会有，而且还会有更多的别种"型"的疯子要产生。至于他呢，则就我所见的而言，他是机械势力侵入农村而且正当农村急速地破产这混乱的现象中第一次产生的带着"时代烙印"的一个疯子。像前回我讲过的阿四那样的疯子，以及此次所讲的专门要看和尚拜忏的疯子，大概将来不会再见了罢？将来会多起来的，也许就是这样的妄想在臭腐东西里找出治脑膜炎的方法以及戒烟丸之类的疯子。他们本质上倒是最不疯的，然而他们的行动却是"疯子"。

1934 年 12 月 24 日

（原载《申报月刊》第 4 卷第 1 期，1935 年 1 月 15 日出版）

阿四的故事

他们都叫他“阿四”。

乡里顽皮的孩子都会唱一只从“阿大”到“阿九”的歌儿。

为什么就没有唱到“阿十”呢？那是谁也不得知。但总之，唱到“阿四”那一段最讨气。他最初听见了瞪着跟睛，后来只好一听见就逃走。

这是牵连着“阿四”的那一段歌词：

“阿四，阿四，屁股上生颗痣。娘看看怕势势，爷看看割脱来拜利市。”

于是他恨着人家叫他“阿四”，也恨着自己为什么偏偏是“阿四”。

然而阿四他的故事并不是就此完了的。

正月里，他淌着清水鼻涕跟在娘背后到镇上人家讨年糕头。

二月里，他披着破夹袄跟在娘背后到河边摸螺蛳，到地里摘野菜挑马兰头。

三月里，娘忙了，他可乐了；他跑到爷管的租田东边那家镇上老爷的大坟地上玩去；他拾着了半枯的松球儿，也拾着了人家的断线鹞子，也看镇上的老爷太太小姐们穿得花花绿绿地来上坟，照例他可以得一提粽子。

三月是阿四快乐的日子。他在爷光着背脊背着毒太阳落田的时候就盼望下一个三月；他在北风虎虎地叫，缩紧了肩膀躲在通风的屋角里，用小拳头发狠地揉着他的咕咕响的空肚子的时候，也偷偷地想着快要到来的三月。他盼过了一个，又盼第二个，一来一去，他也居然长成了十一二岁。

也许他竟有十二岁了，但是猴子似的。爷管的租田东边那镇上大户人家的坟地上的小松树还比他长得快些。上过了坟，大户人家那个红喷喷胖圆脸的老爷总叫他的爷，阿四的爷，往松树墩上挑泥。

阿四的身上却从来不“加泥”，所以那一年大热，他就病得半死。他是喝了那绿油油浓痰似的脏水起病的，浑身滚烫，张开眼不认识人。爷娘也不理他；好生生的人还愁饿死呢，管得了一个病小子？然而阿四居然不死。热退了，心头明白些的时候，他听得爷叹气朝娘说：“死了倒干净！”

到桂花开的时候，阿四会爬到廊檐下晒太阳了。就像一条狗似的，他爬进爬出，永远没有人注意看他一眼的；人们，他的爷娘也在内，闹哄哄地从这家嚷到那家，像有天大的正经事。阿四虚弱的身体没有力气听，一听了只是耳朵里轰轰轰地；也没有力气看，看上两三分钟眼前就是一片乱金星。他只是垂着头靠在廊前的角里，做梦似的乱想些不相干的事。

他想到了大哥。他曾经有一个大哥，可是记不清哪一年被拉伕的拉了去，从此就没有。他又想到他的二姊。他还有点记得起二姊的面孔。他知道二姊卖在镇里做丫头。二姊也许还有粥吃，——一想到吃，他就觉得自己肚子里要东西，可是他只咽了一口唾沫，乱七八糟再想下去。他的乏力的眼看见了他的河里捞起来浮肿了的三哥！他是人家雇了去赶黄鸭掉在河里死的。那时候，他，阿四，不过八九岁；那时候，爷哭，娘也哭；那时候，爷不说“死了倒干净”呢！

于是阿四就觉得有一团东西从心口涌上来，塞住在喉头。他暂时什么想念都没有，像昏去了似的。

也不知过去了多少时光，阿四的昏迷的神经忽然嗅到了一股香味。他的精神吊起来了，睁眼一看，稻场上是许多人，都拿着锄头铁耙。“阿四！”他又听得叫，是娘的声音。他这才又看见娘伛了腰站在他面前，手里是一只碗，那香气就从碗里来的。这是很厚的粥汤！是真正的粥汤，跟往日的不同！

阿四可不知道这一碗粥汤的历史。[①]他不知道这是他的村里还有他的邻里几百人拼性命去换来的。他不知道这是抢来的，差一点他的爷娘吃着了枪子。他万万想不到这里头也有血的。他咕咕几口就吞了下去。

然而这就使得他的耳朵灵些。轰轰轰的声音少了些，他仿佛听得有人喊道：“镇上他们守得好，他们祖宗的坟都在我们乡下呀！”

坟么？阿四忽然又忘不了他的“快乐的三月”了。然而他的爷的声音又打断了他的思想。爷说：“坟里还有值钱的东西呢！”接着就用手指着东方。阿四知道这是指那个他常常去玩的坟了。他觉得有点高兴，似也好像有点难过；可是他的高兴或难过算得什么，他听得稻场上的人们蓦地一声喊，像半天空打下个焦雷，他的虚弱的身体就又有点发慌，眼前又是一片乱金星，耳朵里又是轰轰轰。

等到他再能看能听的时候，稻场上已经没有人了，从东方却来了“杭育杭育”的喊声，还夹杂着听不清的嚷叫。像有鬼附在身上，他爬了几步，他爬到稻场的东头，他看见了：他的爷和村里人站在那坟墩上举高了锄头。

他呆呆地望着，不懂得爷和村里人干些什么；他也不想要懂得。

可是随后他到底懂了。忽然他那“快乐的三月”又在他心上一闪——不，简直像是踹了他一脚，他渺渺茫茫起了这样的感想：明年三月里没有人来上坟了，他得不到一提粽子了。

正这么想着，忽然听得那边一声轰天的欢呼，几十人像一个人似的欢呼了一下；他不由得也站了起来，也笑了一笑，但是腿一软，他又跌在地上。他躺在那里，有意无意地听着，也有意无意地想着。他觉得是有什么一个东西在他心头隐隐现现，像同他捉迷藏；末了，他好像捉住了那东西，瘦脸上淡淡一笑，自言自语地说：“谁希罕那几只粽子！”

1934 年 11 月 13 日

（原载《太白》半月刊第 1 卷第 6 期，1934 年 12 月 5 日出版）

①由此以下的文章，当时被国民党的检查官删掉了，未能刊出。现根据原稿补上。

我的学化学的朋友

前年冬天，偶然碰到了阔别十年的老朋友K。几句寒暄以后，K就很感触似的说：

“这十年工夫，中国真变得快！”

“哦——”

我含糊应了一声，心里以为K这“中国真变得快”的议论大概是很用心看了几天报纸的结果。他那时新回中国。他在外国十年，从没看过中国报纸，——不，应该说他从来不看报，无论中外。他是研习化学的，试验管和显微镜是他整个的生命，整个的世界！

K看了我一眼，慢慢地吸着“白金龙”，又慢慢地喷出烟气来，然后慢慢地摇着头，申述他的感想——或者可说是印象：

“船到杨树浦，还不觉得什么异样；坐了接客小轮到铜人码头上岸，可就不同了！我出国的时候，这一带还没有七八层高的摩天楼。嗳，我是说那座‘沙逊房子’，可不是从前还没有？——第二天，亲戚世交都来了帖子请吃饭；看看那些酒馆的店号，自然陌生，那马路的名字倒还面熟，——×路，你记得的罢？民国九年，密司W逃婚逃到了上海，就住在×路的一个旅馆里，你和我都去看望过她。那时候，我们都是热腾腾的‘五四青年’，密司W的逃婚我们是百分之百拥护的——这些事，现在想来，我自己总要笑，但×马路却永远不能忘记了，在外国十年，只有这条马路我记得明明白白！可是今回我就闹了一个笑话。车夫拉到了×马路，我还不知道；我看见车夫停下车来，我就板起面孔喊他：‘怎么半路里停下来了？我是老上海，你不要乱敲竹杠！’……”

“哈哈哈哈！”

我忍不住大笑。

K也微微一笑，但是立刻又皱了眉头，接下去——

"当真，上海许多马路变到不认识了！后来，我一天一天怕出门了。回国已半个月，今天还是第三次出门呢！"

"是不是怕像上次那样闹笑话？"

"不然！马路换了样，是小事。我觉得上海的人全都换了样。尤其是上海的女人，当真我看不惯！"

听得这么说，我又笑了。那时候上海女人的时装是长旗袍外面套一件短大衣，细而长的假眉毛，和一头蓬松松的长头发。这和K出国那时所见密司W她们的装束显然不同。我自以为懂得K的心情了，他那时很看重密司W，不妨说，有几分恋爱她；想来那时候的密司W的装束也在K的心上留下了不可磨灭的印象罢？因此他觉得眼前的时装女人都"看不惯"罢？可是看见K一脸严肃的劲道，我不好意思开玩笑，我只随便回答着：

"噢噢，那个——但是，K，你以为现在女人的时髦装束不好看么？"

"嘿！哪里谈得到好看不好看呢！简直是怪！"

K突然好像生气，大声叫了起来。于是，觉着我有点吃惊，他又放低了声浪，很悲哀似的接下去：

"老实告诉你，S，我觉得上海的女人简直是怪东西。说她们是外国人罢，她们可实在是中国人；说她们是中国人呢，哼！不像！我所记得的中国女人不是这样的！我不敢出来，就因为我看见了她们就感得不高兴，我好像到了陌生的地方，到了一个特别的国度！"

我睁大了眼睛，惊异到说不出话来。我想不到这位埋头在试验管和显微镜里的老朋友竟还有他个人的"哲学"。我看着K的脸，两道浓眉毛的紧皱纹表示了这位化学家的朴质的心正被化学以外的一些事苦恼着。我觉得应该多说几句话了，可是K又赶着先说道：

"譬如英国罢，——假使你要说譬如德国或法国，都一样；从前我并没有英国朋友，也没多见英国人，但是英国人，我能够了解他们。我读过英国历史，读过英国人所作的一些小说，读过关于英国民族性的书籍，所以我到了英国并不感到陌生，我知道那些面生的人们的思想和性格——或者用我们从前一句老话，人生观！现在上海可就不同了。上海这地方，就好像是一个新国度，历史上从来没有的；上海的男男女女就好像是一个新的人种，也是历史上从来没有的。从前我住在上海，并没有过这样的感觉，这次久别重来，我就分明感到了！我回到了故乡，可是我好像飘洋飘到了荒岛，什么都是异样的，我所不能了解的！”

“一点也不错，上海就是一个新国度。这个新国度，就是你出国后十年之内加速度造成的。你不看见租界和华界之间有许多铁门么？这就是‘上海国’的界线！”

“唉！”

我的朋友叹一口气，手撑住了下巴，不作声了。过了一会儿，他自言自语地说：

“真糟糕！我是家在上海的。光景非在这个‘国度’里做老百姓不可了，然而我是一个陌生人，这真糟糕！”

“但是，K，如果你住上半年，你就能够懂得上海人了。”

我的口气，一点不带玩笑，K似乎很感动。他望了我一眼，性急地问道：

“有这一类的书么？最好是有书。你知道我是研究化学的，有机物或无机物，我都能够分析化验，但是碰到活活的人，我的拿手戏法就不中用了！我只能从书本子上去了解他们。”

“书是没有的。不过有法子。你先去读读《洋泾浜章程》；研究研究租界里的‘华人教育’从前是怎样的，现在是怎样的；你还应该去考察考察上海有多少教堂，多少传道所，你要去听听牧师的传道；你要统计一下，上海有许多电影院，开映的是什么影片；你还要留心读读上海出版的西字报和华字报：——这样下去半年，你自然会懂得上海人了。”

“太难，太难！”

K苦闷地摇着头说。

“那么还有一个办法：你不要一头钻在试验管和显微镜里，你大着胆子到处跑跑，——上海女子的猩红的嘴唇不会咬你一口的，你混上半年，就很够了，不过到了那时候，你自己也成了上海人，也许你依然不懂得上海人是怎样一种‘民族’，然而你一定不会感得陌生!”

我说着又忍不住哈哈笑了。我知道我的这位老朋友的脾气；第一条路他不肯走，第二条路他也不能走，他是一个“书毒头”（书呆子）!

K似乎也明白我的笑声里的意义，他的左手摸着下巴，愕然睁大了眼睛，接着又摇了摇头，轻声说：

“大概乡下还是十年前的老样子罢？我应该说上海变得快，不是全中国，对不对?”

于是轮到我愕然张大了眼睛了。我真料不到K还是十年前的老脾气，抵死不看报纸。我拍着这位老朋友的肩膀，很诚恳地说：

“不错，K，你到乡下去住一下是很有益的！因为你那时就会知道乡下有些地方，有些人，也是你陌生的！那时你就知道中国境内不但有‘上海国’，还有许多别的国!”

说到这里，我的老婆走了进来，我就不管K怎样鼓起了眼睛发怔，一把拉起他来，要他“凑一个搭子”打四圈麻将再说。

（原载《文学》月刊第1卷第2号，1933年8月1日出版）

旧帐簿

去年有一位乡先辈发愿修“志”。我们那里本来有一部旧志，是乾隆年间一位在我乡做官的人修的。他是外路人，而且“公余”纂修，心力不专，当然不免有些不尽不备。但这是我乡第一部“志”。

这一回，要补修了，经费呢，不用说，那位乡先辈独力担承；可是他老先生事情忙得很，只能在体裁方面总其成，在稿子的最后决定时下一判断，事实上的调查搜辑以及初稿的编辑，他都委托了几个朋友。

是在体例的厘订时，他老先生最费苦心。他披览各地新修的县志镇志，参考它们的体例；他又尽可能地和各“志”的纂修者当面讨论；他为此请过十几次的客。

有一次请客，主要的“贵宾”是一位道貌岸然、长胡子的金老先生。他是我们邻镇的老辈，他修过他自己家乡的“志”——一部在近来新修的志书中要算顶完备的镇志。他有许多好意见。记得其中之一是他以为“镇志”中也可有“赋税”一门，备载历年赋税之轻重，而“物价”一项，虽未便专立一门，却应在有关各门中特别注意；例如在“农产”，顶好能够调查了历来农产物价格之涨落，列为详表，在“工业”门，亦复如此。

老先生的意见，没有人不赞成。但是怎样找到那些材料呢？这是个问题。老先生捻须微笑道：“这儿，几十年的旧帐簿就有用处。”

从那一顿饭以后，我常常想起了我小时看见的我家后楼上一木箱的陈年旧帐簿。这些旧帐簿，不晓得以何因缘，一直保存下来，十岁时的我，还常常去翻那些厚本子的后边的空白纸页，撕下来做算草。但现在，我可以断定，这一木箱的陈年旧帐簿早已没有了。是烧了呢，或是“换了糖”？我记不清。总之，在二十年前，它们的命运早已告终。而我也早已忘记我家曾经有过那么一份不值钱的“古董”。

现在经那位金老先生一句话，我就宛然记得那一厚本一厚本的旧帐簿不但供给过我的算草稿，还被我搬来搬去当作垫脚砖，当我要找书橱顶上一格的木板旧小说的时候；那时候，我想不到这些“垫脚砖”就是——不，应该说不但是我家“家乘”的一部分，也就是我们“镇志”的一部分。

实在的，要晓得我们祖父的祖父曾经怎样生活着，最能告诉我们真实消息的，恐怕无过于陈年的旧帐簿！

我们知道，我们的历史，也无非是一种“陈年旧帐簿”。但可惜这上头，“虚帐”和“花帐”太多！

我们又知道我们读这所谓“历史”的陈年旧帐簿得有“眼光”。不但得有“眼光”，而且也得有正确的“读法”。正像那位金老先生有他的对于“陈年旧帐簿”的正确的“看法”一样。

在这里，我就想起了我所认识的一位乡亲对于他家的一叠“陈年旧帐簿”的态度。

这一位乡亲，现在是颇潦倒了，但从前，他家也着实过得去，证据就在他家有几十年的“陈年旧帐簿”，——等身高的一叠儿。他的父亲把亲手写的最后一本帐簿放在祖传的那一堆儿的顶上，郑重地移交给他，——那还是三十多年前的事；他呢，从老子手里接收了那“宝贝”以后，也每年加上一本新的、厚厚的一本儿。那时候，他也着实过得去。可是近几年来就不同了。证据就在他近年来亲手写的帐薄愈来愈薄，前年他叹气对人说：“只有五十张纸了！”说不定他今年的帐簿只要二十张纸。

然而他对于“陈年旧帐簿”的态度一贯的没有改变。不，——应该说，他的境遇愈窘则他对于他那祖传的“陈年旧帐簿”的一贯的态度就更加坚决更加顽强。例如：三五年前他还没十分潦倒的时候，听得人家谈起了张家讨媳妇花多少，李家嫁女儿花多少，他还不过轻轻一笑道：“从前我们祖老太爷办五姑姑喜事的时候，也用到了李家那个数目，先是大婚，花的比张家还要多些：这都有旧帐簿可查！然而你不要忘记，那时候油条只卖三文钱一根！”从前年起，他就不能够那么轻轻一笑了事了。前天大年夜，米店的伙计在他家里坐索十三元八角的米帐的时候，他就满脸青筋直爆，发疯似的跳进跳出嚷道：“说是宕过了年，灯节边一定付清，你不相信么？你不相信我家么？我们家，祖上传来旧帐簿一叠，你去看看，哪一年不是动千动万的大进出！我肯赖掉你这十三元八角么？笑话，笑话！”他当真捧了一大堆的“陈年旧帐簿”出来叫那米店伙计“亲自过目”。据说，那一个大年夜他就恭恭敬敬温读了那些“陈年旧帐簿”一夜。他感激得掉下眼泪来，只喃喃地自言自语着：“祖上哪一年不是动千动万的进出……镇上那些暴发户谁家拿得出这样一大堆的旧帐簿！哦，拿得出这样一大堆的几十年的旧帐簿的人家，算来就只有三家：东街赵老伯，南街钱二哥，本街就只有我了！”他在他那祖传的“陈年旧帐簿”中找得了自傲的确信。过去的“黄金时代”的温诵把他现在的“潦倒的痛疮”轻轻地揉得怪舒贴。

这是对于“陈年旧帐簿”的一种“看法”。而这种“看法”对于那位乡亲的效用好像还不只是“挡债”，还不只是使他“精神上胜利”，揉平了现实的“潦倒的痛疮”。这种“看法”，据说还使他能够“心广体胖”，随遇而安。例如他的大少爷当小学教员，每月薪水十八元，年青人不知好歹，每每要在老头子跟前吐那些更没有别的地方让他吐的“牢骚”；这当儿，做老子的就要“翻着旧帐簿”说：“十八元一月，一年也有二百元呢；从前你的爹爹还是优贡呢，东街赵老伯家的祖老太爷请他去做西席，一年才一百二十呀！你不相信，查旧帐簿！祖上亲笔写得有哪！”

这当儿，我的乡亲就忘记了他那“旧帐簿”也写着油条是三文钱一根！

虽然照这位乡亲精密的计算，我们家乡只有三家人家“该得起”几十年的“陈年旧帐簿”，但是我以为未必确实。差不多家家都有过“旧帐簿”，所成问题者，年代久远的程度罢了。自然，像那位乡亲似的“宝贝”着而且“迷信”着“旧帐簿”，——甚至还夸耀着他有“那么一叠的旧帐簿”的，实在很多；可是并不宝爱“旧帐簿”，拿来当柴烧或者换了糖的，恐怕也不少。只是能够像上面说过的那位金老先生似的懂得“旧帐簿”的真正用处的，却实在少得很呵！

又有人说，那位乡亲对“旧帐簿”的看法还是那位跟他一样有祖传一大叠“旧帐簿”的东街“赵老伯”教导成的，虽然“赵老伯”自家的“新帐簿”却一年一年加厚，——他自家并不每事“查旧帐”而是自有他的“新帐”。

不过，这一层“传说”，我没有详细调查过，只好作为“悬案”了。

1935年1月20日“查旧帐”之时

（原载《申报月刊》第4卷第2期，1935年2月15日出版）

苏嘉路上

一　一月五日的上海西站

这天下午三时，上海西站沸腾着无数的行客和无数的旅客。站内，平时是旅客们候车的地方，这天“候”在那里的，却是堆到天花板高的箱笼和铺盖。

“昨天挂了牌的行李，还堆在站里呢，——喏，那边，你看！今天的么？明天后天，说不定哪天能装出。”

月台上一个“红帽子”大声对一个旅客说。

这天是阴天，一列铁闷车又紧挨着月台，几盏电灯放射着苍白的光亮，其实灯光亦不弱，然而人们总感得昏黑。这天空气中太多的水分，加之太多的人嘘出来的水汽，大概已经在月台上凝成雾罢？看月台顶的电灯，委实像隔了一层雾。

一盏临时电灯像一个火黄色的牛奶瓶，挂在一张板桌上面，这是临时的写行李票的办事处。围着这办公桌一圈的，是“红帽子”，也有旅客。这一圈子以外，运行李——不是进铁闷车而是进站的手车，川流不息地在往来，在跳跃。

“上西站”确是进入了“非常时代”；“上西站”平时清闲惯的，这天（自然不仅这一天）饱和着行李和旅客，也饱和着各种各样的声音，人们对话，非提高了嗓子是不行的。

“上西站”，这天有海关职员的临时办事处，检查行李，给报运的货物开税单。“上西站”，这天有路警和宪兵在留心汉奸。

这天的“上西站”饱和着各种各样的声音：天空，有敌人飞机的声音，远远传来的，有炮声，敌机投弹的轰炸声，甚至卜卜的机关枪声；站外，指定的狭长地段上，有着无数候车的旅客们的嚷嚷声，——争执、抱怨、等得心焦时无目的的信口乱谈，小孩子的啼哭，还有，警宪维持秩序的吆喝声。

这天从早上起，大炮和机关枪的吼叫到处可以听得；从早上起，敌机数十架轮番轰炸沪西，三架一队的敌机几次从西南来，掠过“上西站”顶空，有时且低飞，隆隆的发动机声压倒了“上西站”的一切嘈音。

大约四时半罢，三架一队的从东北来（那边是它们轰炸的目的地），低飞着，直向“上西站”。月台上忽然尖厉地响起了几声警笛。站外，立着“持有京沪车票者在此集合”木牌的狭长草地上就卷起了恐慌的骚动：女人们抱着孩子们站起来了，人们这时方知候车的“妇孺”竟有这样的多！

“坐下，不要动！”路警和宪兵们高声叫着。

于是不动。动也没有用。在“不动”中，人们重新记起了这是“英兵警戒区域”，敌人的炸弹大概不至于往这处投。

在“不动”中，人们看着三架一队的飞机在顶上盘旋一匝，复向北去，又看见另一队横掠而过，于是，猛听得轰轰两声，感得坐下的草地也在震动以后，人们看见东北方冲起了几道黑烟。

“持有京沪车票者”集合队伍的尾巴不断地在加长，——增添的，不止是人，也有这些人们的家当：包裹、竹箱、网篮，乃至洋铅捅中装着碗盏和小饭锅。这是“家当”，不是“行李”，所以它们的主人们只想随身带着走，不去“挂牌子做行李”。暮色苍茫中，这一行列在进月台了，蠕动着，像一条受伤的虫。这一行列，其中十分之八的人们都有一件“法宝”，——挑他们各自的“家当”的扁担或木棒；这时却不能挑，都竖将起来，步枪似的高射炮似的，摇摆着，慢慢地前进。

行列中有一男一女；女的抱了个不满周岁的婴儿，男的背一只木箱，里面是工具，——他是木匠。他们没有小包裹，也没有破竹箱；那口工具箱便是他们全部的家当了罢？

另一个中年男子，长袍、油腻的马褂、老鼠的眼睛和老鼠的须，肩头扛着个衣包，手里提着小网篮，篮里椏椏叉叉不知是些什么，都触角似的伸在篮口之外；他这些触角，老碰着别人，但他老在那里怪嫌别人碰了他。

淮海口音的一个妇人，脑后老大一个发髻扁而圆，武装着不少的钢针，——这也许就是她糊口的工具罢？她像豪猪似的，使得后面往前挤的人们不得不对她保持相当的距离。有几个冒失鬼，伸长了颈子，往她这面挤，不止一次被她圆髻上的缝衣针拒退了。

夜色愈来愈浓，嚷嚷然推着挤着的这一行列终于都进了站台，消纳在车厢里。月台上走动的，只有穿制服的路员和警宪了，但灯光依旧昏花，像隔一层雾。

二　苏嘉路上

没有星，没有月亮，也不像有云。秋的夜空特有一种灰茫茫的微光。风挟带着潮湿，轻轻的，一阵阵，指在脸上作痒。

徒步走过了曾经被破坏的铁路桥（三十一号）的旅客们都挤在路轨两旁了。这里不是“站头”，但一个月以来，这一段路轨的平凡的枕木和石子上，印过无数流离失所的人们的脚迹，渗透着他们的汗和泪，而且，也积压着他们的悲愤和希望罢？一个青年人俯首穆然注视了好一会儿，悄悄地，——手指微抖地，拾了一粒石子，放进衣袋里去。

有人打起手电来了，细长一条青光掠过了成排的密集的人影：这里是壮年人的严肃的脸孔和忧郁的妇人的瘦脸木然相对，那边是一个虽然失血但还天真活泼的孩子的脸贴在母亲的胸口，……手电的光柱忽然停留在一点上了，圆圈里出现几个汉子，蹲成一堆，用皮箱当作饭台，有几个纸包，——该是什么牛肉干、花生米之类，有高粱酒罢，只一个瓶，套在嘴唇上，三位轮流。

和路轨并行的，是银灰色的一泓，不怎么阔，镶着芦苇的边儿，青蛙间歇地呱呱地叫。河边一簇一簇的小树轻轻摇摆。

“如果有敌机来，就下去这河滩边小树下躲一躲罢?”有人小声对他的同伴说，于是仰脸望着灰茫茫的夜空；而且，在肃然翘望的一二分钟间，他又回忆起列车刚开出“上西站”时所见的景象：那时夜幕初落，四野苍苍，车厢里仅有的一盏电灯也穿着黑纱的长袍，人们的面目瞧不清，但隐约可辨丰满胸脯细长身腰的是女性，而小铺盖似的依在大人身边的是孩童。被“黑纱的长袍”罩住的电灯光落在车厢地板上，圆浑浑的，像是神们顶上的光圈，有人伛着身子就这光圈阅读什么，——也许是《抵抗》[①]。忽然旅客们三三两两指着窗外纷纷议论了：东方的夜空有十多条探照灯光伞形似的张开着，高高低低的红星在飞舞追逐，——据说，这就是给高射炮手带路的信号枪。车轮匀整地响着，但高射炮声依然听得到，密密的，像连绵的春雷一样。中国空军袭击敌人根据地杨树浦。仰首悠然回忆的那位年青人，嘴唇边掠过一抹微笑。

近来中国空军每夜来黄浦江边袭击，敌人的飞机却到内地各处去滥炸，但依据敌机暴行的“统计”看来，没有星月的晚上它们也还是不大出巢。也许为此罢。这临时待车处的路轨两旁并没施行怎样严格的“灯火管制”。路警和宪兵们杂在人堆里，有时也无目的地打着手电，纵横的青光，一条条。

草间似乎有秋虫也还在叫。虽不怎样放纵，却也永无片刻静定的人声，凝成了厚重的一片，压在这夜的原野。远处，昏茫茫的背景前有几点萤火忽上忽下互相追逐。俄而有特大的一点，金黄色的，忽左忽右地由远而近，终于直向路轨旁的人群来了。隐约辨得出这是一个人提着灯笼。但即在这一刹那间，这灯光熄灭了。可是人们还能感觉出这人依然直向这边来，而且加入了这里的人群，在行列中转动，像一个陀螺，不多时，连他的声音也听到了，急促然而分明，是叫卖着：“茶叶蛋——滚烫白米粥。”

这位半夜的小贩，大概来自邻近的村庄。那边有金色的眼睛，时开时阖的，大概就是那不知名的小村庄。听说为了“抽壮丁”，也为了“拉伕”，有些三家村里，男子都躲避起来了，只剩下女人们支应着门户。也许这位“半夜的小贩”就是个女的罢？然而列车刚过了松江站时，车上突然涌现出大批的兜生意的挑夫，却是壮丁。他们并不属于路局，他们也是所谓战时的“投机者”，但据说要钻谋到这么个“缺”，需要相当的“资本”。

提着“诸葛灯”的路警开始肃清轨道的工作。这并不怎么容易。

侵占着轨道的，不单是人，还有行李，于是长长的行列中发生了骚动。但这，也给旅客们以快慰，因为知道期待中的火车不久就可以到了。

只听得一声笛叫，随即是隆隆的重音，西来的列车忽然已经到了而且停住。车上没有一点亮光。车上的人和行李争先要下来，早已挤断了车门，然而车下严阵以待也是争先要上去的，也是行李和人。有人不断地踢着："不要打手电！"然而手电的青光依然横斜交错。人们此时似乎只有一个念头：怎样赶先上去给自己的身体和行李找到个地位。敌机的可怕的袭击暂时已被忘记。手电光照见每一个窗洞都尽了非常的职务：行李和人从这里缒下，也从这里爬上。手电光也照见几乎所有的车门全被背着大包袱的——挣扎着要上去或下来的——像蜘蛛一样的旅客封锁住了。手电虽然大胆地使用着，但并没找到合意的"进路"，结果是实行"灯火管制"，一味摸黑"仰攻"。说是"仰"攻，并不夸张，因为车门日的"踏脚"最低一阶也离地有三尺多。

人们会想不通，女人和小孩子如何能上车。但事实上觉得自己确实已在车中的时候便看见前后左右已有不少的妇孺。

黑茫茫中也不知车里拥挤到怎样程度。只知道一件：你已经不能动。你要是一伸脚，碰着的不是行李便是人。

两三位穿便衣的，有一盏"诸葛灯"，挤到车门口，高声叫道："行李不能放在走路口！这是谁的？不行，不能挡住了走路！"行李们的主人也许就在旁边，可是装傻，不理。

"不行！挡住走路。回头东洋飞机来轰炸，这一车的人，还跑得了么？"便衣们严重地警告了。

行李们的主人依然不理，但是"非主人们"可着急了，有四五个声音同时喊道："谁的东西？没有主儿的么，扔下车去！"这比敌机的袭击，在行李的主人看来，更多些可能性，于是他也慌了，赶快"自首"，把自己的舒服的座位让给他的行李。（然而开车以后，因为暗中好行事，这些行李仍然蹲在走路上了。）

便衣们这样靠着"群众"的帮助，一路开辟过去。群众从便衣的暗示，纷纷议论着敌机袭击的危险，车厢里滚动着嘈杂的人声，列车却在这时悄悄地开动。

有一个角上，吵闹得特别有条理：似乎丢失了什么小物件，（因为失主们老是说：口袋里都摸过了，没有。）同伴的三四位在互相抱怨，谁也不肯负责任，都是女的口音。一根火柴被擦亮了，这不服气的三四位打算在地下找寻。

“谁在那里点火？你不要命？”有人这样喊。

火也随即灭了，大概那根火柴已经烧尽。但立即第二根火柴又被擦亮，并且接着就是光芒四射的灯火；原来那三四位女客想得周到，还带着洋烛，此时就公然使用。抗议的声浪从四面八方起来了，但勇敢的她们付之不闻。

这是太“严重”了。车里谈着闲天的人们都停止了谈话，瞌睡的人们也陆续惊醒，——人们的眼光都射在那烛光的一角，晃动着的烛光这时也移到座位底下了，隐约看见三四个女人的身子都弯着腰向地下寻找。同时，也已经有人挤过行李和人的障碍，到了她们的面前。烛光突然灭了，附带着厉声的呼叱：

“懂么？不许点火！再点，叫宪兵来抓！”

“可是我们丢了东西……”女人的口音，是淮海一路。

“等天亮了再找！”

这应该可以是“结论”了，然而不然。三四个女人的口音合力争辩她们必须赶快找，并且屡次说“找东西，又不犯法”。这时又有一人挤到她们面前来了，用了比较和缓的口气，这人说：“可是你们点火，就犯了法。你们看车里不是没有电灯么？这不是铁路上要省钱，为的是防空，——知道么？”

她们不知道。她们来自上海租界的工厂，从来不知道什么防空。但她们知道已经动了众怒，只好闷着一肚子的疑问等候“天亮”。

列车已经通过了两个小站。都是悄悄地开进站，没叫一声。都只停了不多几分钟。站上只开着一两盏灯，车窗外昏暗中顶着盘子的小贩，慢声叫卖着“丁蹄，蹄筋”。

这以后就到了一个气象森严的大站，这就是嘉兴。

从外扬旗起，就看见引进车站的一串电杆上，路灯莹然放射光明；灯影下每隔十多步，有一个横枪在肩头的士兵。月台上，虽非“照耀如同白昼”，却也开着不少的电灯。几条车道全给占住，只留中间一道有一辆机关车去了又来，啵滋啵滋喘气，像一个忙碌的传令兵。列车们，连上海来的也在内，都黑黝黝地依次靠着，等候放行。

机关车第二次去了又来，挨着那曾经发生过“防空问题”的一节车；机关车上的独眼发怒似的直瞧住这一节车，照得车里雪亮。似乎这给了那三四位女客一个暗示。她们觉得这是她们及早找到失物的机会，而且，也许她们作过这样的推理：“既然车外可以有那么多的灯火，为什么车里不能呢?”——于是她们勇敢地再拿出她们的法宝，自备的洋烛来了。

这一次，车里没有人抗议，荧荧的烛光移上移下，摇摇然似乎表示得意。另外有人也擦着火柴抽烟了，烟圈儿在车外射来的光波中轻盈飘浮。但在女客们的洋烛尚未尽其使命以前，车窗外又来了命令的声音：

“不许点灯！懂不懂规矩?”

“懂的。可是，一会儿就完……”

“不行，不行!”不止一个声音了，并且用木棒什么的敲着板窗。于是在啾啾不平声中，洋烛光终于熄灭。

紧挨在右侧的那辆机关车突然叫一声，又开走了；客车里重复只能看见人身的轮廓。但是随即有一道强光从后面斜射而来，随即听得有隆隆的声音，一长列的车子缓缓驶过，把车站方面来的灯光全部遮断。偶尔有一二处明亮一闪即过，不知道那夹在大批铁闷车中间的一二辆客车里有人没有。

“军火车已经让过了，我们这列车也该开了罢?”有人打着呵欠说。

“车头还没有来呢!”另一个回答。

这时，停在最左边一条车道上的一列车也开走了，但跟着就有短短的一列来补缺。

旅客中间有过“非常时期”的旅行经验的，说在某站上，“特别快车”曾经等候至三小时之久，毕竟“等来了炸弹”。

“呵！那么我们已经等候了多少时候呢?”就有人这样问，希望所得的回答是“尚未太久”。

但是没有人能作正确的答案。谁也弄不清列车是几时到站的。忽然听得远远来了“呜”的一声，大家都吓了一跳，以为是“警报”，有过经验的几位就想夺门而走。然而这时列车忽又也像吃惊似的浑身一抖。“炸弹来了!”竟有人大声疾呼。昏暗的车厢里不再能维持秩序。可是又看见月台和路灯都在移走。原来刚才车身那一震是列车接上了“车头”，现在车已开走。

苏嘉路，贯通了沪杭京沪两线的苏嘉路在负荷“非常时期”的使命。列车柯柯柯地前进。车头上那盏大灯不放光明，只在司机室的旁边开亮了一盏小灯，远望如一颗大星。原野昏黑而无际，但伴着列车一路的，却有一条银灰色的带子，这便是运河。而这善良的运河不幸成了敌机寻觅苏嘉路最好的标帜。

夜已过半，人们在颠簸中打瞌睡。有时恍惚觉得列车渐渐慢下来，终于停止，于是又恍惚听到隆隆声自远而近，猛然惊醒了，侧着耳朵，知道是候让来车，俄而一长列飞也似的擦过。

车又开了，人们又沉沉睡去；即使并未入睡的人们也是昏昏的什么思想感觉都没有。

窗外是一片昏黑，原野也在沉睡。一片昏黑中，只有偶然游泳的二三极细的火星；这也许是流萤，但也许是车头烟囱里喷出来的火星。

突然列车慢下来了，在半路里停止。

谁也不知道车已停止。待到发见了车已停止时，渴睡的旅客们都振作精神来研究这原因。侧耳听，什么异样的响声都没有。有人探身窗外张望，昏黑一片中什么都没有。但是前面远处却有一两点光，打暗号似的忽暗忽明。

有人说这是某某车站。

那么列车为什么不进站去？又是让兵车么？

没有人给你回答，也无处去问。

带洋烛的三四位忽然又要活动。一根火柴擦亮了。

“不许点火，谁！谁?”

意外地，车窗外立即来了这样严厉的呵叱声。皮靴橐橐的声音很快地跑到那几位女客所在的窗前。人们才知道车外守的有路警或宪兵。

“小便急了，怎么办呢?”窗口的女客的声音。

“小便也不许！小便要紧，性命要紧?”

窗外来的断然的命令。

旅客们议论起来了。悲观者举出许多理由证明这半路停车一定是有警报，乐观者却也举出许多理由证明这是等让兵车。

议论没有结果，车却开动了。这回却一上来就是快车，没叫一声就通过了那车站。站上没点灯，只有站长俨然挺立在月台上，右臂横伸，手里有一盏绿灯；离他不远，平行线的，又有一个荷枪肃立的路警。

这以后，鱼肚白渐渐泛出在天空。

（原载《烽火》周刊第12、13—14、15期，
1937年11月21日，1938年5月1日、5日出版）

①《抵抗》：原名《抗战》。抗战初期一种影响很大的宣传坚持抗战的三日刊。由邹韬奋主编，生活书店出版。

可爱的故乡①

浙江是个物产丰富、风景秀丽、人才辈出的地方。虽然我仅仅在那里度过了青少年时代，却深深地怀念它！

我的家乡乌镇，历史悠久，春秋时，吴曾在此屯兵以防越，故名乌戍。何以名“乌”，说法不一，唐朝咸通年间改称乌镇。历代都在乌镇驻兵，明朝曾驻兵于此以防倭。乌镇在清朝末年是两省、三府、七县交界，地当水陆要冲。清朝在乌镇设驻防同知，俗名“二府”，同知衙门有东西辕门，大堂上一副对联是“屏藩两浙，控制三吴”，宛然是两江总督衙门的气派。镇上古迹之一有唐代银杏，至今尚存。我为故乡写的一首《西江月》中有两句：“唐代银杏宛在，昭明书室依稀。”梁昭明太子曾在此读书。

一九一三年夏，我毕业于杭州私立安定中学，为了报考北京大学预科，我离别了故乡。后来，生活、工作、斗争的需要，竟使我再没有回归故乡。在二三十年代，我还间或回家乡探望母亲，而一九四〇年母亲的去世，终于切断了我与故乡连接的纽带；那正是风雨如磐的年代。解放后，故乡日新月异，喜报频传。每当我从故乡来人的口中听到这些消息，总想回去看看，可又总是受到各种意外的干扰，其中就有“文化大革命”的十年浩劫。然而，漫长的岁月和迢迢千里的远隔，从未遮断我的乡思。

浙江出过许多人才。历史上的人物就不说了，仅仅民国以来的仁人志士、革命先烈就可以列出长长的名单。敬爱的周总理的祖籍在浙江，鲁迅先生是绍兴人，这是妇孺皆知的；与陈独秀共同创建中国共产党第一个小组的陈望道和沈玄庐，都是浙江人；民主主义革命的斗士蔡元培、沈钧儒，为革命而被砍头的第一个女烈士鉴湖女侠（秋瑾），也都是浙江人；还有郁达夫，也是浙江人；章太炎是浙江余杭人，而章太炎的夫人汤国梨，是乌镇人。但是，还有一些现在也许不为人所知的志士，在我的记忆中却保留着深刻的印象。这就是湖州中学校长沈谱琴和嘉兴中学校长方青箱。沈谱琴和方青箱都是同盟会员。在辛亥革命时，他们把学生武装起来，占领了湖、嘉两座府城。武器是学校体操用的枪，都是真枪，能连发九颗子弹，而且他们确实储备了不少弹药。平时的体操课实际上是军事训练。当时嘉兴中学教三角、几何的教员计仰先还率领学生前往杭州助攻府台衙门。

我回忆这些往事，想念这些故人，是为了寄语故乡的亲人：浙江是有光荣的革命传统的！踏着前辈的足迹，高举四个现代化的旗帜前进再前进！

1980 年 3 月 17 日于北京

①本篇最初发表于 1980 年 5 月 25 日《浙江日报》。

第三辑　温故以知新

温故以知新

一

八年抗日战争，四年解放战争，锻炼出一支无比坚强的文艺队伍。这支队伍，从它的成员的经历看，真是五花八门。有来自三十年代，曾在蒋介石统治区打垮了蒋家文化围剿的全国各地的战士。也有抗战开始后刚从事文艺工作的新战士，其中又有曾在革命圣地延安受过培养的，也有未曾去过延安但自抗战开始就在大后方或各根据地在党领导之下做文艺工作的。

一九四九年，全国解放了。这支文艺队伍在第一次全国文学艺术工作者代表大会上，受到了毛主席、周总理的检阅，以及党的老一辈无产阶级革命家的关怀。大会以后，成立了全国文联以及各省、市、自治区文联；全国文学工作者协会（第二次文代大会后改称作家协会）以及各省、市、自治区的分会。从此，这个一千多人的队伍分赴全国各地，为社会主义文艺的建设，作出了贡献。党领导的这支队伍，在新的条件下，它的作品，无论从题材和风格的多样性，从思想内容的深刻性而言，都超过了三十年代。这是有目共睹，不能抹煞的。

但是，在建国后的十七年中，由于内在和外来的各种复杂因素，这支队伍经历了“左”的或“右”的偏差与摇摆；这是党内路线斗争反映到文艺领域的结果。这也是有目共睹，不必讳言的。

林彪和“四人帮”推行极“左”路线，阴谋篡党夺权，擅敢封闭文联和各协，对十七年来执行毛泽东革命文艺方针的广大文艺战士，加以无情打击，残酷迫害。许多人含冤而死，许多人长期囚禁，肉体受到严重的摧残。但是，这支受过党的长期教导的文艺队伍只是被打散了，没有被打垮，也不可能被打垮。党中央粉碎了“四人帮”，解放了万千文艺战士，重上战场。他们大多数两鬓添霜，然而豪情壮志，更见坚强。他们立即投入战斗，既为揭批“四人帮”，肃清流毒，解放思想，作出重大贡献；也为反映四个现代化，作出初步的贡献。万马齐暗的局面一时改观，而为万马奔腾。这正符合全国人民迫切的愿望，这也表示文艺春天的到来。

二

三年来，一批新战士出现了。他们的作品或者反映了他们身经目睹的“四人帮”封建法西斯暴行，或者反映了“四人帮”愚民政策在年青一代身上所留下的“伤痕”。由于题材的关系，这些作品不可避免地有低沉的音调和阴暗的色彩，然而，它们扣人心弦，启发人们深思：这一切恶梦似的现实，记忆犹新，到底为什么而竟然发生？从这一切，我们将学到什么教训？我们的后一代又将学到什么教训？我想：学到这个教训是重要的，因为只有学到教训，而且牢记在心头，然后能使这恶梦似的一切，将来不会再发生，永远不发生。

从这意义说来，你称它们为“伤痕文学”也好，“感伤文学”也好，“暴露文学”也好，但不能不承认它们的确是反映了一个时代（虽然这在历史的长河中不过是一滴水）的作品，而这个时代如果在我们这一代以及我们的后代，长留教训，是有非常重大的积极意义的。

有人担心这些“伤痕文学”或“感伤文学”过于暴露了，会产生副作用。仔细想来，这样的担心是多余的。如果这些“暴露文学”会产生副作用，那就表示，我们的评论家没有把工作做好。如果评论家能够恰当地评论这些作品，广大的读者就不会产生不健康的反应，而会从这些作品中吸取惨痛的教训，增加其对“四人帮”的憎恨；擦亮他们的眼睛，使他们对社会上仍有市场的处于潜流状态的极“左”思想，提高认识和警惕。这还不好么？

再说，“歌德的”或者写光明面的作品，难道就没有副作用么？我以为未必然。“殷鉴”不远，就在最近的十多年。

社会主义社会是相当长的一个历史阶段。在这时期，就人的思想而言，有先进的，也有落后的；就社会现实而言，是光明与黑暗的交织。但就其总的趋向而言，是前进的，是走向光明渐多而黑暗渐少的过程。因此，反映在文艺上，有表现前进的，自然也有表现落后的，有描写光明面的，自然也有揭露黑暗面的。一个作品，如果写写这对立的两面，那就是反映了社会现象的全面，是好的作品；如果只写了这两面中的一面，只要不是故意粉饰，不是故意抹黑，而是表现了客观的真实，那也正好给大家看两个对立面而增加其对客观现实的认识。所以，持论者如果认为表现了社会的落后与黑暗面，便是“缺德”，那就恰好说明他自己对现实的认识不全面。他不理解，一味给人吃甜东西，会把人的胃口弄坏，甚至有害于人的健康的发展。

三

现在又重新提倡百花齐放与百家争鸣了。还没听说有人反对。但是，听说有些人对“文艺民主”的提法却期期以为不可。这就怪了。百花齐放与百家争鸣，就是文艺民主的具体表现，离开了百花齐放与百家争鸣，就谈不上什么文艺民主。赞成百花齐放、百家争鸣的，必然赞成文艺民主。如果不然，那是不合逻辑的。如果觉得文艺民主这四个字刺耳，那就不免叫人怀疑他的赞成“双百”，是不是全心全意的，或者，他对于“双百”的理解是跟大家不同的。

百家争鸣指文艺理论上的争鸣，也指对文艺作品的评价之争鸣。一部作品问世了，如果社会上没有反响，那么，这位作家真该反躬自省。如果社会上对此作品一边倒地喝采，此时，作家也不应自满。反之，如果是一边倒地诅咒，此时，作家也不必自馁。正常的现象是毁誉参半。这个毁誉参半，就是百家争鸣。这个百家争鸣，会争出一个对作品既不偏高，也不偏低的恰好的评价。这样的评价才能够帮作者使其更前进一步，也使别的作家从中受到教益。换言之，百家争鸣是可以而且必然推进百花齐放。反之，如果没有百花齐放，百家争鸣就没有对象。我以为“双百”的关系，应当是这样的。所以，我们说，坚决彻底地贯彻双百方针，是文艺繁荣的先决条件。文艺民主，不过是双百方针的缩写，没有文艺民主而要求文艺繁荣，那是南辕而北辙。

所以，文艺民主不应成为作家与领导之间争论的话题。

四

近三年的文艺现象，我们要有个全面的了解与全面的评价。

事实是：近三年来发表的文艺作品，就其题材而论，还是多种多样的。所谓“伤痕文学”“感伤文学”或“暴露文学”，在总数中占的百分比是小的。但是，这占百分比中少数的东西却引起了社会上最大的注意。这原因，我以为是：它们所提出的问题，是大家共同的经历，是记忆犹新，而且尚有余悸的。至于它的对社会发生的效果，我在本文第二节中已经讲过，此处从略。

在这里，我想对百分比中的大多数，谈谈我的印象。

我觉得，在三十年的社会主义文艺史上，现在是处在一个新的起点。它的蓬蓬勃勃的气势是可喜的，但是，还不能不说是新时期的幼年阶段，所以虽然头角峥嵘，还在成长过程中。社会提出的要求，会越来越高。人总是不能满足于停止状态，总是要求发展。如果有踏步不前的状态，其原因何在？这有待于百家争鸣来寻究根源，对症下药。如何发展？这也有待于百家争鸣来找出其规律。

对于“伤痕文学”等等，也有同样的要求。不能止步不前，必须向前发展。这不是指量的方面，而是指质的方面。对作品的题材，还应该发掘得更深，还应该加强作品思想的深刻性和艺术表现的更完善。同时，也要想到已有的“伤痕”题材会越用越少，那就得做好准备，转换题材。

五

列宁说：“判断历史的功绩，不是根据历史活动家没有提供现代所要求的东西，而是根据他们比他们的前辈提供了新的东西。”（《列宁全集》第2卷第150页）这个原则，可供我们评价“五四”以后二十年代的新文学，三十年代的左翼文学，抗日战争的文学，以至建国三十年来的社会主义文艺。无疑，下一代将会根据这个原则，对我们近三年来成长的一代，作出评价。正像下一代自己也将被他们的下一代作出评价。事物是发展的，三年来出现的新一代肯定将超过他们的前辈，同时也将被下一代所超过。如果不然，那就没有发展，是不可能的。人为地阻挡这发展，如十年来“四人帮”之所为，必将被历史的巨轮碾得粉碎。而保证这发展的可能的，将是百花齐放、百家争鸣。

1979 年 9 月 2 日

①本篇最初发表于 1980 年 5 月 25 日《浙江日报》。

六〇年短篇小说读书笔记[①]

（一）

题材较为多样，作家取材的角度亦比过去为多。在普通日常生活的背景前描写新人形象，挖掘相当深，——这是去年的新的成就。但是，人物描写方面，党委书记、支部书记、厂长等等领导人的形象仍为千篇一律者较多，而别开生面者少。又所创造的妇女形象较多且较胜于男子。

讽刺短篇少，幽默的更少。以讽刺幽默的笔法来写一些我们社会上的人民内部矛盾，可能比用严肃的教训的笔法，表现得更深刻，而给人的启发也更大；面命耳提当然起教育作用，但旁敲侧击，轻轻一点，启发人们的思考，自寻答案，也许人心更深，作用更落实。社会上人们的觉悟程度、认识程度各各不同，有的需要面命耳提、反覆作填鸭式的告诫，而有的则只要眉目示意，片言点题，便能举一反三；前者有其必要，而后者亦属重要，因为由后者之道，将可以锻炼人们的研究问题、认识现实的能力，譬之醇酒，上口未必吓人，然而后劲甚大。讽刺作品之少与评论界之严格要求，甚至吹毛求疵，好扣帽子，增加作家顾虑有关。

短篇结构，大有进步，人物塑造的规律亦把握得更多，但描写环境的本领还差些；有些环境的描写还像镜框子，为写环境而写环境，不是为了烘托人物的情绪而写环境；有些环境描写着墨虽多而条理紊乱，给人印象不深。《红楼梦》写林黛玉初进荣国府，……诸如此类的环境描写方法，我们也在《欢乐的除夕》《一点红在高空中》看到了，但在别的短篇中还少见。至于写气氛，近来已大有进步，但是战斗的气氛（例如苦战几昼夜）写得多，也大都能写好，而欢乐的气氛，就写得比较少，也比较公式化（例如强调姑娘们、小伙子的逗趣，强调姑娘们的两根辫子一甩等等），至于写清雅幽闲的气氛就不多见（以我的浅陋，尚未见之），好像作家们都怕写，因为据说清雅幽闲乃资产阶级情调。这正是很大的误解，也是对于劳动人民极大的侮辱——何以言之？因为这是把劳动人民歪曲为除了流汗苦干只解跳跳蹦蹦傻笑也。

词汇仍嫌贫乏。人民口头活的词汇，仍嫌没有新的发掘和新的加工；尤其是大多数作品中描写党委书记或支部书记时，词汇只有一套，——好像作家们有些默契，不用这一套词汇来写党委书记或支部书记便会被批评为歪曲了党委书记等等的形象。有人说，一些作品中写大姑娘的眼睛只能用“黑”“大”“亮晶晶”等词汇，更无新词，此则固然矣，但词汇贫乏的现象，已极普遍，不仅在人物描写。贫乏之根源，一方面在于作家观察不锐敏，体会不深刻，提炼加工的本领还未到家，而又一方面亦在社会上评论界有一股不正确的风尚，把有些词汇都贬为不健康，为陈腐，为有资产阶级、小资产阶级臭味，这样，把路子弄狭了，又阻碍作家思想解放、大胆创造。而由于对正面人物要求更严（动辄加以歪曲的批评），故描写正面人物的词汇更少，这也是反面人物一般都更有形象性的原因之一。我不是苛责了评论家，不过提醒大家，同时也警惕自己，评论文章对于读者、作者影响既如此之大，我们落笔便要格外谨慎，不可乱扣帽子，亦不可以代表什么组织的面目出现；但亦不宜观风望气，不敢提出不同意见。活跃评论界的空气，有待于我们共同努力。

（二）

《李双双小传》——李准，《人民文学》1960 年 3 月号。

这篇相当好。然而，这是压缩了的中篇，而不是通过生活片段来反映全体（本质）的，如唐克新、肖木、草明的作品。当然，《小传》也写得好，可是余味不深，没有《第一课》那样耐人寻味；人物描写不如《战斗的里程》，李双双不免有些描头画角。

第一段从双双的大字报引起本题。这一段可以说有点摹仿《阿 Q

正传》的开头一章，但文笔的幽默、辛辣都远不如。而且也感到文气匆促。

第二段回叙双双曾经怎样斗争这才从丈夫手下解放出来。这一段算不算够“人情味”？我看是算得了的。但是修正主义者一定要把人物性格写得迷离恍惚、阴阳面，才算有了“人情味”，或者一段肉麻的庸俗的人事关系（父子、兄弟等五伦之间），也算“人情味”。此段回叙，文字简洁，而李双双和喜旺二人的性格，已颇突出。

第一二段概括了封建思想（夫权）在贫雇农身上如何根深蒂厚，又点出，像喜旺这样封建思想浓厚但又不大能干的农民，有一个漂亮伶俐、勤快的老婆时，一则以喜、一则以惧的矛盾心理。

第三段还是回叙——李双双怎样和桂英（邻居）商量着办食堂（那是在双双和喜旺打架之后），点明大字报的来源。但是这一段夹在二、四段之间，使结构松弛，在结构上有毛病。其实可以删去，而在下一段内，用喜旺回忆或其他方法点一二句就行了。此段回叙如果删去，关于桂英，可以在适当地位点出。

作者此篇写气氛不够。能画人物，但不能写背景、写气氛。这是说故事的调子的落后的一面。

第四段写食堂办起来了，公选炊事员。此段极为轻松波俏，故虽叙选举事，却不枯燥。最幽默的是把喜旺选上了炊事员，而且大家都为他的做菜手段吹嘘。（喜旺老把老婆叫“俺做饭的”，故而选他当炊事员有幽默感。喜旺以前曾在镇上饭馆里工作，能烧菜。）双双——办食堂的建议人，却不在食堂工作——这样安排，很好。

第五段写喜旺在食堂的第一天工作，以及开过饭回家和双双的絮语。此段后半写得好，夫妇喁喁私语，然而写了二人的性格，着重写了双双的能干、可爱。这些“人情味”很关重要，正是借此刻画了新人物的品质。

第六段写喜旺上了富农的当，又写双双上了喜旺的当，代他求换工作，经支书说破后，双双自告奋勇代了喜旺的工作。此段写来曲折有致，写双双、喜旺个性极好。仅有一二败笔，乃是想不冷落支书之故。但为了不冷落支书而写支书，因而无戏。支书就没有写好。

第七、八两段太啰唆，没有前面的紧凑，笔调也不那么风趣了。第七段写挖老鼠洞挖出富农孙有私藏的水车，以及孙有找喜旺说情，被喜旺拒绝，双双到老支书处告发。大体上紧凑，而且也在故事发展中写了人物性格的发展（喜旺也知政治挂帅了，但只知拒绝孙有，而不愿告发孙有），仅一二处叙述稍嫌平板。至于第八段，则叙述李双双他们搞食堂炊具机械化（水车利用上了，专门担水的老杨就支援猪场去了），自己制造了切菜机、淘米机，然而因为利用红薯事，和富农之子金樵（食堂司务长）斗争起来；又叙喜旺帮她做好了跃进面（红薯粉和面粉混合的面条），大家吃了赞不绝口。最后写喜旺发明吹唢呐唤猪出来吃食。而以广播"李双双担任公社党委委员，被选为全县的特等劳动模范，出席北京群英大会"告结束。此段文字不简练。

此篇写双双、喜旺的性格都很突出，但写老支书却写失败了。老支书在此，只是点缀，因为他置身于故事之外，故他的性格没有写出来；这个支书，是公式化概念化的。

这篇小说后来差劲。七八两章有似蛇足。写李双双也是前半好，有声有色，这是因为在斗争中写她的性格发展。有些对白很好，生动泼辣，但有些对白有点公式化。喜旺也写得不坏——此人性格有发展，前后也还统一。老支书写得很糟，公式化，没个性。如果和草明的《姑娘的心事》作个比较（两篇都是女主角），则《姑娘的心事》在结构上胜过《小传》，而在对白上不如《小传》。然而，写《小传》容易，写《心事》难；因为《小传》有大事情，有夫妇间的斗争，又有对富农的斗争，而《心事》则没有这些情节。

《姑娘的心事》——草明，《人民文学》1960 年 2 月号。

此篇写一个好胜的姑娘（十七还不到，十六颇有余）石玉芝。她的父亲是机修厂的老钳工，她的哥哥石玉璞是轧钢管车间的工人，都在鞍钢厂的技术联合大表演中露了一手的。可是玉芝是看管自行车的，无可表演，她为此很难过，埋怨人家不让自己学技术。（不过有此一点点意识而已，作品中并没强调，只在第一段用侧面烘托法点了一下。）石玉芝的形象，生动、突出，虽然并无特点。

结构谨严。全篇分三段。第一段从家庭的晚饭桌上轻轻引入正题，点出了玉芝所以烦恼之故，——大家都有机会表演而自己却没有；看管自行车这个工作没有意思。这是个思想问题。作者在第一段用“轧管工人觉得自己是个青年团员，应该纠正妹妹的不正确态度……”等十来句轻轻提起，却又立即放下，而在第二段（全篇中最长的一段）用石玉芝在平炉车间所见的热闹气氛——事实的教育，解决了她的思想问题，不落陈套（既不用哥哥，也不用领导上的“摆道理”来打通玉芝的思想）。

第二段又分三小段，第一小段写她在装料车被人讥笑，还有反感；第二小段写她看见贴补前墙的炼钢工人的工作精神，她思想上通了；第三小段写她不觉得看管自行车这工作没意义，就发挥积极性，自动擦那些脏车。这第二大段写得曲折（虽然只是平凡的小事）动人，而且气氛也热烈。

第三段的背景又回到家庭，仍是吃晚饭的时候。在这里，因父、母、哥哥都以为玉芝在搞恋爱，不枝不蔓地涉笔成趣，一以表现玉芝的好胜脾气（始终把自己的表演瞒过父亲和哥哥，有意等自己将来做出更大的成绩时，好让他俩吃一惊）。一以使全篇有一个喜剧的结尾。

石玉芝的思想问题，似乎解决得太快了罢？她只到平炉车间一次。而且，难道她以前就没有到过平炉车间么？作者还有伏笔，是于第一段后半“父亲偏过脸去对女儿说：‘赶大后天星期天，我领你去见见老郑大伯，你好生向他学学。’”这就说明石玉芝的品质本来就好，思想问题容易解决。

教育意义在于：通过侧面写工人阶级的干劲，工作无论大小，都能“表演”一番。

人物——除玉芝外，母亲写得不坏，父亲、哥哥只带一笔。

文学语言：大部分都活泼流利。只有一二小毛病，例如第二段“那几个车子被擦亮了的主人”一句，读之发笑。

草明的短篇，——她的处女作及其后几篇，即初期作品，似乎有独特风格，倒是最近的作品显不出来，虽然在结构上谨严了，在文学语言更大众化了。不独短篇，其长篇亦然。

《种子》——唐克新，《人民文学》1960 年 3 月号。

此篇和《姑娘的心事》一样，都不愿意通过轰轰烈烈的运动，苦战几昼夜的方式，——这样的背景前，塑造共产主义风格的人物，而是通过平凡的、日常的生活来表现人物的。

如果把此篇当作反映技术革新的作品看，那就有许多问题费解。此是富有抒情味的短篇，焦点在于女主角的品质。

写王小妹（五十来岁老工人）的高贵品质，共产主义风格。这个人物的形象很鲜明，也很可敬可亲。文章也写得层次分明，不枝不蔓。

此篇结构层次也颇分明而细致。开头是引子，旋即急转直下进本题“王小妹”；于是用了一个短短的回叙，刻画了王小妹的形象，然后①谈话，②“一道做一天看看”，③访问她家，——一步一步地填描王小妹的精神生活（至此为止，都为后来的结论创造气氛）；最后，点题结束。

《一点红在高空中》——胡万春，《人民文学》1960 年 3 月号。

此篇通过母亲探望女儿，写女儿的变化——思想上的，生理上的。一件平常事，然而写得又流利、又含蓄。特别是全篇的气氛，写出了我们这时代的大跃进气氛。

尽管阿珍是工人的女儿，但因为不劳动，就滋长了资产阶级思想意识，轻视劳动。篇中用回叙的方式从小许口中把阿珍的改造过程简单地说了出来。阿珍的父亲是虚写的，然而形象也很鲜明，因为写他细节很典型。

这可以算是富有浪漫主义精神的罢？

此篇和《姑娘的心事》属于同一类型，即通过日常生活写新人的面貌。和《李双双》也是同一类型，即写一个人的变化。但李双双经过的斗争是对封建思想（外部的），而《一点红》则是对她自己的缺点。

《欢乐的离别》——万国儒，《人民文学》1960 年 3 月号。

此篇写机械化运动，用轻松的笔调，有他的风格。此篇特点，在于通过新旧对比，写了技术革新的伟大意义以及这样的运动只有在新社会中方有可能。老师傅的形象很突出。语言有风趣。

此篇如与《姑娘的心事》比较，和《一点红在高空中》比较，则此篇的抒情味更浓，一气呵成，艺术上相当完整。

《老铁师傅》——徐绍武，《人民文学》1960年3月号。

此篇也是从琐屑小事来刻画一个老工人的思想品质的。老铁的形象还写得突出而鲜明，语言无特色。全篇平平，虽然上半篇比较好些。

《新上任的司机》——杨柏林，《人民文学》1960年2月号。

此篇平平。病在只是平铺直叙，文字不够精练。而且思想性不高，作为报纸上的报导尚还去得，但不是好的短篇小说。据本刊编后记，作者是工人。

《飞跃》——杜鹏程，《人民文学》1960年4月号。

此篇写了三个人，许栓、莲娃（其女）、刘书记，但作者重点在许栓，雄心壮志，——征服沙漠。题材是浪漫蒂克的，也可以说是“两结合”的方向。作者似乎有意在找非常的环境（沙漠），非常的人（雕像似的沉甸甸的人），但作者的笔力不够。作者有意识使用遒劲粗壮的笔触，他写景，写人物外形，写气氛，都用了夸张的手法，而且在字句上追求有声有色。这些，都使得此篇气魄宏大，情绪饱满。但遒劲则遒劲矣，惜徒有剑拔弩张之势，而缺少沉着威毅的气魄。作者在故事某些场合以抒情的调子写许栓指挥工程的风度，写得成功。然而，看完了全篇外，许栓留给我们的印象，不能再多再深。为什么？这是因为作者不从具体活动中写许栓之故。篇中写许栓，用了不少烘云托月的手法，但是“许栓领了几十名‘土专家’，研究出许多治沙的办法，在科学上都是重大的贡献”，却只一笔带过，并无具体的描写。因此，许栓这人物形象大则大矣，却不是立体的，并且其所以大之故，却很模糊。人物形象之所以如此，和作品主题的不明确有关系。征服沙漠的雄心壮志不能作为一个主题，因而便发生：实际斗争知识和书本知识，依靠党的领导和依靠群众的智慧，等等，都可以作主题，可是此篇却不明确何者是主题，因为都只写了一点（抽象的抒情式的），都没有写透。

此篇写“右倾”保守思想与力争上游、敢想敢干的进步思想的斗争，不免落套，把知识分子作为“右倾”保守思想的代表。莲娃他们藐视科学知识，也不对。

最后的展望，作者企图以抒情的气氛来“展望”未来，然而着墨虽多，却空泛无力，色彩也不绚烂，其故也在于前面没有具体的描写。对许栓的铁锹、炒面口袋、小旱烟锅、烟荷包等细节写得多，但是对故事的主要节目却缺少具体描写，只有抒情式的赞美歌似的叙述。

《红玉》——冯还求，《人民文学》1960 年 2 月号。

此篇虽然不够简练，但写红玉颇形象化。红玉一开口，就表现了个性，如闻其声。由一件小事——下乡的家属又回城里来探望，写一九五八年“大跃进”时代城乡的变化，笔致颇为波俏，结构亦还自然。气氛热烈，情绪饱满。不像《新上任的司机》文气平板，自然，思想性也不高。

《第一课》——唐克新，《人民文学》1960 年 4 月号。

此篇好。可以算是“两结合”，——当然，开头只能是这样的作品，即方向对，而内容单薄，形式还不突出。此篇优点在于题材本身就是浪漫蒂克的。

和作者其他的短篇相似，这篇也是用轻松的笔调写一个严肃的主题，没有说教式的冗长对白，但是写出了党的领导，工人知识分子的成长。（主题是敢想敢做，进行技术革命，但是没有从正面写。）

杜作《飞跃》，架子大而内容单薄。虽有风骨峻嶒之气概而实见斧凿之痕。唐作《第一课》胜杜作多多。

《战斗的里程》——肖木，《人民文学》1960 年 4 期。

这是从一个事件（平常事件，超长超重列车在八级风中完成任务），描写了先进人物的工作作风、精神面貌，没有说教的话，只是从具体细节中描写了刘百能在行车前如何细心检查机车，了解这机车的特点、毛病，以及途中将遇八级大风，而在行车时他又如何预先布置部署，亲自动手。就凭着这些工作精神和作风，使得本来不服气的胡大海，终于佩服了他："他用佩服的眼光……发现自己确实比他少了一些东西。"

文字洗练，——掷地作金石声。三个人物，形象突出，性格鲜明。只用一句、两句（骨节眼上的，例如"来，我们坐下来商量一下"，小周觉得这又是新鲜的。页 24 二排中段），就把刘百能的工作作风刻画出来。全篇首尾一致用这个笔法刻画了刘百能。

写气氛很成功。从简短的一两句（如"台台机车都像是等待出征的战士，精神抖擞，热气腾腾"——妙在最后八个字），倒一小段（如写刘百能加煤），都是有声有色！

《阿兰山探宝记》——程起骏，《人民文学》1960 年 5 月号。

此篇没有把人物写好，只是表面地描写了李龙（队长）、何政委、小吕的勇敢、沉着，而没有更深地刻画他们的精神世界；结构上有松散、拖沓之病。描写自然环境和惊险场面也有些陈腔滥调。

《静静的产院里》——茹志鹃，《人民文学》1960 年 6 月号。

写前进者不再前进，就会落伍。不断革命的真理在这篇的女主角身上表现出来。人物——谭婶婶写得好，荷妹也写得有声有色。结构——夹叙夹议，很自然；几段小回忆，都和故事发展（特别是主角的内心世界的波涛起伏）有机地联系着。对白很少公式化的。

和作者以前的作品比较——描写人物的内心世界，此篇较多，又写得细腻自然，但有不够简练处。抒情诗似的，作者固有的风格，但是，在思想性、人物性格描写等方面，都比她过去的好。

描写谭婶婶的心理很细腻，本来一个进步的人，现在赶不上时代的步伐；这是"父与子"矛盾的新状态。

《文化的主人》——刘勇，《人民文学》1960年6月号。

这不是小说。而且，通篇几乎全是报告腔、演讲调。没有故事，也没有人物描写。

《新任队长彦三》——王汶石，《人民文学》1960年7月号。

彦三、彦子玉等人物描写得鲜明，作者似乎有意突破自己既成的风格，用了京剧中对白的方式来加重气氛。第一节结束时用了一次，第三节后半连用三次，——这不能不说是作者有意安排。

作者的文字向来是棚棚响的（练字练句脱胎于民间文学），但此篇第一节有些句子却不是那样了，和第二、三节不同，因此，开头读时觉得不够洗练，觉得句子弱。

第二、三节，都从行动中表现人物，第一节却用了不少介绍人物的思想性格的句子，因而觉得第一节比较弱——虽然第一节不长，是三节中最短的。

总的看来，作者此篇比他过去的有如下不同之点：①人家说他过去的作品虽写了新人（有声有色的新人），但把农村中的矛盾简单化了，此篇纠正了简单化的缺点。②有意写一个刚从阶级斗争中冒出来的领导人物，比过去的只是描写先进人物更有意义，——即思想性深些。

《耕云记》——李准，《人民文学》1960年9月号。

人物只写了两个：第一人称的“我”——萧淑英和关书记，章法也不坏。此篇还反映了干部中间的思想斗争——许部长为代表的保守思想、官僚主义作风和关书记为代表的促进派、敢想敢干的作风。关书记坚持土洋结合、群众路线，而许部长（还有县气象局的科长）则以上级命令为盾牌，安于一般的布置工作，反对灵活性。

也写了萧淑英和哥哥（铜锤）之间的思想斗争。铜锤的保守，和许部长的又自不同。富农分子的保守思想，爱说风凉话。

这是个新题材，这样的题材一般会写得枯燥乏味，但作者却用第一人称的方法写得有声有色。比起《李双双》来，此篇在结构、练字练句和描写气氛方面都有进步。此篇的人物性格描写却不及《李双双小传》。

《乐红菊》——艾明之，《人民文学》1960年9月号。

一个有意义的故事，然而不是一篇有特点的短篇作品；思想性不深刻，艺术性不高。在十年前，这篇作品算是好的，在今天，就算不得什么了。

《“咕哝爷”》——刘勇，《人民文学》1960年9月号。

写人物还好，结构还紧凑，可是有些地方为了“情节紧张”，有卖弄处。（例如刘二爷不让砍树的时候。）

《你追我赶》——沙汀，《人民文学》1960年10月号。

这是没有什么行动场面的短篇，写的是评比会，是干部们的思想活动，然而却写得一点也不枯燥，章法谨严，故事步步展开，同时很鲜明地写了邓大娘、龚起云、龙唯灵的形象，而且，柯凤山、张福泰、张炎、王兴喜、易秉光等人物，虽然着墨不多，但亦各有风度。人物的声音笑貌，不同的口吻，都写得很细致。人物的对白，短小而富情趣，并且一句话中表现了性格和当时的心情。一个开会场面最易落套，但此篇却不然。

不过万余字，写了那么多的人物，而且也描写了环境。反过来说，并无行动场面而只是“评比会”，却用万把字来写，而又并没用大篇的演说来充数，这就显得构思的巧妙和艺术手段的纯熟。

先写山区雨景，然后层层叙述：

一、赤山公社石门管理区第一生产队干部集中在食堂，要到公社参加每月一次的月终竞赛评比，但支书（龙唯灵）尚未见来，大家等得心焦。从众人猜度支书来迟的原因，点出支书对工作之认真。在等待时，先写了白守成、邓大娘（秀兰）、龚起云三个干部的闲谈，可是这一人一句三句话加上对人物形象的简洁的勾勒就把这三个人的性格亮了出来。

接着就是龙支书出场，——那是先写远远地爬登上来的人物外形（而且是从上往下看所见的一个人的外形，所以不写面部只写身材高大，头戴斗笠，裤管挽在大腿上），可是此时笔锋一转，插进百来字一小段回叙支书的革命世家，以及支书之所以成为邓大娘的养子的原因。这看似闲笔，其实却渲染了支书和邓大娘，尤其着重渲染邓大娘（写现在是五十多点的邓大娘在二十年前又是多么眼明手快），而且，这一小段回叙使文气开宕。

下面写支书衣服湿透（因为天在下雨），邓大娘找衣要他换，可是屋里的炊事员——四十多岁的妇女，已经用她丈夫的新棉衣逼着支书穿了。（用眼前小事写出支书的干劲和干部们对支书的拥爱。）

二、写环境、梯田，写支书（二十七八）扛着“卫星”牌子雄赳赳走在前面，写支书边走边和干部们谈着下一段的工作计划，只用“满口兵家术语……”又画出了支书的性格。写路上，写得热闹，山脚下一片房子，然后写他们到了公社管理委员会，登上梯坎，立刻引起了一片热烈的招呼声。先出柯凤山，从柯、龙的一问一答，又从邓、龚的帮腔，极力渲染气氛（卫星牌子落谁家），又暗示龙的虽谦而有把握，龚、邓的自满，话中是三人性格。然后写礼堂，十多个大塘，人已满了（百来字写礼堂），确是个闹哄哄的礼堂。然后出来了支部书记张福本，写张的外形，写张与龙的对答，中间又夹进邓、龚二人的有个性的插话。此处进一步交代事实（石门的调配劳力办法曾经让各管区干部学过），而在张谈学习体会时只用两个“你这话对”，就把张的性格、思想水平都写出来了。

三、主席台的土喇叭通知各协作区分别开会。石门、圆坝、兴山——第一协作竞赛区开会结果，圆坝、兴山表示石门该保持“卫星”，党委书记王兴贵却轻轻暗示，别的管理区未必同意。龙唯灵说：“要是评比垮了，我双手把卫星送出去。”他不是很自信，有思想准备。可是当他回到自己的队伍时，人人争问，邓大娘和龚起云都认为没有问题，谁能夺了卫星去？（在这里又描写了两人的性格。）龙唯灵要他们注意：“如果出鬼，就会出在骄傲自满上面。”听了那口风，于是大家都有点担心了。龙唯灵还能沉住气。此时又插进了柯凤山一句冷话

（与前第二段柯的一句话呼应），写得前后呼应，错综热闹，柯的性格也是从这一言半语中表现。

四、评比开始，夹叙夹议描写了评比的一般情况，渐渐引到石门。先写一二三个协作竞赛区的汇报不使石门人担心，而第四个（即支书是张福泰的那个）汇报时，石门有些担心，可是汇报完了，龚起云先松口气："没问题了。"龙唯灵心中也以为"卫星"十之八九可保持。（这里再点张福泰，和前第二段呼应。）这里，用了先扬后抑的笔法，引起读者急要看下去。然后开了冷门，曾被讥为"打瞌睡"的顺河管理区竟来个大翻身。这里，可见作者前面两次伏笔（柯凤山），和借龚起云的打趣（我只求永远不打瞌睡），都起了作用。

五、写党委会，简洁，不正面写，只用王兴贵的一言半语。就说明石门的卫星早就跑到顺河去了。（上段末尾写石门的干部还以为有望，还痴心妄想党委评比结果，石门仍可保留卫星。）写龙唯灵与顺河支书张炎的对答，龙说"麻烦你们保存几天"，表示虽败不泄气，张炎却答道："咋个才几天，起码半年。"这里描写了张炎的形象。

正式公开评比结果时的热闹气氛。两派——少数人对于顺河得卫星有意见，——故事进一步展开。石门干部不服，龙唯灵对他们做工作："赢得起也要输得起。"这里，深一层写了龙唯灵。第一书记易秉志说，既然大家不服，就去复查。柯凤山反对，唯恐卫星掉了。张炎欢迎，他有信心。

六、复查组包括降级的三个管理区的负责人，其中之一是龙唯灵。石门干部对于夺回卫星的情绪不对头：只要顺河区有手掌大一块空田、空土，卫星便该仍归石门。邓大娘是此种情绪的代表。写邓和龚缠着龙，要他仔细查。但此时笔锋一转，又不正面写如何复查，而写石门干部照旧敲锣打鼓回去。天还下小雨，时已半下午，到家后，石门干部遵奉支书龙唯灵的嘱咐找原因——为何还有零零星星的空田空土？但一贯对这些事积极的邓大娘今天却心不在焉，惦念着复查的结果，甚至自言自语，"咋还不回来呢？"又用手肘碰龚起云悄悄说："你出去看看喳！"（这里写石门干部和社员盼结果的焦灼心情，用墨少而气氛极浓。）可是直到次日早晨，"龙唯灵满面红光，敞开棉衣，生龙活虎地在坝上出现了”。（此是故作擒拿，反映下文。）干部们都问他复查结果，但他只说向人家建议云云，又是邓大娘着急开口问复查结果，龙对以不要不服气。龚起云失望，有松劲口气，但龙唯灵说：下个月就要他送转来。

此篇人物描写之特点：用勾勒外形来表现人物的性格、风度，也用对话来表现人物的性格、风度，特别是思想水平。特点在于对话都很短，一句两句，而效果胜于长篇大论。

此篇没有故事，而且作者意不在写故事。斗争只是通过评比会，描写干部们的思想动态——对于社会主义竞赛的正确认识，对于共产主义协作的理解，一言之，各人的思想水平。可是他又不用干部们在会议发议论的方式，而是用他们对卫星的得失的反应，片言只语，就点出了此人的思想水平、修养、认识程度和性格。例如柯凤山的两次开口，都画出了此人的思想水平、风度，修养不及张炎。邓大娘是能干人，劲头大（作者先写她青年时眼明手快救了奶娃龙唯灵），但是对于卫星这个问题上，她的思想水平、修养、风度远不及龙唯灵，更不用说别的干部。作者刻画几个支书（龙、张炎、张福泰），一个书记王兴贵。第一书记易秉志之所以高出一头，不用教训人的方法，等等。作者不正面写评比会，只是大处落墨，渲染评比会的气氛。结构前呼后应，波澜起伏。环境描写，处处与故事发展扣得很紧。笔墨之洗练，到了不能增损一字一句的程度。这是本文比其他各篇都强的地方。

《鸭寮纪事》——陈残云，《人民文学》1960 年 10 月号。

笔墨恬淡，娓娓可听，尚不至于枯燥。

《民兵营长》——张勤，《人民文学》1960 年 10 月号。

四千字的短篇。结构：疏密合度，两段回忆夹在中间不觉累赘，并且，还用这两段回忆使此篇的三分之二不被对话拖得枯燥无味。人物描写：两段回忆写出了十四五岁和二十来岁的张民生，这两个时期的张民生是有发展的；第一段回忆后紧接着就写眼前的更加成熟的张民生，风度不同，性格依然（此处文气由紧张转为轻松），但接着又是

第二段回忆，又是紧锣密鼓，然后转入正面描写，——现在的张民生，用一段和风雨斗争的事实（“我”参加了的）半虚（“我”听见的）的描写再度刻画了张民生的形象。文学语言鲜明、生动。“金石之声，风云之气”，——风格。写景只数小段，然而该有声势时便有声势，该明媚时便明媚。写风雨，虽只几句，却有声势，而且确是山乡的风雨。雨后景色，写得细致，多么妩媚。写景又写人，人景溶合。

此下……都是有声有色的回叙。把一个十五六岁的少年英雄描画得满身光芒。

此下写现在的张民生，笔墨换了样；张民生的形象由活跃而变为凝重。

写张民生斗争阶级敌人时何等威武无情，写他招呼阶级兄弟时又何等细腻体贴。

这一段写得好。寥寥片言，无限情趣。这是人情味。

《套不住的手》——赵树理，《人民文学》。1960 年 11 月号。

从一双手套写一个老农民的勤劳，娓娓可诵，稍嫌不够洗练，而且不够风趣。此篇没有作者惯常所有的风格。作者的特有风格在描写反面人物或“多余人”时，特别显明，此篇全是些正面人物，作者似有英雄无用武之地的样子。文学语言方面也没有特色，但最大的缺点是思想性不高，没有回味。

《在时代的洪流中》——胡万春，《人民文学》1960 年 11 月号。

此写新人新事，基本上应当肯定。故事发展、全篇结构、人物、语言（词汇），我们都很面熟，有亲切之感；但是，回味一想，可又看不出这篇作品有什么吸引人的新东西。

问题很简单，但作品故意让工人搞发明，多碰钉子，没有技术人员帮忙，好像偌大一个厂，既无技术人员，也无工程师。

三天解决问题，写得神秘。前面说过，美国早就机械化，那么，这个钢厂的工程师、技术人员难道一无所知？

《长江的主人》——肖木，《人民文学》1960 年 11 月号。

写一片段，可是在这片段中写了两个先进人物——孟师傅、汤船长，而汤比孟又高一筹。中间一大段回叙并不显得掉不转。写孟是用正面的笔法，实写，而写汤则是用侧面的笔法，虚写。

写景，时有可取之处，但是也有落套之处。写日出还算形象化，但气魄不够，而且只是写日出，没有寓意的耐人寻味的词汇，用“巨龙”来形容也落套。

此段议论好像颇有哲学意味，但其实是硬凑进去的说教，既不自然也显得肉麻。

《欢乐的除夕》——敖德斯尔，《人民文学》1960 年 11 月号。

此篇除了一些小段不够简洁，整篇是有风趣的，这是别有风味地描写了新人新事，有地方色彩。人物描写方面，新娘勾勒出个可爱的有个性的轮廓。也写了“大跃进”的欢腾气氛，虽然文字不够简练。

婆婆在除夕前夜到工地（水渠工地）探望儿子，并希望在次日看看未来的儿媳——这是有名的女将，幸福人民公社的副社长张瑛，儿子是乌兰图克人民公社的一面红旗。老太婆乘便车去，一路看见草原风光（写得生气蓬勃、鲜艳夺目），工地的雄伟景象：推土机、炸开冻土的爆炸声、工地人们的热烈气氛。从老婆婆所见所闻，简略叙述了这个工地的炸药用完了，不得不用人工挖土。夜间，大帐篷里开了党支部会，研究办法，发明创造、研究试验，好主意提了不少，但关键性问题还是炸药。老婆婆睡不着，愈听愈兴奋，就插嘴道：你们不会想办法去借么？到幸福人民公社，从张瑛那儿借点来。可是年轻人不同意：因为他们正在和幸福公社张瑛争夺竞赛红旗，如何用它的炸药？而且，人家也不会借。老婆婆认为人家必借，而且，都是为社会主义建设，借了也不丢脸。支书支持：“友谊竞赛和共产主义协作没有矛盾，但是幸福社炸药也不多，我们还是把困难留给自己，以战斗的精神战胜困难。”第二天，除夕，民工们都出勤去了。老婆婆到食堂帮忙。除夕晚上，大帐篷里挂上两盏大保险灯，民工们喝马奶酒，开收音机，唱歌；他们给老婆婆敬酒，一个调皮的小伙子对老婆婆说：先给你透个信，你的儿媳妇长得吓人，像庙里的四大天王一样。老婆婆不信，但越发想早点见见。后半夜，大家都睡了，外边风雪怒吼，老婆婆还在火炉旁添煤，忽然外边汽车喇叭叫，老婆婆出去一看，汽车司机已下车，进帐篷来。这是个年青漂亮小伙子。皮帽子上满是白雪。二人问答之下，老婆婆知来人是送炸药来的，来人也知老婆婆是谁。但老婆婆却信了来人的自白，以为真是张瑛的哥哥，越发对他亲热，煮热饺子，要他睡在自己铺上。来客也不再客气，衣帽都不脱，倒在铺上就睡着了。次日，天明，老婆婆方知所谓张瑛的哥哥就是张瑛本人。她抱住她的头，狂吻起来。

地方色彩。人物（张瑛）的描写方法是：前半篇渲染，使读者也渴望快点看见；后半篇故作迷离，使读者猜那个漂亮的司机到底是谁，——写她上场时一段极有声有色，最后才点出，这就是张瑛。只写了张瑛除夕深夜冒风雪送炸药来，不多加一语，而张瑛的共产主义风格跃跃纸上。写她和老婆婆的对答（外形瓜子脸，好看的白牙齿），不肯自己马上通名，留心笔记老婆婆说的这个工地上几天来所创造的挖土掏坑的技术和方法，——一个俊俏、聪明、活泼、事事留心学习的大姑娘如在眼前。

《太阳刚刚出山》——马烽

内容：一九五七年冬，某村打成九眼井，水源都很旺，但订购的十五部锅驼机只得了四部，县里的生产资料公司仓库尚存锅驼机三部是留给东照村的（和某村相距七里），而东照村已打五眼井都不出水。某村的合作社（高级社）主任高老大的二弟是县委第一书记，那时正和区委书记李书记到各村视察，到东照村时正值他们刚打好一眼井仍不见水。东照村副主任老田满面愁容。老大一去，就把老二等人引到自己村里去看已打的井。老二见已打的九眼井都在村北，便问原因。原来是这地方地下水源多，别处都没有。老二又问引水到村南，水不会渗完么？这才知道他们还发明了用三合土筑成的不渗水的渠道。老二一听很高兴，说这是件大好事，解决渠道渗水问题。老大趁势说已成九井尚无锅驼机，请拨库存三部（即给东照村的），老二考虑一下就答应了，还加上本来要给西照村的二部，可是，要这两村的井架子都集中在某村北，三村合打五十眼井，成立井水灌溉站。这一下，老大思想不通了，他有本位主义。后来，回家去的路上，老二说服了老大，连夜开会，商议三村合作打井。（原来老二在老大思想不通，伴他回家时已派人通知东、西照村及某村干部并和大家讲明道理。）老大此时情绪极高，由打井事想到一系列需要三村分工协作的事（开办砖瓦厂和石灰厂，都为筑引水渠用），人力财力得总调配。又因为井打多了，锅驼机不够，老二出主意收回他们三村的九部锅驼机，把县上库存的一百瓩发电机给他们，于是又要办发电厂了，又要三树总调配，——老大提议三村合成一社，大家都说他“想得周到，能看出下一步棋来”。即夜，老二就在社里写什么，又打电话到区汇报，得到了全县可以采取这个办法的至少有六个地方的估计。老大这夜也没睡，领东、西照村的人察看了打井的地点。就这样，人民公社的第一炮打开了。

人物：老大（我），贫雇农出身，翻身后曾积钱拟买进一些地，但他之所以如此做，不为自己（他老俩无子女），而是为了老二。可是老二打通了他的思想，他不买地了，他把买地的粮借给那个卖主（刘成贵），还有别人，接着就组织起五户人家成立了农业社，他又把好不容易积钱买的棺材卖掉（此事他的老伴极不同意），给社买了牲口。后来这社经过许多困难，这才站住、发展，可是再“大”“公”一步，他又闹起本位主义来了。但他还是被老二说服了（一席话说服了）。这个人物的性格是思想一通以后拼命干。

老二：部队上转业回来，作风朴实，眼光远大，办事细致、踏实，有决断，坚持原则（他两次说服老大，他仔细了解某村的地下水位置，仔细询问不渗水渠道的作法，要多少原料、成本等等），而当他看准了时，极有决断（东、西照村停止打井，在某村村北打井五十，三村合用等等）。着墨不多，活画出一个忠于共产主义事业，刻苦朴素，工作细致，有办法，目光远大，照顾全局，办事果断、迅速的县级干部，毛主席的好学生。老二在说了老大自私后，老大更气走了，老二却在此时布置了：一、派人到东、西照村去联系；二、在夜校召集社干部叫李书记和他们谈话，同时他自己跟踪老大，以便再说服他，而且，按他的布置看，如果老大再坚持，老二就要用群众的集体力量打通他的思想。老大诿称群众怕不愿意，老二却知道群众不像老大所估计那样。——看他办事何等周密利落。这个人物的性格就是通过这些事情来写的。

在这里，可以看出，老大和老二的性格描写方法是不同的，写老大是通过回叙，用心理描写方法，而写老二则用行动，解决问题的干脆利落，等等，写出他的性格。

这兄弟俩，性格上有相同处，即忠于党，说干就干，但哥哥有点思想保守（本位主义），这在弟弟方面是沉着。

通过打井反映了公社化是生产力发展后上层组织必须跟着改变的道理（规律），而也是广大农民的要求。这个组织形式，反过来又推动生产力更向前发展。

这篇小说反映了最初一批大社（雏形的公社）如何产生，基层党领导如何领导农民走这正确的路，——因而这是农民的自发行动（要求）和党的领导结合着的。马烽的风格在此篇很鲜明。以流利平易而富于风趣的笔墨，拣出日常生活（打井在农村还不是家常便饭）中意义深刻能够说明重大变革（社会发展）的事情，既写了事，又写了人（他经常一篇作品中只有一二个主要人物），艺术形式非常完整。至于作品的教育意义自不必说，是很大的，说明“一大二公”的好处。

《乡下奇人》——欧阳山，《人民文学》1960年11期。

这篇东西，虽然像是根据政策写的，然而作者写了赵奇、王水养、徐清这三个人物，还算形象鲜明。但是，作者批评的锋芒，还只能止于徐清那样的小干部，对于马书记（县委书记罢）的官僚主义也无一字触及，同时，却写了（虽然只是几笔）个“戏不够，神仙凑”的地委书记。

这不是短篇小说的体裁，倒像是缩短了的中篇。

《检验工叶英》——南丁。《人民文学》1959年9月号。

老技工升为段长后，不懂怎样做领导工作，因此，他这工段，废品特别多。老赵（段长）不自己检讨其缺点，却怪检验工“好挑剔”，其他工人（以一个老工人和一个青年工人为例）也都对检验工有不正确的看法，因此，使得一个女检验工常常哭，换了个新的来。这是个青年团员，老工人的女儿，也是老赵看她长大起来的（老赵和叶英的父亲是老朋友）。叶展开了斗争，认真检验，又引起了工人和她的对立。她自己检查自己的缺点是没有帮助工人们找出少出废品的原因，而仅仅尽职于检验。如何帮助呢？她想出来了。但是，她没有先和段长商量，取得他的同意而就自己去做。于是一开始就碰了老工人的一个钉子。段长也说她多管事。她大为懊恼，诉之于支书。支书于是找老赵谈（不是开会批评），把老赵思想打通了。老赵认识了自己是骄傲自满（过去的光荣做了包袱）。老赵首先支持叶的方法，于是全段的空气一变，废品减少了。

人物描写：老赵、叶英，较好。余皆平平。结构拖沓。冗词赘语相当多。整节可删减压缩的亦不少。文字有毛病——而且因袭多，独创性少。

就全篇而论，最大毛病是紧要关头——例如支书如何说服老赵，老赵如何认识错误，——写得简单、公式化，不能使人信服。

写车间气氛没有写好，只是用这样的句子：“车间嘈杂的机器声飞了进来”。

①本篇写于 1961 年。标题为编者所加。

解放思想，发扬文艺民主

——在中国文学艺术工作者第四次代表大会
及中国作家协会第三次会员代表大会上的讲话

这是漫谈性质的发言，只希望不至引人瞌睡。

一

粉碎“四人帮”以来，短篇中篇有丰富的收获。它在三年间经历了一个逐渐深化的过程，因而造成了不断繁荣的局面。

粉碎“四人帮”的初期，大部分虽未摆脱“帮气”，但已有引人注意的好作品，如《人民的歌手》《望日莲》等等。

《班主任》是一大突破。开始提出千万人关心的问题。这时期的好作品还有《窗口》《献身》等。

《伤痕》《神圣的使命》引起了广泛的震动。对“四人帮”的揭露更深了。然而百家争鸣的评论也盛极一时。这是好现象。一篇作品引起不同的争论，这就表示它主题思想的深刻性和复杂性。《伤痕》等一类的作品被称为“伤痕文学”“暴露文学”，这是不恰当的。我们需要这类作品，因为它可以而且必然会使同时代和下一代的人提高警惕，不许“四人帮”横行的恶梦似的十年再出现在我国。

最近出现的《剪辑错了的故事》《黑旗》等，批判极“左”思想的不容轻视的残余影响，探索更深的历史教训。

短篇《乔厂长上任记》描写了向四个现代化进军的斗争生活。这标志着题材的多样化，是文学方面反映党中央提出的工作重点转移这一划时代号召的初期的作品。

中篇小说出现了初步的繁荣。有若干好作品，大家都知道，例如

《大墙下的红玉兰》《永远是春天》，等等。

我个人有这样的感想：近年来，短篇小说在万字以下的，很少；有些中篇小说好像是压缩了的长篇。并且这些作品中，真正深刻地反映了时代精神的，也不多。这也不是新问题。十年甚至二十年前，就存在这种现象了。为什么呢？大概作者虽有丰富的生活经验，但还不善于在丰富的生活经验中把握本质的东西而剔除非本质的东西；换言之，还不善于剪裁。何以会如此呢？大概是因为作者的头脑里的“剪裁”丰富生活经验的武器还不够完整，亦即作者对辩证唯物主义与历史唯物主义的学习还不深不透，或者只是教条主义地学习过了，还没有化为自己的血肉。我们反对文学作品堕落为政治口号的图解，但如果要在纷纭复杂的现实生活中探得其本质，探得其主流以及发展的方向，恐怕一定要把自己的头脑用辩证唯物主义和历史唯物主义武装起来，一定要坚持实践是检验真理的唯一标准。

辩证唯物主义和历史唯物主义就是无产阶级的世界观。做任何工作，离不了它，离开了它，就会发生错误。而对于文艺工作者，这个世界观是起决定性作用的，因为文艺工作者是被称为“人类灵魂的工程师”的，如果不具有过硬的无产阶级世界观，这个工程师设计制造的产品不但光是质量差，外观不美，经不起时间的考验，而且还会在社会上产生不利于社会主义革命和社会主义建设的后果。

三十年来，我们文艺工作者的队伍与解放初期相比较，已经发生了根本的变化。现在我们的文艺工作者，主要是解放后我们党培养出来的新的一代知识分子，他们是工人阶级不可分割的一部分；即使是从旧社会过来的老一代的文艺工作者，他们绝大多数也在党的教育下，在长期的革命实践中，锻炼改造成了工人阶级的知识分子。但是，这并不能说我们的世界观已经彻底无产阶级化了，不再需要注意世界观的改造了。即使是工人出身的文艺工作者，也不能说生来就有无产阶级的世界观，所谓“自来红”的说法是不科学的。掌握无产阶级的世界观是一个长过程，一个连续不断、永无休止的过程，必须在努力地、完整准确地学习马列主义、毛泽东思想的过程中，通过反复的实践和检验，才能逐步掌握，真正掌握。一旦你停止学习马列主义，你不再相信实践的检验，那么，你就会逐渐地变成一个思想僵化的人，头脑不清醒的人，你的无产阶级世界观也将逐渐变质，你也就不能真正运用文艺这个武器来为人民群众服务，为四个现代化服务。因此，我们掌握马克思主义的世界观，既不是读几本辩证唯物主义和历史唯物主义的经典著作就可以算数的，也不是有了一些生活经验就可以满足的，而应该是毕生的工作，即做到老，学到老，改造到老。

二

首要是解放思想，此指作家而言，也指领导而言。而领导的思想不解放，就会妨碍作家思想的解放。

题材必须多样化，没有任何禁区；人物也必须多样，正面人物、反面人物、中间人物、落后的人物，都可以写，没有禁区。这是大家一致公认的。但是，创作方法也该多样化，作家有采用任何创作方法的自由。

本来，所谓创作方法是文学理论家研究了同一流派的作品，然后给它以现实主义、浪漫主义、批判现实主义等等的名称。并不是先提出什么创作方法（即上述的各种主义），然后作家依之而创作。一个作家从生活现象中有所感觉，强烈的感觉，想以形象思维的方式表现出来，这就是他的作品。当然，这个作家或任何作家在其观察、体验社会生活的时候，不能不带有阶级的烙印、时代的烙印、个人遭遇的烙印。这就是为什么同一时代的一些作家会写出不同的反映生活的作品；甚至一个作家的前期作品和后期作品也会色彩、基调不同，这与他个人的得志或失意，和人民的接近或疏远，有密切的关系。

理论家研究了各种不同流派的文学作品而提出各种名目的创作方法，并举出它们的特点，用明确的词句给下了定义；这以后，创作方法便反作用于文学工作者，成为他们从事创作的指导思想。这也是文学史上的事实。

社会主义现实主义这个名称是斯大林总结了远自高尔基的《母亲》，近到苏联初期的作品如《毁灭》《铁流》等等而提出来的。社会主义的社会是新的社会，历史上未曾有过的、没有剥削的、无产阶级专政的社会，表现这样的社会现实，就必须有新的创作方法。但是，在这个创作方法提出来以后，一方面推动了苏联社会主义文学的向前发展和繁荣，同时也并没有禁止作家仍用他所惯用的创作方法，只要他的作品是真实地反映现实生活的一角，例如那时被称为同路人的作品。社会主义现实主义要求作家们从现实的革命发展中认识现实的本质。现实的革命发展就包含理想的因素，亦即社会主义的更高阶段即共产主义社会的理想。所以，社会主义现实主义的创作方法实质上既是革命现实主义的，也是革命浪漫主义的，不过没有明确指出来罢了。

毛主席是在苏联（赫鲁晓夫时代）抛弃了社会主义现实主义这个口号以后，提出革命的现实主义和革命的浪漫主义相结合的创作方法，明确地提出了革命浪漫主义这一个重要的因素。毛主席对这个新的创作方法没有下明确的定义，留待理论家去探讨。而理论家又有待于作家的实践。

也许有人认为，自从斯大林提出社会主义现实主义这个创作方法以后，到赫鲁晓夫阉割了这个创作方法的革命精神之间，苏联作家们的实践和理论家们的总结，可以作为我们的借鉴。当然可以。但是由于我国的文化传统与苏联的不同，更由于我们现在的社会发展阶段，不同于斯大林时代苏联的社会发展阶段，所以，我们的作家此时此际的实践，必然带有我国文化传统和社会发展阶段的烙印。我们的理论家也只有根据我国作家的作品，总结出“两结合”的具体而明确的定义。

世界文学史上，是有这样的先例的。欧洲各国的浪漫主义文学作品虽基本精神相同而仍然带着各国的不同的文化传统和社会发展阶段的烙印。

如何运用“两结合”的创作方法于小说、戏剧、诗歌等方面，就要小说家、戏剧家、诗人自己去探讨了。在这方面，有许多作家努力尝试，但还没有十分成功的作品。因此，理论家暂时无从总结经验，对“两结合”的创作方法做出明确的具体的解释。

我个人意见，认为“豪言壮语”不能算是“两结合”中的革命浪漫主义，“畅想未来”也不能算是“两结合”中的革命浪漫主义。塑造一个勇往直前、不畏艰险、时时想着共产主义的远景的革命乐观的英雄人物，是一般作家就“两结合”的创作方法试图作出的样品。但是，这样的人物在革命现实主义的作品中也就可以找到。所以，运用“两结合”的创作方法的作品，一定应当具有在塑造这样的英雄人物以外更高一步而又并非空想的境界，这就只有通过百花齐放来探索了。等到作家们做出更多更好的实践以后，文艺理论家、还有哲学家，方能做出圆满的答案。此时，理论家、哲学家就此一问题，展开百家争鸣是重要的。作家们就“两结合”的创作方法在作品中实现百花齐放，更是重要。

同时，允许作家们有选择创作方法的自由，也是重要的。不能把“两结合”的创作方法作为必须遵守的创作方法，因为实践是检验真理的唯一标准，哪一种创作方法更接近真理，将由实践来回答。规定死了，只能有害于文艺园地的百花齐放。

百花齐放、百家争鸣，就是文艺民主；有人不反对百花齐放、百家争鸣，却不赞成文艺民主；这只能说他的赞成“双百”方针不是真心真意的，或者，他认为“双百”方针还得有些限制。我认为我们的口号应当是文艺民主下的百花齐放和百家争鸣。没有文艺民主而空谈“双百”，是南辕而北辙。

三

我们讲继承遗产、借鉴外国，有好多年了。“四人帮”为了篡党夺权的罪恶目的，凭空提出什么儒法斗争，好像中国几千年来的劳动人民与封建地主之间没有阶级斗争，只是儒法斗争，这是赤裸裸地反马克思主义。在先秦诸子中，韩非子是法家，《韩非子》这部书现在还保存下来，没有残缺，对其中各篇是否都出自韩非之手，也没有多少争论。把韩非子的学说同后世的许多被“四人帮”封为法家的政治家、学者、文人，作个比较，就显而易见“四人帮”是强拉硬扯，是天大的笑话。在“四人帮”时代是谈不到继承遗产的。

现在谈继承遗产，应当从《诗经》《楚辞》直到章太炎、柳亚子；我以为柳亚子是前清末年到解放后这一长时期内在旧体诗词方面最卓越的革命诗人。一九五九年出版了《柳亚子诗词选》。郭沫若作序，说到一九四三年郭沫若曾有诗祝亚子先生（时在桂林）五十晋七的大寿，柳亚子有《次韵答沫若六月八日作》，郭老把自己的赠柳亚子诗也抄在序中，说："把我的诗和亚子先生的次韵比较一下吧。拿诗来说，那真算是小巫见大巫；拿诗中的情趣来说，亚子先生所表现的就比我积极得多了。他的诗的结尾四句：'肯信寒琼出幽草，北望桥陵佳气好。云台他日定相逢，君是星虚我房昴。'这是他的科学性的预言。六年后便完全的中了。"（引见《柳亚子诗词选》郭序页三）郭序中还把柳亚子比作屈原（见郭序页二）。郭沫若的《天地玄黄》集中有《今屈原》一文即指柳亚子。毛主席对柳亚子的诗评价很高，说他的诗"慨当以慷，卑视陈亮、陆游，读之使人感发兴起。"（见《柳亚子诗词选》页一五〇）陈亮字同甫，和辛稼轩同时，辛词集中有与陈唱和之作，对陈亦推崇。柳亚子的诗、词反映了前清末年直到新中国成立后这一长时期的历史——从旧民主主义革命到社会主义革命的历史，如果称它为诗史，我以为是名符其实的。

继承遗产，包括遗产中的艺术性部分。我举一个例：南朝陈朝的徐陵（孝穆）所编的《玉台新咏》被认为继《诗经》《楚辞》而出现的具有代表性的诗总集，集中的诗可以说是中国诗歌现实主义传统的继承。这个集子开卷后除了古诗八首外，就是古乐府诗六首，第一首是《日出东南隅》，是叙述罗敷（姓秦）的一个故事。它开头说"罗敷善蚕桑，采桑城南隅"，然后详细描写她的服饰，但要写她的容貌的时候，这位无名的古乐府诗人却用了这样的句子："行者见罗敷，下担捋髭须。少年见罗敷，脱帽著帩头。耕者忘其犁，锄者忘其锄。来归相怨怒，但坐观罗敷。"这是比直接写一个美貌女子的容貌高明十倍。不写罗敷的容貌而罗敷的绝世美貌跃然纸上。这真正是前无古人的艺术描写。现在重印的古典诗文的前言或序，绝大部分只说具有人民性，很少掘发它的艺术性，这真是作茧自缚。

至于借鉴外国，我以为应当看看希腊罗马神话、北欧神话、荷马的史诗、希腊的悲剧。荷马的《伊利亚特》中用了“苍蝇的勇敢”形容双方战士的前仆后继，奋不顾身。这个“苍蝇的勇敢”之所以妙，因为苍蝇见了糖或其他爱吃的东西，成群趱往，你赶走了它们，可是瞬息间它们又来了，这是人人常见的事。用苍蝇作比喻，既新颖而又平常，从生活中来，但的确是别人从没想到的。这比用虎、豹、狮子来形容战士的勇敢，高明得多，因为虎、豹、狮子的勇敢不是人们经常见到的。

此外，中古的骑士文学、欧洲文艺复兴时期的文学、十八世纪的古典文学，也都有可以借鉴的东西，不单是十九世纪的欧洲浪漫主义和现实主义、批判现实主义的文学。

写历史小说还可以从司各特和大仲马的历史小说中学到一些技巧，虽然这两位历史小说家不按照历史的真实而颇多虚构乃至臆造，是不足取的。历史小说容许有虚构的人和事，但必须是那个历史时期可能发生的人和事。否则，便是向壁虚造。

继承和借鉴，既要阅读古今中外的名著，这里也就有个欣赏能力的问题。你还不能欣赏，如何继承与借鉴呢？一个作家的欣赏能力与表现能力实为一物的两面。很难想象，一个富有表现能力的作家却没有相应的欣赏能力。古今中外，大概没有一个作家能写出优秀作品而对于别人作品的优劣毫无辨别的能力。事实上，表现能力愈强的作家，对于别人的作品常能发现人们所未发现的优点，也常能掘出人们所未觉察到的缺点。

表现能力非生而有之，是在深入生活、参加火热的斗争中，从生活经验的积累中所养成的，也可以说是从生活本身学来的。

对于有志于文学的青年，我有个建议：在动笔以前，最好先看看别人的作品，试加分析。一定要作具体的分析，指出它在结构、人物、环境的描写方面，何者是好的，何者还有不足之处。不能用空空洞洞的“读了我很感动呀，很受启发呀”之类的话代替具体的分析。如果不能，那他应当读读评论家对这篇作品是怎样分析的。不能只读一篇评论，要读几篇，如果有正反两方的评论，就应当比较研究。这样坚持做下去，总会有一天，自己对于别人的作品，会分析了，那时，才可以试写他所熟悉的题材。

四

“四人帮”的阴谋文学，胡说什么只有写“走资派”的作品，才有“深度”，只有写的“走资派”越大，才越有“广度”。这种在生活的深度和广度问题上制造的谬论必须肃清。

文艺工作者的工作对象是社会生活，是社会各阶层的人与人的关系，他们的矛盾和斗争、他们的精神状态、思想意识，等等。因此，文艺工作者必须同时既有辩证唯物主义和历史唯物主义这个锐利的思想武器，又有广博、深入的生活经验。文艺工作者对生活，既要站得高，鸟瞰全局，又要钻得深，对所写的具体事物有全面的透彻的认识。站得高和钻得深，是辩证的关系。我们要熟悉多方面的生活，先了解全面而后深入一角。很难想象一个埋头在一角（例如工厂的一个车间，或农村的一个生产大队，或其他生活的一角）而对一角以外的生活全无所知的人，怎样进行创作。当然，他可以写报告文学，但是，如果要写典型环境中的典型人物，使作品所反映的生活具有普遍性，那么，他这一角的生活就不够了。在创作实践上，我们所要表现的，必须是具有普遍意义的社会生活，但我们所虚构的故事和人物不能不是具体环境中的故事和人物。虚构的故事和人物而能反映普遍的社会生活，这不光是一个写作技巧的问题而实在是了解全体与深入一角的问题。技巧从生活中来。上述的《日出东南隅》古乐府和荷马的《伊利亚特》的苍蝇的比喻，是其一例。

但是这两个例子属于文艺作品中描写事物的部分。文艺作品的技巧问题，包括生活素材的分析、综合、提炼，主题思想的确定，所有这一切，都需要作家长期深入生活、参加火热的斗争，在今天，还要参加肃清“四人帮”的流毒，投入举国为四个现代化服务的风起云涌的沸腾的生活中。作家在这样的生活中，有某些事和某些人给他深刻的印象，使他兴奋，使他时刻难忘，然后经过形象思维与逻辑思维的交错作用，终于构思成熟，动手写作。

上述种种，是技巧问题的根本，都是从生活中来的。应当从这样的高度来看待技巧问题，并由此锻炼写作的技巧。至于作品的结构，对环境和人物的描写，是技巧方面属于技术的问题。这是可以从继承和借鉴中得到启发，而渐渐溶化许多前人的优点成为自己的血肉。

五

生活是文艺的源泉。在我国为实现四个现代化的今天，这个源泉是空前的壮丽、伟大、奇瑰、多变，它是人民群众的毅力、智力、想象力的结晶。

能够表现这样一个时代的作家和艺术家，任务是光荣的，但也是艰巨的。

除了对生活的全面了解和深入一角而外，还必须有本国历史和世界各国历史的知识；必须有国际上的波谲云诡的斗争的知识，还必须有我国的经济结构以及世界各国经济结构的知识，而且，为了要使作品为四个现代化服务，不能不有现代科学的最起码的知识。

明朝有个杨慎（升庵），写过一部书，叫作《二十一史弹词》。他是以便人家从这里头得到历史的基本知识的。民国初年，蔡东藩写过很多本通俗演义，取材于二十四史，从秦汉写到民国，总名叫作《中国历代通俗演义》。其中民国部分单独出版时，加上许廑父续写的四十回，叫作《民国通俗演义》。《民国通俗演义》这部书前几年还翻印过。不过作为内部书发售，一般人买不到。还有一部书叫作《清史讲义》（汪荣宝原著，许国英增订）。我希望上面讲到的那些书能够重版公开发行。

同时，我建议曲艺界的同志们把重要史事分段编写，被之管弦。这样做，对于广大听众，灌输了历史知识，实在功德无量。

现在的青年和中年作家，既要在继承和借鉴两个方面补课，在本国历史、世界各国历史两方面补课，又要吸取上述的国际政治、经济、现代科学的知识（后面的三种知识，老作家大概也是需要的），这样繁重的工作，似乎无从下手；但办法总是有的。

全国文联及各省、市文联，全国各协会及其在各省、市的分会，应该清醒地了解情况，实事求是地就上述各项要求做个规划出来。只要坚持文艺民主，集思广益，规划是可以制订出来的。不妨有多种多样的规划，都可试行，在实践中检验哪一种是最好的。这次的会议是文艺春天的开端，扎扎实实的工作，尚在其后。我年老力衰，愿跟随在同志们的后边，努力前进罢。说了很多，一定有错误，也请同志们指教。最后，我希望小组会的讨论方式，从正襟危坐、长篇大论的方式，转移到谈笑风生、言短意长的方式。这样方能发言普遍，而且避免空话、大话、废话。至于确有内容充实、见解精辟的长篇大论，各个刊物一定争先乐于发表。

1979 年 10 月 23 日写完

在一九七八年全国优秀短篇小说评选发奖大会上的讲话

我作为评奖委员会主任，工作做得很少。我声明一下，我因为眼睛不好，只看了少量作品，大部分工作是其他同志们做的。我只听过许多汇报。对于这次评奖，我觉得很好。得奖的二十五位同志中，有老年的、中年的，而绝大部分是年青人，是“文化大革命”以后开始写作的，是新生力量，是我们文学事业将来的接班人。他们在文艺上跨上了长征的第一步。我相信，在这些人中间，会产生未来的鲁迅、未来的郭沫若。（李季同志插话：也产生未来的茅盾。）李季同志把我拉上来，实际上我是不足道的，没有写出什么好的作品。我们应该向鲁迅、郭沫若学习。

鲁迅、郭沫若为什么能够有这样高的成就呢？据我看，他们都是博览群书、学贯中西的。而且，他们两位都学过医，有科学知识作基础。我们现在要反映四个现代化，不懂些科学知识，恐怕是不行的。因此，我们向鲁迅、郭沫若学习，也就要像他们那样，掌握多一些科学知识。

我们感到非常遗憾的是，现在还没有一部完整的《中国通史》。对于本国的历史，年青的一代所知不多。范文澜写过一部《中国通史》，可惜只写了一半，他就去世了。郭老主编过一部《中国史稿》，也只出了一半（两册），“文化大革命”一来，这个工作就搁起来了。我想，中国人总不能不晓得中国的历史吧？还有，既然是搞文学的，总不能不晓得中国文学发展的历史吧？刘大杰写过一本。不过，现在很难看到，希望出版单位能把这本书重印。也希望别人也来写中国文学史。因为中国文学史上的问题很多，对各个时代有名作家的评价，大家有不同的意见。所以，可以来个百家争鸣。

鲁迅和郭老对外国文学是很有研究的。可是，到现在，我们还没有一本欧洲文学史，还没有一本从古代希腊到十九世纪末叶、直到本世纪三十年代（不用说直到现在了）这样的外国文学史。如果你要从事文学写作的话，向外国的文学借鉴也是需要的，正如毛主席指出的：我们决不可拒绝继承和借鉴古人和外国人，哪怕是封建阶级和资产阶级的东西。鲁迅也讲过：我们批判地看人家的东西，把它好的东西拿过来，这就是“拿来主义”。如果是这样的话，你光看文学史还不够，还得看作品。开国以后，我们翻译过一些外国的作品。可是就连这一点点译作，“四人帮”的愚民政策也不放过。他们把这些作品统统称为有毒，不让人看；已经出版的，也不再出版。过去翻译作品少，这与人手不够也有关系，我们还没有把该翻译的外国名著都翻译过来。沙俄时代和苏联早期的作品，翻译的比较多，欧洲其他国家的作品，就比较少。古代希腊两部有名的史诗、被人家称为欧洲文学之父的《伊利亚特》和《奥德赛》，就始终没有全部翻译过来。翻译这两本书不是轻而易举的事，不过，如果认真组织力量，还是可以翻译出来的。我记得，解放以前出过傅东华从英文翻译的《奥德赛》，但后来没有再版过。傅东华这个人，在抗战时有一段时间表现不好，人家说他做了汉奸。但是，对翻译作品来说，不应以人废文。我想，在还没有代替的译本的现在，重印他的译本，还是可以的。但丁的《神曲》翻译出来了。莎士比亚的作品也统统翻译出来了。莎的剧作是朱生豪翻译的。他在抗战前就开始翻译，后来我们把它出版了。我想，这些作品都应该看看。当然，这是繁重的工作，要付出一定的劳力，可是我们既要向人家借鉴，要想吸收他们的精髓化为自己的血肉，我们就必须付出一定的劳力。

我们的文学既要反映四个现代化，如果没有一点科学知识，的确很困难。当然，到某些地方看看，听听汇报，也可以勉强对付。但是，如果自己有一定的科学知识，那就更好。介绍科学基础知识的通俗读物，我们还很少。这个工作，已经有人在那里做了，有些同志已经取得了很好的成绩，我们盼望在短时期内看到更多的成果。所以，一方面搞创作，一方面要尽量挤时间多读书，使自己具有丰富的各方面的知识。杜甫说过："读书破万卷，下笔如有神。"当然，我们还要补充一句：还得深入生活。事实上，杜甫的好作品，并不只是读书破万卷，而是在他和老百姓接近，了解他们的生活、情绪、愿望以后，用现代的话，就是深入生活以后，才产生的，例如《三吏》《三别》这样的好作品。以上是我要说的第一点。

第二点，这次优秀短篇小说评奖活动，的确是空前的、过去没有做过的。这工作只有在打倒"四人帮"之后，才有可能搞起来。过去也有过短篇小说选，但不是经过群众评选的，这一次是经过群众评选的。实践是检验真理的标准。这一次，作品是经过群众来检验的。由于大家努力，结果很好。以后，每年都搞一次评选。我们也要总结评选工作经验。现在经验还不多，将来经验就越来越多。总结经验，可以使评选工作做得更好。得奖的同志们，也要总结自己的写作经验，然后再迈开新的步子，写出更好的作品。我祝诸位在创作方面取得更大的成就。在你们中间，我相信，肯定有未来的鲁迅和郭沫若的。

在部分中、长篇小说座谈会上的讲话

同志们，从年龄上讲起来，也许我比你们都大，不过要讲作品的成就，那我不及你们。解放以后我就没有写小说，只写评论文章，现在呢，评论文章也很难写。说起来很可笑，我的两个眼睛都不中用了。这个眼睛（手指左边）完全看不到了，右边眼睛只有 0.3 的视力，戴上眼镜是 0.4，大字还可以看，要是五号字那就要加放大镜，看起来很吃力。我现在没有资格发言，因为你们的许多作品还没有看过。只看了各位所提的问题，还有三部小说提纲：《冬》《生活的道路》《铺花的歧路》。

首先讲题材的问题。这是大家都关心的，据我看，应该是不成问题的，什么都可以写。写解放后的光明面，能不能写前进中的黑暗面？如果一篇小说完全写黑暗面，我不赞成。因为生活的实际情况并不是这样，生活的实际情况是，在前进道路上有困难。在通往光明的道路上是有些错误的地方，有些黑暗面，如果实际生活是这样，为什么不能写呢？过去有些作品，满纸光明，一点黑暗也没有，这是歪曲现实。而作者之所以如此写，大部分原因是怕受批判，怕挨棍子，怕戴帽子。现在应该解放思想，应该深入生活、实事求是地反映生活。

所以我想在题材问题上，应该是什么都可以写。现实生活中有些不好的东西，我们自然可以写，目的是暴露它，指出来让大家注意它、改革它。如果意图如此，那么作品中暴露即使多了一点，也还是可以的。但是，一个作家主观的想法是这样，写出来作品，客观的效果又怎样，那是另一回事。用我们现在的话说，就是让实践去检验。你这个作品对人民有利还是有害，发表后要看群众的反响。如果主观意图是要否定我们这个社会的，因此专门找黑暗面写，那么这篇作品即使掩饰得多么巧妙，也逃不了群众的眼睛，我们相信群众的眼力。如果主观意图并不是否定我们这个社会，而是要指出一些不合理的地方，指出还有坏人坏事，目的是引起人家的注意和警惕，这样的作品，群众是能够理解的。

其次讲到人物。过去有个时候说，应该写正面人物。正面人物从何而成其为正面？总得有个反面人物。所以反面人物也可以写。正面人物有个对立面，两方面引起斗争，构成小说的故事。还有一个问题，假使小说里没有正面人物，也没有反面人物，就写中间人物行不行？“文化大革命”以前这是一个问题，讨论过，结果主张写中间人物的人大受批评，这个禁区，现在也应该打破。

一篇小说如果写了中间人物，这也是现实生活的反映。社会上有这样的人。中间人物是什么意思呢？就是他比进步人物差一点，比落后人物又好一点儿，这样的人物社会上有吧？你如果写这样的人物是在中间的道路上前进的话，虽然现在是中间，不过总有一天要摆脱中间状态，要上升到进步的方面去。我想这样作品的教育意义也是很大的，因为社会上有那么许多中间状态的人物。

所以，写人物也没有什么可顾忌的。什么人物都可以写，只要写得深刻。假使这个人物是概念化的，没有个性，我想就是写正面人物也要失败的。“四人帮”鼓吹的“三突出”，就是这样的。这不成其为创作方法，是教条，他们拼命鼓吹，实际是为他们的阴谋文艺服务的。

正面人物也应该有一个发展的过程，不能一出现就是非常正确，没有发展过程。如果是一个短篇小说，也还可以这样写。短篇小说不能够写多少复杂事情，短篇的故事发展时间不会长，正面人物如果从登场到短篇完了，作风上没有多少变化，思想上没有多少发展，也可以过得去。如果一部长篇小说，故事发生在几年以内，这个正面人物就要碰到很多事情，经过许多考验，在这过程中，他一举一动都正确，他的性格没有发展，思想也没有发展，这样一贯正确的人，生活中也许有。但我以为，小说既然在于教育人，那么与其写这样的人，还不如写他开始时有许多事情看得不很明白，有许多事情也许办得并不完全正确，在斗争中受到锻炼，思想上逐渐提高，到末后他性格上发展得比他在小说开头时有所不同。我想写这样的人，更有教育意义，读者读起来更有亲切感。

我不晓得各位怎样开始有写小说的热情，你们都是有经验的。拿我自己说，总是先有人物，头脑中有人物形象，一闭眼仿佛就在面前，这时有了非写不可的热情。人物不可能独立存在，作者头脑中成熟的形象一定伴随着周围环境及其他人物，这就是故事。动手写作时不过把这些故事经过组织、发展，使其更有条理，更吻合事物发展的规律。反之，头脑中还没有成熟的人物形象，却先编个故事，那么，虽然故事曲折动人，但人物不免概念化，写出来的小说就不真实。所以先有故事，而后配上人物，在生活的逻辑上、创作的逻辑上都是不可取的。作家头脑中成熟的人物不是某人的写照，而是好几个人合起来的。模特儿不是一个人而是好几个人、好几个性格相同的人经过综合，使他成为一个人，这样才有典型意义。所谓人物形象在作家头脑中呼之欲出，也必须是典型的人物。

我看到你们提的问题，有这么一个：现在是否还能写抗美援朝的东西？为什么不能够写呢！这是历史的事实，不能回避历史，也不能修改历史。外交官在公开场合讲话，是一回事，作家写作品是另一回事。外交官要回避的，作家没有必要也去回避。台湾现在还没有回归祖国，也许有一天，蒋经国愿意接受我们提出的条件回归祖国，这当然很好，但不能说我们因此就不能写蒋家王朝对人民欠下的血债，重要的是不要歪曲历史。又如写抗日战争的一些小说，真实地描写了日本侵略者的“三光政策”。这个责任只能由日本军阀来负，我们历来是把日本人民和日本军阀加以区别的。假定现在有人到美国去了几个月，回来写散文谈到美国劳动人民被剥削的情形以及他们的反抗斗争，美国垄断资本家自己吹嘘的什么“民主”和“人权”是多么虚伪，等等。这对不对呢？我以为是对的，因为这是美国的现实。美国的有正义感的作家也在暴露这些丑恶，为什么我们不应该写呢？在这里，我们也要把美国人民和美国的垄断资本家区别开来。

另外一个问题：现在全党的工作重点转移了，文艺创作也要为“四化”服务，那么揭批“四人帮”的东西还要不要写呢？我想，两者可以结合起来。揭批“四人帮”的作品并不是已经写得很多了，可以说刚刚开始，今后还是要写的。一面揭批“四人帮”，另一面也是促进现代化。光写“四化”而不揭批“四人帮”，我们也不反对，希望有这样的好作品出来。但是完全不谈“四人帮”也不合理。在这方面是没有什么禁区的，问题看位置怎样摆？摆得好，小说就会写得好。假定有人十几岁时碰到“文化大革命”，十多年来，身受“四人帮”的许许多多毒害，把这些写出来行不行？我以为写出来是好的，写出来给后人一种经验教训。这段历史是很惨痛的，只要写得深刻，教育意义也是很大的。像《伤痕》那样的作品也需要，但是，老实说，我对《伤痕》也不是十分满意的，因为它的思想性不深刻。在座的有刘心武同志吧？（刘心武起立示意）我觉得他写的小说比《伤痕》来得深刻。现在三十来岁的，正是受“四人帮”毒害最深的人，把他那时所受的毒害和现在思想解放了的情况，以及当时所见的“四人帮”怎么样害人、迷惑人的勾当，比较深刻地写出来，还是需要的；不但需要，如果写得好，它会享有永恒的生命力的。

有人说，小说《伤痕》的格调不高。

“格调”一词究何所指？在我看来，有格调不高的作品，那就是只以故事的新奇曲折引起读者的兴趣，而按其实，则人物不典型，读后感到它空有外壳，没有思想内容。《伤痕》却不是这样的。对《伤痕》的看法有分歧。我以为对《伤痕》觉得不满的，并不是因为它缺乏发人深思的思想内容，而是因为它的思想性还不够深刻，还不是我们所要求、所希望的那样深刻。一篇作品要耐咀嚼。这就是说，我们读了一遍后还想读第二第三遍，而且每读一遍，便有新的启发。这叫再三咀嚼，愈咀嚼愈觉有味。

我也看了印发给大家的三篇小说的大纲。这三篇即《冬》《生活的道路》《铺花的歧路》。从提纲看，这三篇都好。后两篇如果写得深刻，可以使读者对“四人帮”的无恶不作，加深一层认识。我不知道这三部小说是不是都是长篇（韦君宜同志说都是中篇）。二十万字左右，可以说是长篇。现在有个趋势，长篇动辄一百万字。一篇作品字数的多少，本来不能硬性规定，有话即长，无话即短。但话有精炼与啰唆之别。与其啰唆而长，毋宁精炼而短。有些生活经验丰富而尚无写作经验的人，在计划写作时每每觉得他的生活经验中啥都重要，无从剪裁，于是便觉得非写它个百万字不可。其实他应当严格审核他所有的生活素材，难道当真不能再提炼，真的无可剪裁？如果觉得什么也不能割舍，都要写进去，那就不免芜杂，不但自己浪费了精力，也会使读者看得不耐烦。

从大纲看，这三部小说印出来会受到读者欢迎。我以为出版方面应当放宽尺度，尽量多出新书。书和群众见面，受到群众的检验；群众的意见，可以帮助作家提高思想，把初版本再加修改。这三部小说也都写到恋爱。过去曾忌讳写恋爱，这是不对的。恋爱既是生活中实际有的事，为什么不能写呢？只要不是单纯为了吸引读者而活生生制造个恋爱故事，作品之写到恋爱是情理之常，不必忌讳。

以上所讲，又零碎，又肤浅，对各位没有什么帮助。我主要想抛砖引玉，听听你们的意见。

1979 年 2 月

关于培养新生力量

听了和看了同志们在大会的发言，使我十分感慨。尤其是韦君宜同志的题为《从出版工作看文学创作的情况》的长篇发言，把问题提得尖锐，提得深刻。我建议大家（包括我自己在内）把君宜同志这篇发言读第二遍、第三遍。从这篇发言中，我们可以看出两个情况十分严重，这就是在作者（大多数是青年）和编辑者的头脑里“四人帮”的流毒还严重存在，“四人帮”强加于他们的精神枷锁，还远远地没有砸烂。因此，帮助年青的文学工作者从“四人帮”的禁锢中解放出来，引导他们走上正确的健康的文学创作道路，是老一辈作家责无旁贷的任务。

现在，我就对这个重要的问题，也就是培养新生力量的向题，讲一点个人的意见。在粉碎“四人帮”以后，我曾经接触到一些有志于（请注意，这不过是有志于）文学创作的青年，他们对这个问题的看法比较简单，对“四人帮”的流毒还认识不足。他们认为只要找到一位有显著成就的老作家，请他传授写作的方法，这就行了。不错，在工农业方面老师傅带徒弟，传授技术，确实是行之有效的。但在文艺上，恐怕行不通。作家是被称为“人类灵魂工程师”的，可想而知如要成为一个作家，不是读完几种有关写作的书，就算毕了业，可以当个“灵魂工程师”了。因此，培养文学新生力量是个复杂的问题。

现在常听到一句话：要培养又红又专的接班人。那么，我们就简要地谈谈如何培养又红又专的文艺接班人罢。

红，指的是马列主义、毛泽东思想，指的是无产阶级世界观。一个作家必须学习马列和毛主席著作，完整准确地领会和掌握马列主义、毛泽东思想体系。这是最根本的。只有掌握了这个锐利武器，才能真正地而不是表面地识破“四人帮”的种种胡说八道，砸烂他们强加的精神枷锁。但是这还不够，作为一个作家，还必须用这个无坚不摧的思想武器去观察社会、观察人。在纷纭复杂、时时在变动、在进展的社会中，进行正确的分析，通过表面的现象，认识到社会发展的规律，从而能够正确地选择题材，进行形象思维。这一切，都是取决于作家的世界观。即使是工、农家庭出身，成分好，也必须学习马列主义、毛泽东思想，投入火热的斗争中，经过反复考验和锻炼，然后可以说有了无产阶级世界观。

世界观的改造是文艺工作者必须坚持的大事。我们没有理由自己满足，自以为改造得差不多了；尤其在当前面临着彻底肃清“四人帮”流毒的艰巨任务时，更是如此。我们必须下定决心，做到老，学到老，改造到老。

文艺工作者的工作对象是社会生活，是社会各阶级人与人的关系，他们的矛盾与斗争，他们的精神状态等等；因此，文艺工作者必须同时既有锐利的思想武器，又有广博、深入的生活经验。

广博，指作者对我国社会主义革命和社会主义建设的沸腾生活，对实现四个现代化的蓬勃干劲，有全面的了解；至少，对他所在的省或市的社会生活有全面的了解。

深入，指作者对于他所要写的具体的环境、人和事物，有透过表象而看到本质的全面而彻底的认识。

广博与深入，并不对立，而是相辅相成的。很难想象，一个埋头在生活一角，而对一角以外的生活全无所知的作者，怎样能够写出典型环境中的典型人物，使作品所反映的生活具有普遍性？我们所要表现的，必须是具有普遍意义的社会生活，能使广大读者感到身入其境，发生强烈的共鸣；但我们所虚构的故事和人物不可能不是具体环境中的故事和人物。而所以能达到这样的程度，就在于作者既有广博的生活知识，又有深入的生活经验。

五十年代，专业作家有到某地长期生活，参加劳动，实行“三同”，直到相当熟悉他所在地区的生活，然后写作的经验。这叫作建立“生活根据地”。现在有些老作家仍在这样做。对于有志于文学的青年，我以为这同样是个很好的办法。他们可以在参加生产斗争、阶级斗争和科学实验三大革命运动的实践，具有广博的生活经验以后，有意识地建立“生活根据地”，长期广泛地搜集素材，进行分析、提炼，逐渐地构思，直到有了呼之欲出的人物形象时时在脑中活动，然后试写；宁可短些，切忌贪长。况且，在全国人民投入四个现代化的紧张战斗的今天，也只有短小精悍的作品，才能够及时反映瞬息万变的社会现实。

文学创作没有什么神秘，只须把上述的各项准备工作做好，就可以跨进大门。但入门以后，可能还有挫折。比方说，处女作还不坏，但第二篇倒又后退了。此时需要韧性，更需要冷静；细心研究为什么第二篇比处女作坏了，坏在那里。于是总结经验教训，再来写第三篇。如此反复勤学苦练，终必有所成就。写出许多好作品的有名望的作家也会写出失败的作品。所以一篇作品写坏了，不必灰心；如果看不出它失败的原因，那倒应当苦闷。因为看不出失败的原因，就意味着你在思想上、在表现能力上都处于停滞状态；停滞状态对于作家是不祥之兆。要打破这停滞状态也只有再深入生活，再设法提高思想认识水平，同时也应当读读古今中外的公认的不朽之作，从中吸取营养。

有些青年时常提出这样的问题：我有丰富的生活经验，但写下来却不能感动人，请问这是否因为缺少技巧？请问如何传授技巧？

在我看来，这主要的未必是技巧问题。倒是因为这些年青的有志者还没有掌握分析生活经验的思想武器，这个思想武器就是马列主义、毛泽东思想。因为缺少这个思想武器，就分不清社会生活中出现的矛盾，哪些是主要的，哪些是次要的，也不明白它们的根子在哪里。也因为缺少这个思想武器，就不能从人们的言论行动中看清他们的精神状态，以及他们之间的关系的多变性和复杂性。这一些“不能”，就使得写出来的作品将只能是杂乱无章的生活素材的堆砌，干燥无味，而且人物也难免是概念化的。

当然，这里也有技巧问题，所以文学青年希望老作家传授写作的技巧，要求老作家在谈论自己的创作经验时，谈谈怎样达到高度技巧的“秘密窍门”，此种希望和要求是可以理解的。值得注意的，是他们对文学创作的这些错误看法，也是受了万恶的“四人帮”的毒害。十几年来“四人帮”强制推行文化专制主义和愚民政策，宣扬所谓“空白”论，同时又大肆鼓吹反动的“三突出”“三陪衬”等等公式，并且大言不惭地说，这些是文学写作的“规格”。当时有些文学青年相信了这些胡说八道，遵守了这些背叛马克思主义创作方法的“规格”，在思想上造成了一片真正的“空白”。现在粉碎了“四人帮”，严厉地批判了他们这一套反动的谬论和“三突出”等等帮规，文学青年也知道这些帮规是反动的、荒谬的了，但是他们却不知道该用什么正确的东西来代替。这是因为他们的眼界太狭窄了。他们总还以为文学作品的技巧是可以读了几本“入门书”而得到。事实上不然。三十年代一些投机文人写过不少“小说法程”“描写概论”一类的荒唐可笑的书，鲁迅批判这些书害人不浅。文学写作的技巧不能与制造机器的技术混为一谈。讲解某种机器如何制造的技术书籍能够帮助工人按照图纸制造机器，但文学青年却不能依靠什么“文学技巧入门”来创作一篇作品。文学写作的技巧，主要是结构、环境描写、人物形象的塑造，等等。这些技巧，虽然可以用讲解古今中外的文学杰作的方法，举出例子。但是文学青年想要依赖这些“讲解”来获得“窍门”，必然不行。文学青年应该广泛地阅读古今中外的文学名著，应该精心研究那些文学杰作，在结构、环境、人物形象的塑造等等方面的表现方法，以及那些文学杰作各自不同的独特的表现方法，这样反复多次，刻苦研究，直到心领而神会，这才可以提高自己的写作技巧。但在研究文学杰作的艺术性时，切忌摹仿。要熔化许多杰作的特点，成为自己的血肉，这才真正解决了自己写作时的技巧问题。

由此可见，目前提倡文学青年应当广泛阅读和研究“四人帮”所禁止出版和阅读的古今中外的文学优秀作品，也有其十分迫切和重要的意义。因为这样才能打开文学青年的眼界，摆脱“四人帮”造成他们在文学上的愚昧状态，逐步提高他们的写作能力。

以上谈到的这些问题，侧重于对文学青年提出希望和要求。当然，对于老年和中年的作家也有一个指导和帮助文学青年的问题。尤其对编辑同志来说，培养文学的新生力量更是他们当前的中心任务之一。因为同广大文学青年发生直接接触和密切联系的，主要是编辑者。因此，编辑者的头脑清醒与否，将直接关系到对文学青年的培养和指导。

如果编辑者头脑里“四人帮”的余毒没有彻底肃清，在稿件的取舍和修改上，就会增加文学青年身上所遗留的“四人帮”的毒气。一些立场不坚定、世界观没有改造好的文学青年，还会迎合编辑之所好，造成走回头路的局面。甚至还有若干已经在刊物上发表过作品的青年作家也会受到影响而摇摆不定。这都不利于培养文学接班人的工作。

我还想对文学青年作个诚恳的劝告。如果要写作，最好从短篇开始，最好从实际出发，不要幻想写一部几十万字乃至百万字的长篇巨著，以图一鸣惊人。我这些话不是猜想，而是从许多有志于文学的青年们的来信中得出的结论。可以举两个例子来说明问题。一个是一位青年发愤要写一部小说体的“周总理传”，另一位青年则要写一部“毛主席传”，也想用小说体。他们都要求提供材料（还没有公开的有关毛主席和周总理的材料），但他们还没有写作经验，因此，要求老作家同他们合作，给予帮助，也即是扶着他们走。另一个例子是有一位青年立志以十年时间写五百万字的长篇小说，反映农村生活——从互助组到人民公社。我觉得他们的壮志可嘉，但似乎不切实际。我们爱护文艺的接班人，但正因为爱之深，我们必须对他们的不切实际的想法痛下针砭。

现在正是抓纲治国、初见成效的年头；也是揭批“四人帮”第三战役开始的时候；也是有破有立，破中有立，拨乱反正的重要关头。我们必须打好这一战役。用我们的作品打好这个战役。用我们的创作实践来扫荡“四人帮”散布在文艺界的妖雾和毒气。我祝愿文艺界全体同志将写出更多更好、从各方面反映四个现代化的作品，各尽所能，百花齐放，使我国的文艺在革命的现实主义和革命的浪漫主义相结合的创作方法指导下进入新的长征。我也祝愿作家们发挥独立思考、探索新境界的精神，开辟出题材上多姿多彩、体裁和风格上斗艳争奇的新局面。这样才能彻底清除“四人帮”的流毒，才能满足人民大众对精神食粮的愈来愈多的需要。

我再一次祝愿文艺界同志在恢复文联、作协和其他协会的空前大好形势下，意气风发，斗志昂扬地走上岗位，以实际工作来报答华主席为首的党中央对我们的亲切关怀和深厚期望。

作家如何理解实践是检验真理的唯一标准

文艺作品要起着团结人民、教育人民、打击敌人、消灭敌人的作用。文艺作品是用形象地反映社会现实之典型环境中的典型人物的方式，来完成它的团结人民、教育人民、打击敌人、消灭敌人的任务的。因此，这个任务之完成得好或不好，就取决于作品所反映的社会现实是不是正确的客观的社会现实。而且还有一个深度的问题。对社会现实（生活）的发掘愈深，则作品对人们所起的鼓舞情绪、指导斗争方向的作用、也愈大。然而，作品中所反映的社会现实又是通过作家的主观认识而再现的，因此，作家的世界观对此所起的作用是决定性的。

但是无产阶级的世界观并不是天生的，而是作家在长期的全心全意投入阶级斗争、生产斗争、科学实验三大革命运动的过程中，逐渐树立的。而且光有无产阶级的世界观，还不能保证产生真正反映客观现实的作品。作家还必须继续有深入的多方面的社会实践，使他的无产阶级世界观在实践中不断受到检验。这就是说，作家的世界观的形成以及在这种世界观的指导下去从事创作，都一刻也离不开社会实践。实践是检验一部文艺作品是否成功，是否伟大的唯一标准，也是检验作家的世界观是否正确的唯一标准。然而，这个马克思主义的基本原理，这些年来却遭到林彪、“四人帮”的彻底践踏。他们抛开实践是检验真理的唯一标准，在文艺领域另立一套帮规帮法作为检验真理的标准，凡趋炎附势按照他们的帮规帮法写作的，就青云直上，成为名“作家”，作品成为“名著”；反对他们的或不按他们的这一套写作的，就是“毒草”，就扣帽子打棍子，种种迫害接踵而来。弄到后来，八亿人民的中国只剩下一个作家八个戏，这就是林彪、“四人帮”的罪恶。现在“四人帮”彻底打倒，但“四人帮”的流毒却还未肃清，在文艺战线上常常听到，对于一些敢于冲破“禁区”而深受群众欢迎的作品，发出种种的非难，就是一例。“四人帮”在文艺领域推行的那套帮规帮法，都是戴上了一圈马列主义花环的，什么写阶级斗争呀，要高举呀，歌颂英雄人物呀，为现实政治斗争服务呀，等等。当然剥开伪装，其目的是为他们的复辟阴谋服务的，这一点大家已经很清楚了。但是对这些“伪装”、这些“花环”又该怎样认识呢？我看肃流毒，破帮规就要从这里着手。文艺创作当然要宣传马列主义、毛泽东思想，歌颂英雄人物，描写阶级斗争，但是怎样在作品中表现出来，这可以而且应该通过各种各样的题材、形式和手法，没有也不应该有固定的格式和框框。譬如阶级斗争大量地表现为人民内部矛盾，英雄人物也是有血有肉有感情的人，宣传毛泽东思想并非一定要主人公在关键时刻捧读《毛选》等等。这些在过去是被“四人帮”视为大逆不道的。但现在这种流毒仍有形无形地禁锢着一些人的思想，在他们看来，衡量一部作品好坏的标准，是他们头脑中固有的几条条，或者书上写的几条条，或者某位领导讲的几条条，而不是作品在实践中即在人民群众中的反映和产生的社会效果。因此，当前在文艺领域肃清流毒，弄清楚并坚信实践是检验真理的唯一标准，同样是一项根本的任务。

一个作家有了无产阶级的世界观而不深入生活，是写不出作品来的；同样，一个作家光有革命热情，领受了政治任务，甚至有了重大的主题，但不深入社会实践，也一定写不出好的作品来。“四人帮”推行的那套“领导出思想，作者出笔杆”，是彻底摧毁文艺百花园的大棒。

作家深入实践又在实践中不断检验自己的认识，他的观察、分析的能力逐步提高了。在纷纭复杂的社会现象中，他不会感到茫然，感到无所措手足，而是从前看不出来的问题，现在看出来了，从前未能深入理解的人与人的复杂关系，现在能够深入理解了。到这时候，他觉得主题思想成熟了，把握到典型环境中的典型人物了，于是就可以进入写作。在写作过程中，也许一气呵成，顺利完篇；也许本来觉得很清晰的人物形象在下笔之时忽然模糊起来，因而踌躇搁笔了。如果是前者，不要太高兴，产生自满；如果是后者，也不必灰心而失望。不论是发生前者或后者，都应当暂时收拾起笔墨，再投入社会实践。

只有实践能够检验你之一气呵成的东西是否反映了真正的客观现实；如果不是，你就得按照实践后所得到的新的认识，将作品进行修改，有时甚至是重大的修改。同时，也只有实践能够检验你之想起来清晰而落笔时却又模糊的人物形象，其病何在？实践能帮助你找到毛病，校正模糊的形象使之清晰而确立。

反复实践的过程也就是反复修改的过程，这样一遍两遍三遍，直到你觉得再也无可修改，那就拿出来公之于世。

公之于世，也就是接受广大的读者和观众（社会实践）的检验。这和你在反复修改过程中所经受的社会实践大不相同了。你得承认，广大的读者和观众的社会实践，要比你个人经历的，实在复杂得多、深刻得多，因而这次检验的权威性也是大得多。你应当根据他们的反应（批评或大体肯定而仍有不少疑问，或补充你的观点，或提出新的意见），对自己的作品再作一次认真的修改，务使作品所反映的现实更深化，有更高的典型性。如果改来改去总觉得不如意，那就说明你的思想水平停留在一定的点上了，必须使之前进，方法是再刻苦钻研马列、毛主席著作，同时再深入社会实践。

作品之能否站得住，能否经受时间的考验，关键在于上面所说的反复的检验与反复的修改。

“客观现实世界的变化运动永远没有完结，人们在实践中对于真理的认识也就永远没有完结。马克思列宁主义并没有结束真理，而是在实践中不断地开辟认识真理的道路。”（《实践论》）作家要保持创作的活力，就必须遵循毛主席的教导，坚持实践，然后能在不断发展的客观世界中，对万端繁复、层出不穷的新事物、新问题，把握其发展规律，从而有了取之不尽的创作源泉。一个卓有成就的作家会有“文思枯涩”“才尽”的感觉，其根本原因即在缺少社会实践。一个作家的思想落后于时代，或者对新事物的敏感性萎缩了，其根本原因都在于缺少社会实践。

也许有人认为客观世界既然不断在前进，新事物不断在出现，人对于客观世界事物的认识也在不断更新，那么，作家对于他的旧作是不是需要每隔若干年就来一次修改，好像百科全书每隔若干年需要来一次增订？或者，若干年前（假定说一代或一纪），反映当时的社会现实，对当时人民有过教育作用的优秀作品，是否因为时代前进了，当时的问题已经不存在了，因而那些作品就失去了“时代的意义”，就不值得再去阅读了呢？

这些假说，我以为是站不住脚的。客观世界的变化、发展，有其历史阶段。反映客观世界的文艺作品其直接的教育作用，大概就在作品发表当时的历史阶段。虽说好的文艺作品不仅帮助读者或观众认识现在，也指引他们展望未来，但这未来是指共产主义的远景而不是具体的事物和问题，那是不可能预知的。文艺作品在其公之于世的历史阶段，既然发生过巨大的教育作用，那么，作为这一历史阶段的上层建筑的组成部分，它就有其历史价值，就会被人所欣赏喜爱，不承认这一点，那就是历史虚无主义而不是历史唯物主义了。由于同样原因，古代的若干文艺作品，到今天还有生命力，是我们所珍视的文亿遗产。也由于同样原因，像《王贵与李香香》《暴风骤雨》这样的作品，今天还被广大读者所喜爱，并不以为它们已经过时了；广大读者不会要求它们的作者按照今天的现实去修改他们这些旧作，而作者们当然也不想去修改。

在深入揭批“四人帮”的第三战役的今天，出现了敢于捣毁“四人帮”所设置的“禁区”的青年闯将，这是十分可喜的事。他们是受过“四人帮”的蒙蔽和毒害的青年，正因为他们有过如此铭心刻骨的实践，他们这才能够彻底觉悟，看透了以前一度当作“真理”而遵守惟谨的“四人帮”那一套完全排除实践的“帮规”，正是束缚思想的“精神枷锁”，自己解放自己的人是最敢想、敢说、敢干的人，他们初试锋芒，已经一鸣惊人。他们是我国走上新的长征路上的文艺界的新生力量，是我国四个现代化时期反映如锦现实的主要力量。

在实践是检验真理的唯一标准面前，不存在什么“禁区”，不存在什么“金科玉律”。这就为文艺事业开辟了广大法门，为作家们创造新体裁新风格乃至新的文学语言，提供了无限有利的条件。也只有这样，“百花齐放，百家争鸣”才不是一句空话。而要达到这境界，不能靠豪情壮志，要靠实践，再实践。

清朝的诗人赵翼（瓯北）写过这样的诗：

满眼生机转化钧，天工人巧日争新。
预支五百年新意，到了千年又觉陈。

李杜诗篇万口传，至今已觉不新鲜。
江山代有才人出，各领风骚数百年。

作为二百年前的封建社会的诗人，能有这样警辟的见解，是难能可贵的。然而赵翼终究是个唯心主义者，他不懂历史唯物主义，所以他虽然悟到客观世界的事物都是不断发生变化（满眼生机转化钧），而且人的认识也与自然的转化同进而日新（天工人巧日争新），可是他又误以为即使“预支五百年新意，到了千年又觉陈”。历史唯物主义却认为，曾有“五百年新意”的作家或作品，在千年以后也并未“觉陈”。其次，赵翼反对复古，故有此诗，然而他是从形式主义的角度反对复古，所以他说李、杜诗篇至今已觉不新鲜，而我们则认为李、杜以及其他古代大作家的作品所以至今仍受欢迎喜爱者，在于作品内容反映了那个时代的典型风貌。

话又说回来，赵翼的提倡创新的主张却正道着了文艺发展的动力所在。他在封建社会，已断言“江山代有才人出，各领风骚数百年”，那么，在我们的社会主义社会，人才之辈出将不以百计而以千计万计。祝愿我们的文艺新军有坚定正确的政治方向，胸怀共产主义的远大理想，坚持实践是检验真理的唯一标准这个马克思主义的基本原则，发扬革命的英雄主义和革命的乐观主义，学会用马克思主义的立场、观点和方法分析当前新长征中出现的新情况、新问题，以全新的文艺体裁和风格反映我们这伟大的时代，不但“各领风骚数百年”而且长垂久远。

1978 年 10 月 20 日　北京

漫谈文艺创作

砸烂精神枷锁，解放思想

在“四人帮”横行的日子，文艺界是个“重灾区”。“四人帮”把“文化大革命”以前毛主席革命路线占主导地位的十七年歪曲为“修正主义”路线占统治地位的十七年。他们厉行愚民政策、文化专制主义，对革命作家捏造种种罪名，横加迫害，许多优秀革命文艺作品被禁止出版、上演。而为了蒙蔽广大青年和青年文艺工作者，“四人帮”又炮制了所谓“三突出”“三陪衬”“多侧面”“多浪头”等等一套唯心主义的、修正主义的创作戒律。他们独霸文坛的时期还炮制了许多阴谋文艺作品，开动宣传机器，大吹大擂，强迫文艺工作者必须把这些东西作为进行创作的“典范”。在“四人帮”淫威之下，广大的读者和作者敢怒而不敢言。许多青年作者长年累月，耳闻目见，都是这一套东西。这就成了他们精神上的枷锁。华主席为首的党中央领导全国人民一举粉碎了“四人帮”，文艺得到解放。然而“四人帮”的流毒，既深且广，要彻底砸烂他们强加于广大文艺工作者的精神枷锁，拨乱反正，却并非易事。这有一个“破”的过程，同时也有一个“立”的过程，必须“破”中有“立”。有些青年作者暂时还感到彷徨无主，并不奇怪。好像被长久囚禁于地牢的人，一旦放出来，骤然接触阳光，暂时睁不开眼，长久带着脚镣的双腿，暂时还迈不开大步。他们有写作的热望，然而积习已久，精神上的枷锁还没有全部、彻底砸烂。说明白些，便是思想尚未完全解放。文艺创作的过程究竟如何，他们还心中无数。这篇漫谈式的文章，试图根据马列主义、毛泽东思想，就文艺作品（特别是小说）的创作过程，略举其要点，以备参考。一定难免有说错的地方，希望读者不吝赐教。

世界观的决定性作用

文艺要为工农兵服务，为最广大的人民群众服务，这是广大文艺工作者都具有的决心。然而光有决心，不一定能完成任务。

毛主席早在一九四二年就教导我们：文艺工作者“一定要把立足点移过来，一定要在深入工农兵群众、深入实际斗争的过程中，在学习马克思主义和学习社会的过程中，逐渐地移过来，移到工农兵这方面来，移到无产阶级这方面来。”（《在延安文艺座谈会上的讲话》）

毛主席这番话是对当时在延安的文艺工作者讲的。他们绝大多数是小资产阶级知识分子。他们中间有些革命文艺工作者，在三十年代同国民党的御用文人、帮闲文丐，进行过艰苦卓绝的斗争，打败过蒋介石的文化围剿。此外还有抗日战争初期从全国各地奔向延安的青年知识分子。他们绝大部分都或多或少学习过马克思主义的基本原理，世界观已有所改造，但是在国民党白色恐怖的环境中，没有可能到工、农、兵群众中去，因此他们在实际上、在行动上、在感情上，同工、农、兵还是有距离的。毛主席针对这种情况，指明前进的方向。当时在延安的文艺工作者遵循毛主席的教导，走出窑洞，到工农兵中间去，到火热的斗争中去，结果是产生了一批起着团结人民、教育人民，打击敌人、消灭敌人的好作品。这些作品在内容、形式和文学语言方面，都为中国革命文艺开创了新的局面。

这是三十六年前的历史事件了，但今日回顾，还令人深思，想到当前的一些问题。

首先是立足点转过来的问题。毛主席教导把立足点移过来，有两个“深入”，两个“学习”，说明光有“深入”而不“学习”是不够的，而“学习”首先是学习马克思主义。申言之，不掌握马克思主义这个思想武器，学习社会这个问题难以得到正确的解决。再进一步，也可以说，不掌握马克思主义，即使深入工农兵群众，深入实际斗争，也难以保证一定能在纷纭复杂的现象中真正发现问题，分析问题，透过表象，看清本质。所以立足点的转移是逐渐的艰苦的过程，不是轻而易举的。

其次，学习马克思主义，就是说改造世界观，必须与深入工农兵群众，深入实际斗争相结合。单靠读书，不会真正弄通马克思主义，亦即不会彻底改造世界观。

广义地说，世界观是人们对于周围世界、对于自然现象和社会现象的一切观点的总和，即哲学的、社会政治的、伦理学的、美学的、自然科学的及其他等等的观点的总和。它取决于人们在一定历史时期所处的阶级地位和所达到的知识水平。人们的世界观随着社会发展而改变。在阶级对抗的社会里不可能有统一的世界观。有剥削阶级的世界观，还有被压迫的劳动人民的世界观。而且同一时代、同一阶级出身的人，其世界观也不完全一致，这和他们的亲身经历有关系。旧社会饱经流离、同劳动人民接近的知识分子，他的世界观中就有进步的成分。而生在新社会，长在红旗下的年青一代，也不能说世界观就完全没有旧时代旧阶级的影响。“四人帮”的许多反革命谬论，就集中反映了地主资产阶级的要求。许多人不能识别，上当受骗，这在某种程度上不是恰好说明自己思想上存在着旧东西的影响吗？这是问题的一方面。另一方面，现实生活是不断向前发展的，现实斗争中会不断出现新的情况，涌现新的问题，也需要我们加强学习，使思想适应客观形势的变化。这都说明，今天我们仍然要十分重视世界观的改造。革命的文艺工作者必须掌握辩证唯物主义和历史唯物主义这个思想武器，才能有力地批判旧的意识形态，才能深刻地、正确地分析社会生活中错综复杂的现象，创造出真实的反映现实生活的文艺作品。

世界观的决定性作用，现在不会有人公然反对了。但是，世界观的改造决非一蹴可就，恐怕还有人体会不深。从事文艺工作的人，包括我自己，从实践中感到非常必要做到老，学到老，改造到老；因为文艺工作者是被称为“人类灵魂的工程师”的，如果不具有过硬的马克思主义世界观，这个工程师设计制造的产品就会质量差，外观不美，而且经不起时间的考验。

生活的深度与广度

多年来，“四人帮”非但剥夺了广大文艺工作者深入生活的权利，而且胡说什么只有写所谓“走资派”的作品才有“深度”，只有写的“走资派”越大才越有“广度”。这种在生活的深度和广度问题上肆意制造的混乱，必须加以澄清。

文艺工作者的工作对象是社会生活，是社会各阶级的人与人的关系，他们的矛盾和斗争，他们的精神状态、思想意识等等。因此，不言而喻，文艺工作者必须同时既要有锐利的思想武器，即马列主义、毛泽东思想，又要有广博、深入的生活经验。毛主席早已教导我们：文艺工作者只有“长期地无条件地全心全意地到工农兵群众中去，到火热的斗争中去，到唯一的最广大最丰富的源泉中去，观察、体验、研究、分析一切人，一切阶级，一切群众，一切生动的生活形式和斗争形式，一切文学和艺术的原始材料，然后才有可能进入创作过程。”

毛主席这段话，深入浅出，精深博大。我个人的理解是：文艺工作者对生活，既要站得高，鸟瞰全局；又要钻得深，对所写的具体事物有全面的透彻的认识。站得高和钻得深并不矛盾，而是相辅相成的。我们要熟悉多方面的生活，先了解全面而后深入一角。很难想象一个埋头在一角（例如工厂的一个车间或农村的一个生产大队，或其他生活的一角）而对一角以外的生活全无所知的人怎样进行写作。当然，并不是说他连文学素描之类的取材于当前事物的作品也不能写，不，他能写，而且也可能写得很出色。但是，如果要写典型环境中的典型人物，使作品所反映的生活具有普遍性，那么，他这一角的生活就不够了。鲁迅主张必须多看看，不要看到一点就写，也是既要深入一角还要了解全面的意思。在创作实践上，我们所要表现的，是具有普遍意义的社会生活，但我们所虚构的故事和人物不能不是具体环境（某一工厂、农村或其他，等等）中的故事和人物。以《阿Q正传》为例，未庄是虚构的环境，阿Q是虚构的人物，然而未庄所发生的那些事情，是辛亥革命前后整个中国社会生活的缩影。而阿Q这个人物，鲁迅自己说，并非以一、二人为模特儿，是东西南北许多嘴脸的综合体。阿Q是个打短工的，即雇农。他的遭遇是一般雇农的遭遇。然而封建社会统治阶级那一套欺骗、麻醉劳动人民的思想意识，却在他身上留下了烙印，因而各色人等都会在这面镜子里照见自己的影子。我们今天要说阿Q落后，很落后，正因其如此，他是六十年前的雇农的典型。但是，这个落后的农民虽然被人当作奴隶，他却并未堕落为奴才，深藏在他性格深处的要求解放的意识一遇时机就会脱然而出，所以在中国发生革命时，他也参加革命了，虽然是糊里糊涂参加的。这也不能怪他，因为当时的革命党人并不知道把革命的道理宣传到农村，不认识唤醒绝大多数还是落后的农民，是极端重要的工作。

建国以后，专业作家有因立意写某一题材（例如写炼钢，写水库等）而到某地长期生活，参加劳动，实行“三同”，熟悉了生活以后，然后开始写作，此之谓建立“生活根据地”。这种体验生活的方式是符合于上引的毛主席的教导的，而且也是文艺领导部门照顾全局，制订作家们的创作计划，使重大的社会主义建设事业都能在文学上得到反映的一个合理的办法。

这许多专业作家在建立“生活根据地”以前，对于当代的社会生活，阶级矛盾和阶级斗争，日新月异的社会主义建设事业，都不是一无所知，而是颇为熟悉的。他们在创作实践上有丰富经验。他们在长年的学习马列主义、毛泽东思想，参加阶级斗争、生产斗争和科学实验三大革命运动的实践中，已经不同程度地掌握了无产阶级的世界观，具备相当的正确认识生活的能力。因此，这些专业作家在“生活根据地”深入一角的时候，他所具备的有利条件大大超过还没有那样广博的生活经验和创作实践的青年作家或青年业余作者。青年作者，专业的或业余的，如果在“生活根据地”只注意于钻得深，而不注意国家形势的全面发展，不了解“生活根据地”以外的纷纭复杂的社会生活，那么，他在这一角生活中得来者未必能保证一定具有巨大的现实意义，从而他根据当前事态的观察和分析，而写成的作品，也未必具有普遍性。这样的事例，经常有；这样的青年作者，感到苦闷，他们的良好愿望和坚强决心没有产生相应的果实。原因何在？他们自己经常归之于还没有熟练的写作技巧，但根本原因是他们还没有把生活的深度与广度结合起来，还不了解这两者的辩证关系。

毛主席关于深入到生活源泉中去的教导，强调五个“一切”。可知生活的广度是进入创作过程的十分重要的条件。

创 作 方 法

明确了世界观的决定性作用，以及文艺工作者生活的广度和深度的辩证关系以后，现在可以谈谈如何进行创作，即创作方法。

创作方法是作家从纷纭万象的社会生活进行观察、分析、提炼、综合，运用形象思维来反映生活、塑造艺术形象的原则和方法。创作方法受世界观的指导，但世界观不等于创作方法。

在阶级社会中，由于世界观的不同，统治阶级的文人在选择题材、塑造艺术形象时所用的创作方法，同劳动人民创造的民间文学所用的创作方法，会有差异。属于同一统治阶级的文人，世界观基本一致，但由于对文艺的观点和主张不同，也会采用不同的创作方法，产生了内容和形式以及风格完全不同的作品。这在历史上，被称为文艺的不同流派。

文艺史上最有影响的创作方法只有两家，即浪漫主义和现实主义。此外还有不少主义，表面上各有特点，而且它们之间又互相争雄，但就其对生活的态度、对人类社会起什么作用而言，这些主义属于同一类型，可以总称之为形式主义。形式主义的文艺作品或则是剥削阶级及其帮闲们娱乐的工具，或则是为欺骗、麻醉劳动人民以求巩固剥削阶级的统治地位的，或则是按照作者的主观愿望，标新立异，哄动流俗，但除了一小撮的追随者，更无人欣赏的。这一切流派，其共同点是追求形式上的华丽幽雅（封建贵族以及其他剥削者所喜爱的华丽幽雅），怪诞诡奇（甚至以使人看不懂为超凡入圣），而完全忽视内容的思想性，甚至主张内容的无思想性。所以形式主义文艺流派必然没有生命力，只在一二国家中像新牌化妆品似的哄动一时，旋即消歇。

盛行于十七世纪欧洲的古典主义，就其提倡恪守某些僵化的艺术形式（如三一律之类）而言，也可以称为形式主义。当然，法国那时卓越的古典主义大师如拉辛、莫里哀，他们是关心世道人心的；反对当时的教权和皇权（但不反对资产阶级）。他们的作品是当时一般人能够理解和欣赏的。但是除了莫里哀为代表的一些作家具有唯物论的思想外，许多古典主义作家的重要思想基础却是十七世纪很有势力的一个哲学派别：唯理论。

唯理论认为理性是真正知识的唯一源泉，否认经验（感性知识）在认识过程中的必要性。他们不知道、也不肯相信经验是认识的第一阶段，就必然要把理性和经验分割，把概念和思维绝对化。唯理论者认为真理是直接由理性获得的，检验真理的标准，不是靠实践，而是看人们的概念是否清晰和明确。古典主义创作方法就是从上述的认识现实方法产生的。它把古希腊、罗马的作品作为典范。它所表现的社会现象大多是不真实的。它所塑造的人物，其性格固定不变，而且是由作者的理性加以理想化的。

了解历史上存在过的创作方法的源流，我们就不难看出，“四人帮”自己吹嘘为“创造性发明”的什么“三突出”“三陪衬”一类的创作“规则”，可以说是从历史博物馆里偷来的古典主义的唾余：妄图强迫生动丰富的现实生活去服从某些人为的僵化的艺术框框。然而十七世纪的古典主义在当时还起了反对教权、反对皇权、反对中世纪哲学的历史的进步作用。古典主义大师们的一些优秀作品，在内容和形式上对古典主义的清规戒律都有突破，至今对我们还有借鉴的作用。而“四人帮”却剽窃十七世纪古典主义的糟粕，改头换面，自己吹嘘为“创造性的发明”，那就是倒退，就是复辟。古典主义反对通过生活经验来认识社会现象，“四人帮”也从来不提倡作家须有广博的社会生活的经验，却搞什么“主题先行”，让作家闭门造车。古典主义提倡按照理性去塑造理想的完美的英雄形象，“四人帮”也鼓吹主要英雄人物必须“高，大、全”，从出场到结尾性格上毫无发展，是固定不变的全能人物。凡此种种，都是他们为了篡党夺权制造阴谋文学，而肆意违反毛主席关于创作方法的教导，篡改马列主义、毛泽东思想的创造典型的精辟理论的。

我们知道，现实主义和浪漫主义，源远流长。如果《诗经》里的《变风》《变雅》可以说是现实主义的，那么，《离骚》可称为浪漫主义。一般评论家认为杜甫的作品主要是现实主义，而李白的作品则主要是浪漫主义。现实主义是作家们根据自己对社会现实（阶级矛盾和阶级斗争）的观察、分析，而企图反映他认为是社会生活的客观真实。在这里，同时也表达了作家的愿望和政治倾向。浪漫主义的作家们却是根据他自己认为社会生活理应如何向前发展，在自己的生活经验的基础上，运用幻想的手法，塑造不平凡环境中理想化的人物，从而表达他的理想、愿望和政治倾向。但现实主义作家所要反映的客观真实，是否符合于社会发展的规律，这就取决于作家的世界观。进步的世界观可以产生虽不能指导未来却能深刻地反映现实本质的作品。只有马克思主义世界观才能产生既深刻地反映现实又指导正确的前进方向的作品。这样的现实主义，我们称之为革命的现实主义。浪漫主义的理想世界是空想的呢或是科学的呢，也取决于作家的世界观。欧洲十八世纪的浪漫主义作家从古代传说中汲取题材，以不平凡环境中的理想化的人物，寄托作家对社会现实的深恶痛恨，对他所塑造的反抗性和斗争性非常强烈的理想人物表示极度的尊敬，用气挟风雷、光采照人的笔墨，使这理想人物的形象，激起观众、读者对于充满矛盾与不平的社会现实的反抗与斗争。作品所描写的人与事往往是古代传说，不是现实生活中所能有的，然而读者和观众的感受却是具有现实意义的对丑恶的、不合理的社会现实的反抗和斗争。这是浪漫主义作品积极的一面，这样的作品被称为积极的浪漫主义。同时，也有取材于中世纪的田园生活而加以理想化的作品，但其作用却是引诱观众或读者沉迷于非现实的幻想，神游世外，逃避现实。这样的浪漫主义作品对生活起了消极的作用，所以被称为消极的浪漫主义。当然，作家之或为积极浪漫主义或为消极浪漫主义，都取决于他们的世界观。进步的世界观产生积极浪漫主义作品。然而如上所述，积极浪漫主义文学的理想虽然表达了作家的良好愿望，也激发了人们对未来、对理想社会的追求，但是这种理想终究是不科学的，是当时出现于欧洲的空想社会主义在文学上的反映。只有马克思主义的世界观才能使积极浪漫主义向前发展，脱离空想与非科学，使它的理想符合人类社会发展的必然规律，这便是革命的浪漫主义。

一九五八年，毛主席提出了革命的现实主义和革命的浪漫主义相结合的创作方法。这是在我国社会主义革命和社会主义建设的新形势下，明确指示出社会主义文艺作品必须具备理想和现实的辩证关系，即革命浪漫主义的主导作用与革命现实主义的基础作用。我们的社会主义革命和社会主义建设的进程，势如万马奔腾，一日千里，昨天的理想，往往很快变为今天的现实。这就为革命现实主义和革命浪漫主义的结合提供了客观的基础。当然，现实生活每前进一步，都是要经过激烈的斗争的。这种斗争不但表现于阶级矛盾与斗争，不但表现于人民内部的矛盾与斗争，也表现于人与自然的斗争，还表现于斗争中的人们还必须顽强地克服自已头脑中的旧意识的残余，改造自己成为更完善些更成熟些的马列主义、毛泽东思想的战士。如果只描写共产主义远景的壮丽伟大，只描写战士们对外部世界的斗争而忽略了他们同时也对自己头脑内部世界的斗争，忽略了他们昂扬的共产主义精神，那就不能够全面地反映我国革命与建设，而其教育意义也将缩小。

革命现实主义和革命浪漫主义相结合的创作方法为我国文艺工作者提出了探索的方向。在小说、戏曲诗歌等方面，自从两结合的创作方法提出以后，许多作家都作了辛勤的探索，在粉碎了“四人帮”以后，在百花齐放、百家争鸣的大好形势下，人民自然有理由期待文艺工作者在两结合创作方法的运用方面，将更勇于实践并获得新的成就。

关于技巧问题

文学作品的技巧问题包括生活素材的分析、综合、提炼，主题思想的确定，主要是逻辑思维在起作用，但伴随着，也有形象思维。至于塑造典型环境中的典型人物，人物性格细节的描写，社会环境和作品主角活动场所的具体描写等，则主要是形象思维在起作用，但伴随着，也有逻辑思维。

在作家的构思过程中，逻辑思维和形象思维并不是自觉地分阶段进行而是不自觉地变错进行的。试以题材的如何成熟为例。所谓题材，离不开具体环境中的人和事。在选择题材时，作家为什么选择这样的人和事而不是那样的人和事，表面上看来，似乎同作家的生活经验有关系（即作家从他最熟悉的社会生活中选择题材）。实际上却不然，而是作家的世界观决定了他从最熟悉的社会生活中选择其最能反映时代精神的部分，作为题材。这便是逻辑思维。同时，题材决不是以抽象的方式凭空跳出来的，而是作家在长期深入生活、参加火热的斗争中，有某些事和某些人给他深刻印象，使他兴奋，使他时刻难忘，甚至睡梦中也参加这些事件，也同围绕这些事件而活动的人物谈心讨论；到这地步，作家渴望而且感到有把握进行写作的就是这些人和事，从而进行了初步的构思。这便是形象思维。可以这么说，逻辑思维与形象思维在作家头脑中交错进行，使创作过程中既能够反映时代精神的主题思想，又能够塑造典型环境中的典型人物。这一构思整体的两面，它们的关系是辩证的，是相辅相成而不是对立的。

从开篇到结尾，逻辑思维与形象思维的交错又是反复进行的。当写成一章的初稿时，从头再三修改，有时是大删削大补充，这也是逻辑思维与形象思维的交错作用在反复进行。全书初稿完成后的最后修改以至定稿，都是交错起作用的逻辑思维与形象思维的反复过程。但是作家在写作初稿时，自然主要运用形象思维。

我以为（也是我自己的经验这样认为），上述种种，是技巧问题的根本；应当从这样的高度来看待技巧问题并由此锻炼写作的技巧。此外，虽非根本但决非不重要的问题，便是恰当的结构安排和对环境、人物描写的十分明晰、准确、生动的文学语言。此可以称之为一个作家的表现能力。

表现能力并非生而有之，是在深入生活、参加火热的斗争中，从生活经验的积累中逐渐养成的。也可以说是从生活本身学来的。人类社会生活是文学艺术的唯一源泉。在我国的社会主义革命和社会主义建设时期，这个源泉是空前的壮丽、伟大，奇瑰、多变，它是人民群众的毅力、智力、想象力的结晶。善于向群众学习的作家可以在这里学到无数宝贵的东西，比从书本上学到的更切合实际、更生动活泼。这里的关键是“善于”。怎样才能够善于向生活本身学习呢？这取决于作家的思想水平以及对于事物的敏感性。作家的头脑里必须先有一套分析事物、综合事物的思想武器，就是辩证唯物主义和历史唯物主义。当然，这是对今天革命作家的要求。若是就古代作家而言，富有表现能力，意味着他对事物有与众不同的敏感和超出寻常一般人的理解力、想象力，但这也与他的世界观，与他对社会现实的不满和追求理想的热烈分不开。

作家的表现能力和欣赏能力也是一物的两面，相辅相成的。很难想象，一个富有表现能力的作家却没有相应的欣赏力。说明白点，就是古今中外大概没有一个作家能写出优秀的作品而对于别人作品的优劣毫无辨别的能力。事实上，表现能力越强的作家，对于别人的作品常能发现人们所未发现的优点，也常能掘出人们所未觉察到的缺点。一个作家常常阅读古今中外的名著而能深刻领会其构思，剪裁、塑造形象的妙处，并且每再读一遍会有新的心得，这就意味着他的欣赏力在一步一步提高；而欣赏力的步步提高又反过来会提高表现能力。如果这个作家重读自己的作品而发现从前没有觉察到的缺点，而能修改得使自己满意些，这就是表明了他的表现能力由于欣赏力的提高而也有所提高了。当然，这样的反复提高是没有止境的。而且对名著的欣赏也就是学习；从全书的结构、环境描写、人物形象等方面学习它的特点和艺术表现的新鲜的手法。但是学习不是模仿。学习是深刻领会了人家在表现手法上的特长以后，化为自己的血肉，而求百尺竿头，更进一步，创造自己的新的比前更好的表现手法。这就要付出艰苦的劳动，不断提高自己的思想水平，即观察、分析、综合、提炼生活素材的能力。

作品结构和对环境、人物的描写，是技巧方面近于技术性的问题。

结构指全篇的架子。既然是架子，总得前、后、上、下都是匀称的，平衡的，而且是有机性的。匀称指架子的局部美和整体美，换言之，即架子的整体和局部应当动静交错，疏密相间，看上去既浑然一气，而又有曲折。平衡指架子的各部分各有其独立性而不相妨碍，非但不相妨碍而且互相呼应，相得益彰。有机性指整个架子中的任何部分，不论大小，都是不可缺少的。少了任何一个，便损伤了整体美，好比自然界中的有机体，砍掉它的任何小部分，便使这有机体成为畸形的怪物。

环境指故事发生的社会背景，这可称为大环境；又指书中人物活动的场所，这可称为小环境。无论大小，都服务于整个故事的发展或人物性格的发展，而不是可有可无的装饰品。小环境的具体描写，如室内的装饰布置，应当尽可能表现主人公的性格、爱好和内心的活动。细心的读者会在《红楼梦》一些人物的室内摆设，看到描写环境的出色的例子。

人物的塑造，是作品的中心问题。一部作品的主题思想，不是由作者用抽象的说教的方式来表白，而必须是通过人物的活动，运用形象思维来表现，使读者从中理解作品的主题思想，使读者的情绪跟着主人公在斗争中的胜利或挫折而或喜或忧，仿佛自己也是书中人，同他们的喜怒哀乐起着热烈的共鸣。作品中的人物不止一个，而作为全书的主角的，通常是一个。其他人物也应当是作品故事发展中不可缺少的人物。故事中所表现的阶级关系、阶级矛盾和阶级斗争的异常复杂的社会现实，决定了除主角而外，还必须有其他人物。这些人物也是作品的有机结构的不可缺少的部分，应当没有一个是可有可无的。这些人物在作品中都是独立的存在，也各有其个性；而且随故事的发展，也各有其性格发展的过程，各有其典型的意义。这样的次要人物，同“四人帮”所吹嘘的什么“陪衬”人物全无共同之处。从此也可以知道“四人帮”那一套“三字经”是完全违背了马克思主义文艺理论的绝端荒谬的邪说，只是为了他们制造阴谋文艺而捏造出来的。

有些青年作者常常提出这样的问题：构思时出现于想象中的是人物在先而后由人物的活动产生故事呢，或者是先有故事而后配备人物，并给人物以作家认为应有的性格呢？等等。

我以为人物与故事在作家构思时是同时出现的。不能设想，人物形象会单独出现而不伴随着他的活动；如果有这样的情况，那么，这所谓人物只是概念的化身，而不是有血有肉的活人。至于先有故事而后配备人物，也是不可思议的。当然，这所谓先有故事而后配备人物，并不是说，作家在构思时创造的故事中没有人物。离开人物怎么会有故事？提问者的意思大概是指故事中的人物虽有活动，各就各位，然而性格不鲜明，有待作家自己以为这些人物应当有怎样的不同性格，然后塑造出来。应该说，这两个办法都是违背了创作原理的，更不用说，是违背了“典型环境中的典型人物”这一马克思主义创作要求的。

对于技巧问题，还有相当普遍的错误的看法。一个是把文学作品技巧问题看成工农业方面的技术问题，一经传授，便可运用。另一个是以为文学作品的技巧问题是神秘的，作者不知其所以然而忽然“妙手偶得之”，没有规则可以寻求；甚或认为技巧是“生而有之”，有些作者写得很多，硬是不能“熟能成巧”，都因他没有这神秘的天赋。这两种错误看法，都是唯心主义的，必须屏弃。

最后，提炼是技巧问题中重要的一事。鲁迅说过，不可把只是短篇的材料拉成长篇，可有可无的描写、叙述，应尽量删去。这都是讲的提炼。近来常听说，一些青年写成十万二十万字的长篇小说，而被出版社退回了。原因是冗长无味。故事、人物，都是原型，没有经过剪裁与综合。作者总觉得他所有的生活经验，样样都很有意义，舍不得割弃一些，而作者的文笔又很拖沓，往往要用好多篇幅才能说明一件事。论结构，则散漫而重迭，论人物则可有可无、与主题思想不发生作用者甚多，而且人物的对话也是啰唆而不精炼，一两句话可以了事的，却弄成十句话。环境的描写也是脱离了故事和人物性格发展，而是随心所欲在写风景或社会生活的一般情况。总之，作者自称在农村或工厂生活多年，工作多年，材料十分丰富，十万、二十万字还不足以畅所欲言。这都是不知道，生活素材必须经过提炼。至于如何学会提炼，这又是个思想水平的问题。要在繁杂的社会生活中拣出本质的中心的东西，要从许多人的活动中找出其共同性与个性，然后综合为作品中的典型人物。这除了要有生活深度和广度、多闻博见外，就还要通过认真学习，努力掌握马列主义、毛泽东思想这个最锐利的武器了。

百花齐放　百家争鸣

一九五六年五月，毛主席提出了百花齐放、百家争鸣的方针。毛主席在自己的著作中还多次阐明“双百”方针的意义及其必要性。正是由于“双百”方针的贯彻，社会主义文艺与科学事业出现过声势浩大的跃进。

“四人帮”为了篡党夺权，推行文化专制主义和禁锢政策，闭口不谈“双百”方针，有敢反抗者，帽子棍子双管齐下，造成了多年来文艺界百花凋零、万马齐暗的局面。今天，在英明领袖华主席领导下，“双百”方针，重见天日。华主席在五届人大第一次会议上所作的政府工作报告中，郑重指出：“‘百花齐放，百家争鸣’，是繁荣我国社会主义科学文化事业的基本方针。它的着重点，是在坚持六项政治标准的前提下，在人民内部采取放的方针，不断扩大马克思主义的思想阵地，促进科学文化事业发展。只有坚决贯彻毛主席的‘双百’方针，才能在比较和斗争中锻炼人们识别香花和毒草的能力，发展正确的东西，克服错误的东西；才能使艺术上各种风格和流派，学术上各种观点和学派，在互相讨论、互相促进中得到发展；才能出人才，出好的科研成果和文艺作品。”

在全国人民向建成伟大的现代化社会主义强国的长征中，随着社会主义经济建设高潮的到来，一个社会主义文化建设的高潮也已到来。文学艺术百花齐放、万紫千红的春天，已经出现在地平线上。在华主席为首的党中央的正确领导下，只要我们坚持毛主席的革命文艺路线，坚持“双百”方针，彻底肃清“四人帮”的流毒，热情支持和爱护社会主义的新生事物，扶植它们健康地成长；就文艺作品来说，只要政治上符合六项标准，艺术上还比较好，就可以发表和上演，不要求全责备，在发表和演出后，还可以倾听群众的意见，加以修改和提高；同时，努力做到“古为今用、洋为中用”，“推陈出新”，既提倡重大题材，也注意使题材多样化，我相信，我们的社会主义文艺在老中青广大文艺工作者的努力下，一定会更加繁荣昌盛，在实现四个现代化的伟大事业中做出应有的贡献。